U0813138

刘余莉精解《群书治要》

刘余莉◎著

红旗出版社

图书在版编目（CIP）数据

政德：刘余莉精解《群书治要》/ 刘余莉著. --北京：红旗出版社，2018.4

ISBN 978-7-5051-4630-3

Ⅰ. ①政… Ⅱ. ①刘… Ⅲ. ①政书—中国—唐代 ②《群书治要》—研究 Ⅳ. ①D691.5

中国版本图书馆CIP数据核字（2018）第070551号

书　　名　政德：刘余莉精解《群书治要》

著　　者　刘余莉

出 品 人　唐中祥

总 监 制　褚定华

责任编辑　张佳彬

出　　版　红旗出版社

内文设计　张　敏

邮政编码　100727

地　　址　北京市沙滩北街2号

编 辑 部　010-57270347

发　　行　北京华景时代文化传媒有限公司

电　　话　010-83638610

印　　刷　天津旭丰源印刷有限公司

开　　本　690毫米×980毫米　1/16

字　　数　248千字

印　　张　20

版　　次　2018年5月北京第1版

印　　次　2020年5月天津第4次印刷

ISBN　978-7-5051-4630-3

定　　价　68.00元

版权所有　翻印必究·印装有误　负责调换

自序

2018年3月10日，习近平总书记在参加十三届全国人大一次会议重庆代表团审议时强调：领导干部要讲政德。政德是整个社会道德建设的风向标。讲政德，就是要明大德、守公德、严私德，这是对中国传统文化“为政以德”思想的忠实继承和发展。《群书治要》作为古人治国理政之道的集大成之作，蕴藏着丰厚的政德思想。如“德惟治，否德乱。”“惟德动天，无远弗届。”“德惟善政，政在养民。”（《尚书》）“有觉德行，四国顺之。”（《诗经》）等。研读《群书治要》，不仅可以学习中国传统政德实践的智慧，也可为当今领导干部讲政德提供有益借鉴，并将“明大德、守公德、严私德”有效地与国家治理相结合。

中国自古以来提倡以孝治天下，这种传统一直延续至近代。《孝经》中说：“夫孝，德之本也，教之所由生也。”践行孝道能培养人的感恩心、恭敬心、仁爱心和责任心，从而在一言一行中严修私德，处理好家庭和私人交往领域的种种伦理关系；将此种种善心扩而广之，推己及人，“老吾老以及人之老，幼吾幼以及人之幼”，即可移孝作忠，成为一种公德。用习近平总书记之言，便是要做到“立党为公，执政为民”，全心全意为人民服务。而把孝道尽圆满，还必须“立身行道，扬名于后世，以显父母”，这里的“行道”，也就是习近平总书记强调的“明大德”。故此，《孝经》称“孝”为先王“以顺天下”的“至德要道”，可使“民用和睦，上下无怨”。

一、严私德——孝悌修身

古人极为重视孝悌之道，并将其视为仁爱之心的根本。《孝经》中说：“不爱其亲而爱他人者，谓之悖德；不敬其亲而敬他人者，谓之悖礼。”《论语》中亦说：“君子务本，本立而道生。孝弟也者，其为人之本与。”《孟子》中讲的“仁之实，事亲也者”，道理与此并无二致。孝悌不但能培养人知恩图报、饮水思源的报本反始意识，也可使人树立起重恩义、讲道义的行事原则，而非以利害为取舍，避免见利忘义、忘恩负义。且“爱人”首先须从爱自己的父母做起，然后爱其长上以及民人，进而“仁民而爱物”，做到“民胞物与”，直至“浑然与万物同体”。这种由近及远、推己及人的自然亲情，符合人的道德心理与道德情感的发展规律。

儒家孝与孝道的思想不仅宏富，而且深刻。孝不仅要养父母之身，而且也要养父母之心和父母之志。养父母之心除了尊敬父母之外，最重要的就是能够做到孔子所说的“父母唯其疾之忧”，即父母仅为儿女的疾病担忧，而不必为其他事情感到过分担忧。如果儿女常常让父母担忧，那就没有做到养父母之心，这就有失孝道。例如，与兄弟不能和睦相处，令父母担忧，是不孝，所以“兄弟睦，孝在中”；夫妻关系处理不好，令父母担忧，是不孝，所以“夫义妇德”要落实；没有把儿女教育好，没能培养出传承家道家业的人才，令父母担忧，是不孝，所以要重视家教家风，“至要莫如教子”；如果到学校读书，不敬老师，令父母担忧，是不孝，所以孝子必然尊师重道。通过以孝悌为本的修身，人们就可以处理好家庭及个人交往中的各种伦理关系，做到“孝悌修身严私德”。

二、守公德——移孝作忠

作为领导干部，养父母之心还包括忠于职守、严以用权等公德方面的内容。因为在运用公共权力行使职责的过程中，领导干部如果以权谋私、权钱交易、权色交易，就会令父母担忧其因违反国法而锒铛入狱，这也是古人常讲的“德有伤，贻亲羞”。所谓不孝，即徒增父母之担忧，甚至令父母蒙羞。此外，与领导或同事之间的不和、冲突等，同样会使父母担忧，也就违背了孝的精神。如果一个领导者能念兹在兹，自然一言一行都会小心谨慎，时刻警醒自己，这样不仅不会贪污受贿、腐败堕落，反而会竭忠尽智，清正廉明。中国自古以来“求忠臣于孝子之门”的说法很有道理。从孝敬父母培养起仁爱心、恭敬心的为官者，在家能够做到“父母呼，应勿缓；父母命，行勿懒；父母教，须敬听；父母责，须顺承”，在工作岗位自然也能够做到“领导呼，应勿缓；领导命，行勿懒；领导教，须敬听；领导责，须顺承”。《论语》中说：“其为人也孝弟，而好犯上者，鲜矣；不好犯上，而好作乱者，未之有也。”《孝经》中说：“爱亲者不敢恶于人，敬亲者不敢慢于人；爱敬尽于事亲，而德教加于百姓。”孝悌修身的领导者必然能够由敬事自己的父母，推及敬事天下的父母；不仅自身谨守力行孝道，也教导天下百姓谨守力行孝道，起到“君、亲、师”的作用，从而化民成俗，政通人和。

汉武帝时实行“郡举孝廉”的人才选拔机制，结果出现了“名臣辈出，文武并兴”的局面。晋朝孝子吴隐之，心正不惧饮贪泉，成为操守廉洁的楷模。岳飞牢记母亲教诲，“精忠报国”，成为忠臣名将的典范，为后世所景仰。《浦江县志》记载，郑宅镇的“郑义门”，在宋、元、明、清出仕的173位官吏中，大至礼部尚书，小至普通税令，无一名贪官污吏，人人勤政廉洁，忠君爱民，就是由于自幼受到了以孝悌为基础的《郑氏规范》的家规教育。历史上不计其数的事例证明，严私德与守公德之间的关系密不可分，如果一个领导干部在私德方面能严于律己，真正做到养父母之心，养父母之志，就必然能够移孝于忠，在公德方面做出相应的表率，牢记习近平总书记的教导：强化宗旨意识，全心全意为人民服务，恪守“立党为公、执政为民”理念，自觉践行人民对美好生活的向往就是我们的奋斗目标的承诺，做到心底无私天地宽。

三、明大德——立身行道

古人所提倡的忠孝，并非一些文人所批判的“愚忠愚孝”，而是以道为最终旨归。《群书治要·孙卿子》中说：“从命而利君，谓之顺；从命而不利君，谓之谄；逆命而利君，谓之忠；逆命而不利君，谓之篡。不恤君之荣辱，不恤国之臧否，偷合苟容，以持禄养交而已，谓之国贼。”这里明确指出不体恤君主的荣辱，不考虑国家的命运，一味投合君主，苟且容身的人是“国贼”。可见，真正的“忠君”，并非不顾道义、不论是非地忠于某个君主甚至暴君，而是协助君主“弘道”。

《中庸》中指出："道也者，不可须臾离也。"《周易·说卦传》中也说："立天之道曰阴与阳，立地之道曰柔与刚，立人之道曰仁与义。"《群书治要·典语》中强调，"王所以称天子者，以其号令政治，法天而行故也"。《群书治要·三略》中也指出："夫人之有道者，若鱼之有水，得水而生，失水而死。故君人者，畏惧而不敢失道。"所以忠君是在"王名"基础上的忠君，这就是"明大德"，即以行道为出发点和最终目的。

习近平总书记强调"明大德"，就是要铸牢理想信念、锤炼坚强党性。中国共产党坚持实事求是的思想路线，治国理政顺应自然、社会、历史的发展规律（即古人所讲的"道"）。因此，"明大德"就是古人所讲的顺应天道，以道德仁义为是。《群书治要·六韬》中讲："天下者非一人之天下，天下之天下也，与天下同利者，则得天下。擅天下之利者，失天下。天有时，地有财，能与人共之者，仁也。仁之所在，天下归之。免人之死，解人之难，救人之患，济人之急者，德也。德之所在，天下归之。与人同忧同乐，同好同恶者，义也。义之所在，天下归之。凡人恶死而乐生，好得而归利。能生利者，道也。道之所在，天下归之。"中国共产党之所以能够在以习近平同志为核心的党中央的领导下，不断取得新时代中国特色社会主义建设的伟大成就，令世界瞩目，赢得国际认可，根本原因就是能够顺应天道，以天下为公，以仁义为怀，这正是"得道者多助""顺天者昌"的体现。

《孝经》中讲："立身行道，扬名于后世，以显父母，孝之终也。""为法于天下，可传于后世，谓之扬名。使其亲为君子，谓之显亲。"领导干部要"养父母之志"，就必须尊崇道义，立身行道，言为世则，行为世法，在大是大非面前旗帜鲜明，在各种诱惑面前立场坚定，用自己的德能服务社会、贡献国家、利益民族，建功当代，垂范后世，显扬父母，这就是“立身行道明大德”。

古人讲：“自天子以至于庶人，壹是皆以修身为本。”修身根本在于孝悌。“孝”不仅是养父母之身，还要养父母之心、养父母之志。孝道尽至圆满，就能一以贯之，从孝悌修身严私德，推广至移孝作忠守公德，进而立身行道明大德。故可说，夫孝，始于事亲，严私德之谓也；中于事君，守公德之谓也；终于立身，明大德之谓也。《易经》中说，天下殊途而同归，一致而百虑，严私德、守公德、明大德三位一体，相辅相成，会通于当今领导干部政德培育和践行的时代洪流之中，不可阻挡。

严私德

心不动于微利之诱，
目不眩于五色之惑。
严私德，是政德的基础，
是领导干部要严格约束自己的操守和行为。

守公德

（一）

权为民所赋，权为民所用。

守公德，是政德的保障，

是领导干部要彰显的共产党人的政治本色。

明大德

人无德不立，国无德不兴。
明大德，是政德的统领，
是领导干部必须有的自我修养。

严私德

修之于身，其德乃真；修之于家，其德乃馀；修之于乡，其德乃长；修之于邦，其德乃丰；修之于天下，其德乃普。故以身观身，以家观家，以乡观乡，以邦观邦，以天下观天下。吾何以知天下然哉？以此。

古人十分注重对私德的培育和修持。无论是孔子教诲颜回的“克己复礼”，抑或《中庸》里讲的“君子慎其独也”，都是严明私德的意思。人生于世间，不能无眼耳鼻舌身意等欲，有而节之，必赖于修身。《大学》谓：“自天子以至于庶人，一是皆以修身为本。”所谓修身，是指身有贪嗔痴漫淫等过恶，皆当治而去之，斩绝其根。如此谦冲自牧，与朋友交则扬人之德，择善而从之；与家人处则造家之福，孝悌尊亲。能严明私德，立身行道就会俯仰无愧。

一、修身始于戒贪

在位者一定要戒止贪心，特别是为民父母者，不能与民争利。如果想独占财利，必定会招致民怨，甚至导致灭亡。

习近平总书记强调，领导干部要讲政德。政德是整个社会道德建设的风向标。领导干部要牢记“堤溃蚁孔，气泄针芒”的古训，坚持从小事小节上加强修养，从一点一滴中完善自己，严以修身，正心明道，防微杜渐。那么，政德修养从哪里入手呢？

在《群书治要》这本讲治国理政的书中，用大量的篇幅告诉在位者、从政者应该如何修身。《大学》中说：“自天子以至于庶人，一是皆以修身为本。”意思是说君主自己的身修好了，齐家治国平天下也不再是什么难事了。修身又从戒贪开始，这是合乎治国平天下的次第的。

楚庄王是一个非常有责任心的人，一心一意想把楚国治理得强大，让百姓安居乐业。《群书治要·列子》中记载，有一次楚庄王向詹何请教说：“怎么治国？”詹何说：“我仅明白修身却还没明白治国的道理。”楚庄王很真诚地说：“我得以尊奉宗庙，拥有整个国家，我希望学会怎样来守护它。”詹何回答说：“我不曾听说过君主自身修养很好而他的国家却没有秩序的，也不曾听说过君主自身修养不好而他的国家却安定的。所以，根本就在于自身修养。像治理国家这种次要的事情，我就不敢对您讲了。”楚庄王听了，说道：“你讲得很好。”

如果君主是贤德的君主，他也必然会用贤明的臣子。《群书治要·魏志下》中有这样一句话：“书曰：‘有不世之君，必能用不世之臣；用不世之臣，必能立不世之功。’”所谓的“不世之君”即不是每一个时代都能出现的卓越君主，所谓的“不世之功”即不是每一个时代都可建立的伟大功勋。

修身从哪里开始？格物、致知、诚意、正心、修身、齐家、治国、平天下。在位者一定要戒止贪心，特别是为民父母者，不能与民争利。如果想独占财利，必定会招致民怨，甚至导致灭亡。

《史记》记载，周厉王登位，贪图财利，亲近荣夷公。这时有一位忠臣叫芮良夫，劝谏他说：“王室大概要衰微了吧！”为什么？接下来就说到了这样一句话：“夫荣公好专利而不知大难。”这个荣夷公喜欢独占利益，却不知道会因此造成严重的社会问题。“夫利，百物之所生也，天地之所载也，而有专之，其害多矣。”财利是天地之间万物所依赖生存的资源，如果要有独占的现象，造成资源分配不均，害处可就大了。“天地百物皆将取焉，何可专也？”大家都需要用到这些财利，怎么可以独占？“所怒甚多，而不备大难，以是教王，王其能久乎？”专有独占财利，所惹怒的人一定会很多，他这样做却不知道有大的祸患，还用这个方法来教唆君王，君王的统治怎么能够持久？

这里芮良夫的劝谏非常诚恳，也非常直接，可以说是不惜冒着生命危险来劝谏君王。这是古代忠臣一贯的做法，如果看着君王做错事而不去劝告，就是陷他于不义。芮良夫接着说：“普通人独占财利，还被称为强盗。您如果干这样的事，归附您的人就会很少了。荣夷公若被重用，周朝必定会衰败。”

可惜周厉王没有听从劝谏，还是任用荣夷公为卿士，让他主管国事。周厉王施行暴虐统治，奢侈骄纵，国都的民众都纷纷议论他的过失。这时，召公（也就是召穆公）又来劝谏他说：“民众都忍受不了您的政令了。”结果，周厉王很恼怒，他找了一个卫国的巫师，派他去监视那些指责自己的人，只要这个巫师来报告有谁诽谤自己，便立刻把诽谤的人杀掉。于是议论朝政的人愈来愈少了，诸侯也不来朝见了。

周厉王更加严厉，结果“国人莫敢言，道路以目”。国都的民众都没有人敢讲话了，在路上相遇时，也只能互相用眼色示意一下。这下周厉王高兴了，得意地对召公说：“你看，我能消除非议了，民众都不敢乱讲话了。”召公说：“防民之口，甚于防水。水壅而溃，伤人必多，民亦如之。是故为水者，决之使导；为民者，宣之使言。”召公这句话也成了历史名言。他说：“你这不过是塞住民口罢了。堵住人民的嘴巴比堵住河流的后果还要严重。河水堵塞蓄积，一旦决口，受到伤害的人一定很多。堵住民众的嘴巴也是如此。所以，擅于治水的人要疏通河道，使水流通畅；治理民众的人，要让民众发泄，让他们讲话。放手让民众讲话，政事的好坏得失都可以从这里反映出来。民众想在心里，说在嘴上，成熟的意见便可予以推行。若是堵住他们的嘴巴不让他们发表意见，那么支持您的能有几个人呢？”

周厉王仍然不听。三年之后，大家联合起来反叛，袭击周厉王。周厉王逃跑到彘地。后来，周宣王即位，整顿政事，效法文武、成康的遗风，诸侯重新归附周朝。

唐太宗李世民之所以能够创下“贞观之治”，和他熟读《群书治要》这本书密不可分。《贞观政要》里记载着唐太宗与臣子的谈话，从中可知，他确实是把这些教诲力行在治国之中了。

《贞观政要·论贪鄙》中记载，贞观初年，太宗皇帝对侍臣说：“如果人有一颗价值连城的明珠，没有不视之为宝贵的，但是如果拿着宝珠去射鸟雀，岂不是很可惜吗？而人的性命要比明珠珍贵得多，但一看到金银钱帛而不畏惧法律的惩罚，立即就收受，这就是不懂得爱惜性命。明珠是身外之物，尚且不能拿去射鸟雀，怎么能用比明珠更加贵重的生命来换取财物呢？群臣如果能够尽忠职守、正直公道，有益于国家、有利于百姓，那么官职、爵位立即就可得到，一律不必用这种受贿的手段求取荣华富贵，随便收受财物。赃物、贿赂暴露以后，自身也将受到损害，确实是很可笑的。”在这里，唐太宗用了一个“明珠射鸟雀”的形象比喻，告诫官员，不能拿着自己的官位不珍惜，去贪污受贿、以权谋私，否则只会得不偿失。

贞观二年，唐太宗又对侍臣说：“我曾经说过，贪婪的人不懂得爱财的道理。例如，五品以上的官员，俸禄优厚，一年所得的收入本来就很多了。如果接受别人的贿赂，不过几万钱而已。一旦丑行暴露，就会被革去官职和俸禄，这样做哪里是懂得爱财的道理？他们是因小失大，得不偿失。”

“且为主贪，必丧其国；为臣贪，必亡其身。”如果国君很贪婪，必定亡国；做臣子的、做领导的很贪婪，必定丧命。唐太宗还列举了历史上的一些这样的例子，告诫臣子不要做这样得不偿失的事。唐太宗作为皇帝，秉持了“建国君民，教学为先”的理念，时时警告朝廷百官，让他们引以为戒。

贞观四年，唐太宗对公卿大臣说：“朕整天都不敢懈怠，不但忧念、爱惜百姓，也想让你们能够长守富贵。天高地厚，朕长久以来小心谨慎以敬畏天地。你们如果能总是像朕敬畏天地那样，小心地遵守法令，不但百姓安乐，自己也可常得快乐。”古人说：“贤者多财损其志，愚者多财生其过。”

“贤者多财损其志”，虽然原本是贤德之人，财富一旦多了，可能就会骄奢淫逸，过着放纵的生活，从而不思进取。他的志愿就不像以前那么坚定了。所以“自古公卿出白屋”，很多有成就的人，年轻时生活都很贫苦，为的是让自己长守这种清白的志向，磨炼自己的意志。

“愚者多财生其过”，没有智慧的人，给了他很多的钱，结果他拿着钱无恶不作。不知道拿着钱去做利国利民、弘扬传统文化的事，为自己累积更大的福报，反而去过骄奢淫逸的生活，结果不仅是富不过三代，甚至可能富不过当代，这一生还没有过完，就已经败落甚至锒铛入狱了，这是不读圣贤书的过错。

所以唐太宗说：“这话可以引以为戒。如果徇私贪污，不但破坏国法，伤害百姓，即使事情没有败露，心中怎能不常怀恐惧？恐惧多了也有因此而导致死亡的。”实践证明，贪官整日都是战战兢兢，他们的这种压力、紧张，让自己身心都不得安宁，所以有的领导干部英年早逝，和这种不必要的压力也是密切相关的。

“大丈夫岂能为了贪求财物，而害了自己的身家性命，使子孙蒙受羞耻？”不仅害了自己，一旦锒铛入狱，自己的家人、儿孙都会跟着蒙羞。走到哪里，人家都在背后指着说：“你看他们家的谁谁谁，因为贪污受贿，被关到监狱里了。”从这些对话中可见，唐太宗是一个真正明理的人，他自己不仅是这样说的，也是这样率先垂范、身体力行的。

贞观七年，唐太宗到蒲州巡视。当时的蒲州刺史赵元楷是隋朝的旧臣，在隋大业十二年，隋炀帝游江都（即今天的扬州）的时候，就是赵元楷负责供应美酒、饮食。隋炀帝与萧后及后宫的美女酒杯不离口，所以赵元楷因“献异味”被提升为江都郡丞，初尝“媚主”的甜头。现在唐太宗来蒲州巡视，他又故技重演，令老年人穿着黄纱单衣，在路旁迎接拜见皇帝，并且大肆修饰官署的房屋，修建、装饰城楼城墙以讨好唐太宗。除此之外，他还暗地饲养了几百头羊、几千条鱼，准备送给皇亲贵戚。

唐太宗知道这件事后把赵元楷招来，斥责说："我巡察黄河、洛水之间的地区，经过了几个州，凡是用度所需，都是由官府的物资供应。你给我们饲养羊、鱼，修饰庭院屋宇，这种行为无疑是已灭亡的隋朝的坏风气，现在不能再实行了，你应该理解我的心意，务必改变旧习。"赵元楷听后又惭愧又害怕，几天吃不下东西就死去了。

从这里我们可以明白：为什么隋朝很快就灭亡了，而唐太宗能够在短短的时间便安定，创下"贞观之治"？一个最根本的原因是唐太宗能够从古籍之中汲取经验教训，明白修身是治国之根本。

贞观十年，治书侍御史权万纪上书说："宣州、饶州的大山有很多银坑，如果开采出来，利润很大，每年可收入银钱几百万贯。"一般的领导者听到这样的建议会怎么样？如果是贪财好利之人，一定会非常高兴，说这个建议好，然后找人马上去开采。但是唐太宗熟读经书，他说："我贵为天子，这些东西一点儿也不缺乏。我缺乏的是什么？我需要的是什么？我只需要有好的建议，来推行善事，以有益于百姓。更何况国家增加几百万贯的钱，怎么能比得上得到一个德才兼备的人才呢？"这些都是古圣先贤的教诲。古人不以金银财宝为宝，而是以人才为宝。

他接着说："你不推举贤能，建议善事，也不揭发奸邪之人，使权贵豪强震惊敬肃，只会说出租出售银坑以获取利益的事。过去尧舜把璧玉扔进山林，把宝珠沉没深渊，因而美名被称颂千古。后汉的桓帝、灵帝却重利轻义，是近代有名的昏庸之君。你这样做，是要把我当作桓帝、灵帝吗？"短短几句话，就能够看出明君的风范确实与众不同。不仅如此，他当天就勒令权万纪停职回家。

《论语》中说："苟子之不欲，虽赏之不窃。"如果在上位者没有贪欲之心，你就是去奖赏人们，人们都不会去偷盗的。如果在上位者特别喜欢珍奇之物，贪财好利，那么上行下效，大家也都会竞相追逐利益。所以唐太宗能够把唐朝治理好，创下一代盛世，成为一代明君，绝非偶然。

贞观十六年，唐太宗又对侍臣说："古人说，飞鸟栖息于树林，还唯恐树木不够高，要筑巢于树木的顶端；鱼藏于水中，还唯恐水不够深，穴居于水底洞穴之中。然而它们仍然被人们所捕获，是什么原因？就是因为它们贪图诱饵、抵不住诱惑。现在大臣接受任命，居高官、享厚禄，应当忠诚正直、清廉无私，这样才没有灾祸，才能长守富贵！古人说：祸福无门，唯人自召。那些以身试法的，都是因为贪图财利，这与那些鱼和鸟又有什么不同？你们应当好好想想这些话，作为借鉴和告诫。"

古人提醒我们，面对财色名利，要有一种战战兢兢、如临深渊、如履薄冰的态度。在这方面，习近平总书记强调领导干部要"慎独、慎初、慎微、慎欲"，做到"心不动于微利之诱，目不眩于五色之惑"，始终不放纵、不越轨、不逾矩，增强拒腐防变的免疫力。

可见，学习《群书治要》有助于反腐倡廉。如果领导干部都能够读一读、看一看古人是怎样身体力行圣贤教诲的，就知道在位者一定要戒止贪心，不能与民争利。如果想独占财利，必定会招致民怨，甚至导致灭亡。贪财好利的结果都是竹篮打水一场空。《大学》中说："德者，本也；财者，末也。"《尚书》中说："作善，降之百祥；作不善，降之百殃。"《易经》中也说："积善之家，必有余庆；积不善之家，必有余殃。"如果领导干部真正明白并深信这些道理，人生必然少走很多弯路。

二、欲不可纵

> 不要做那些无益之事而耽误、妨碍了那些有益的事，这样才能成就事业；不看重奇异之物、不轻视实用之物，百姓才能富足。

《群书治要·老子》中有“五味令人口爽”，五味是指酸、甜、苦、辣、咸五种味道。在这里也泛指各种味道或者调和众味而成的美味食品。“口爽”的“爽”有丧败的意思。过度重视这些美味，也会伤害到自己的味觉。人如果特别喜欢辣、辛等味道特别重的食物，吃到最后舌头都吃坏了，不敏锐了，一些食物的原味，譬如说青菜原本的清香就尝不出来了。人对食物的欲望愈淡、口味愈轻，他的味觉就愈敏锐，愈能够吃到食物的原味。

现在很多人都喜欢吃味道很重的食物，愈吃口味愈重，给身体造成很大的负担，最后就会生这样或者那样的病。像高血糖、高血脂、高血压、心脏病等，都和吃的味道过重有关。欲望愈来愈重，最后自己也控制不了自己了。

《群书治要》最后一卷中的《抱朴子》里有一篇文章《酒诫》，把饮酒的危害描述得淋漓尽致。

"夫酒醴之近味，生病之毒物，无豪锋之细益，有丘山之巨损。君子以之败德，小人以之速罪。耽之惑之，鲜不及祸。世之士人，亦知其然，既莫能绝，又不肯节，纵口心之近欲，轻名灾之根源，似热肠之恣冷，虽适己而身危。小大乱丧，亦罔非酒。然而俗人是酣是湎。"

后边还描述了酒后乱性的癫狂场景及各种酒徒的不同丑态：在宴席刚刚开始时，还显得谨慎庄重，说话较少且仪容整齐。像咏《诗》那样和悦恬淡，举杯恭祝身体健康，虽然微醉，还能自我把持。可是没过多久，就感到身体飘飘然，两耳发热。于是琉璃、海螺制成的酒器都满上了，斟满、干杯，没干完要罚酒的酒令喊得更加带劲了。已经喝得酩酊大醉仍不许离去，甚至将人所乘之车的车键拔出来投入井中。这时候醉得口里吐出了脏物，鼻子里流出了鼻涕，真是有失常态。不时蹁跹起舞，离开座位，边喊边叫，像开了锅的水一样沸腾。有的和人争辩求胜，有的哑哑独笑，有的自言自语，有的呕吐得几案座席到处都是，有的跌倒爬行、行走踉跄，有的摘下帽子、解开腰带。平日操守好的，也变得像华督那样四处乱看；平日性情怯懦的，也模仿大力士庆忌那样显示能耐；平日性格稳健的，变得如飞蓬旋转，四处叨扰；平日端庄严肃的，却像鹿跳鱼跃一样闹腾不已；平日不善寒暄的，也都会拊掌来附和叫好；平日谦恭而与世无争的，也变得趋炎附势，去同地位高的人交往。这样，廉耻的礼仪毁弃了，而荒唐错乱的毛病出现了；卑鄙的品性显露，傲慢凶狠的态度产生了；精神错乱，善恶颠倒。有的醉酒者驾驶着马车，奔向坑谷也毫不惧怕，把高低不平的山坡当成了蚂蚁穴；有的登上高处，脚踏危岩，快要坠落还不觉察，把悬崖深渊当成了牛蹄印；有的任意摔东西泄愤；有的对妻子儿女发酒疯；有的对奴仆乱用酷刑；有的甚至用利刃刺杀六畜；有的在屋里点起烈火；有的则迁威怒于路人，加害于朋友；有的因酒后发疯轻慢了严厉的主人而被杀；有的因触犯了凶暴之人而陷入了险境；有的虽说的是尊敬的言辞，但烦琐而背离常理；跪拜的礼节虽多，但是徒劳而毫无敬意；臣子在君主、父母之前失礼，年幼卑贱的人在尊长面前无礼轻慢；把一般的闲谈视为攻击谩骂之辞，把忠言劝告当作是侵犯自己，于是拔刀相向而不计后患，挥动棍棒而不顾前后，最终结下血海深仇，招来杀身大祸。

酒所引起的灾祸，多得难以记载。人们欢聚时，却没有人舍得放弃饮酒。举杯之声不绝于耳，不管能不能喝，都开怀畅饮。把残留的酒滴说成是没喝完的剩酒，认为对方迟迟不喝就是看不起自己；把整瓶酒都倒给所敬之人，殷勤反而变成了不厚道。劝酒不肯端杯，催促不肯饮尽，难看的脸色、难听的话便因此产生了。

古时候发明酿酒的仪狄因向大禹进献美酒而被疏远，夏朝因此而兴起；酒糟堆成山，酒浆满池，结果夏桀、商纣因此而亡国。丰侯获罪，是因为头上顶着酒樽，口中衔着酒杯；刘表政事荒废、衰败，是因为他珍藏着伯雅、仲雅和季雅三个酒爵（就是三种酒杯）。赵武失去民众，子反被杀戮，灌夫被灭族，季布被疏远斥退，子建被免官黜退，徐邈被禁言，都是因为酒，但是社会上的人们喜爱饮酒并以饮酒为乐的人很多很多，而戒酒怕酒的人却很少很少。乐之者众，戒之者少，劝诫的箴言又怎能有效果呢？只希望君子能够节制饮酒。

这一段话把饮酒的危害描述得淋漓尽致，那些喜欢饮酒的人确实应该引以为戒。

很多人说，“饮酒可以减轻压力”，其实这句话似是而非。饮酒就是麻醉自己。有痛苦的时候才需要麻醉。人为什么会有痛苦？很简单，就是因为人该承担的责任没有承担好，没有读书明理。唯有承担起责任，把五伦关系处理好，人生才会愈走愈充实，才不会觉得空虚。这才是从根本上解决问题，才能够获得真正的幸福，而不需要用醉酒麻醉自己，从而躲避痛苦。

《左传》上记载，鲁庄公二十二年，陈国发生动乱，太子御寇被杀。公子陈完流亡到了齐国，齐桓公想让他做卿。陈完辞谢说："我是流亡到齐国的人，您收留我就是对我很大的恩惠了，怎么敢接受这么高的官位呢？"最后齐桓公任命他工正，也就是主管工匠的官职，陈完就接受了。随后他请齐桓公喝酒，两人喝得很高兴，不知不觉就到了晚上。齐桓公说："我们点上灯接着喝吧。"因为正喝到高兴的时候，觉得还没有尽兴。齐桓公喝得这么高兴，如果是普通人，一定会答应他的要求，但是陈完没有答应。他说："我只是选择了在白天来招待您，没有选择在夜晚招待您，所以不敢听从您的命令。"这就等于把齐桓公给直接拒绝了。陈完还陈述了拒绝的理由："酒以成礼，不继以淫，义也。以君成礼，弗纳于淫，仁也。"中国人说无酒不成席，这个酒是帮助完成礼仪的，不能够没有限度地喝下去，这才符合义，这才是适宜的。能让君主完成礼，同时又不饮酒过度，这才是对君主真正的爱护。话说到这种程度，齐桓公当然不好意思再继续喝酒了，一场酒席也就到此结束了。

从这里我们看到，即使对于国君的要求，古人如果觉得不符合礼仪也都会婉言拒绝。做什么事情都不要过度，都要有分寸，要符合礼的节度。

古人说"无酒不成席"，我们要明白，这个酒是帮助完成礼仪的，绝对不是以此为借口，喝得酩酊大醉、满足口腹之欲，这才是中国的"酒文化"。

什么是文化？能够上升到文化层次的，一定是要以文化人，它要能够变化人的气质，使人转恶为善、转迷为悟。酒是表达敬意、表达感恩的，如果你喝得过分了，由清醒变得糊涂，喝醉之后，胡言乱语、吐了一地，就失去了领导者的风范，就让人轻视，没有了威仪，那怎么能够称为文化？这个就是变化气质变化到相反的方面去了。《朱伯庐家训》中也说："宴客切勿流连。"当然，半夜喝酒就更是不对的了。

"驰骋田猎，令人心发狂"。（《群书治要·老子》）骑着马驰骋、打猎，追逐野兽，马又一直在运动中，人会心神不宁，心性会被引发得比较狂野。在杀野兽的时候都是一种杀戮的心，与人的慈悲心是不相应的。孟子说："君子远庖厨，所以全吾恻隐之心也。"在厨房里经常杀小动物，杀生害命的事见得多了，就见怪不怪了，人的同情心、慈悲心就愈来愈少了，所以，君子远离庖厨是为了保全自己的恻隐之心。

唐太宗是武将出身，很喜欢打猎。有一次他外出打猎，途中突然遇上了大雨，他的雨衣也被浇漏了。这时他问谷那律关于雨衣的事。谷那律当时担任谏议大夫，他有一个绰号，叫"九经库"，是当时的名臣褚遂良给他起的。我们现在讲的十三经是宋朝以后确定的，在唐朝初年的时候，明经科，考九经。九经是指三礼、三传、《易》《书》《诗》，合起来称为九经。三礼是指《周礼》《仪礼》《礼记》；三传是指《左传》（《春秋左传》）《春秋公羊传》《春秋谷梁传》。谷那律被称为"九经库"，说明他对经典非常通达。

唐太宗问谷那律："雨衣怎么样做才不会漏雨呢？"谷那律回答："如果用瓦来做，肯定不会漏雨。"怎么能够用瓦来做雨衣？那是不可能的，穿在身上很重，也不方便。"听思聪"，唐太宗就明白了。谷那律的言下之意是希望自己不要经常出来打猎，那就不会被雨浇到了。唐太宗对他的回答大为赞赏，赏了他五十锦，还有一条黄金为饰的带子。从这里我们看到，唐太宗虽然喜欢打猎，但他也熟读经书，知道打猎的害处。当谏议大夫提醒他的时候，他非常高兴地接受了，并且鼓励人们给他提建议。

“难得之货，令人行妨。”（《群书治要·老子》）“难得之货”是指很贵重的、难以获取的货物，譬如说金银珠宝、珍禽异兽、玉石古玩等，这些东西都会让人心浮动。“妨”是损害的意思，就是人看到这些金银珠宝、珍禽异兽、玉石古玩等起了贪心，要去追求了，有些人的一生都会耗费在物欲的追求中。很多人买房子、买车子，买这些昂贵的奢侈品，耗掉了一生的精力，最后连自己的孩子、家庭都没有照顾好，更谈不上个人灵性的提升了，最后人生也会很悲哀。

除了对自身的伤害之外，对社会风气的伤害也很大。《淮南子》记载，衰败之世的社会风气有一个重要的特点，“贵远方之货，珍难得之财”。就是重视远方而来的东西，珍视难得的财物，而不注重生活必需品，使天下质朴敦厚的风气日渐淡薄，以清为浊。这种“贵远方之货，珍难得之财”的风气一旦形成，人们就会去抢购、收藏这些东西，想方设法地获得这些东西，结果偷盗的现象也会愈来愈多。

《论语》记载，季康子患盗，就去请教孔子。孔子回答说：“苟子之不欲，虽赏之不窃。”如果你自己不贪图财物，包括这些远方而来的财货和难得的珍宝，即使你奖励人们去盗窃，人们都不会去做的。上行而下效，上边喜欢什么，下边就会跟着效仿。上边的人重视伦理道德，下边的人也会注重修身；上边的人重视这些难得之货，下边的人也会跟着去收藏、抢购。《老子》中说：“我无欲而民自朴者也。”如果在位者自己没有欲望，那么百姓之间的风气也就自然淳朴。

《群书治要·尚书》中记载，在周武王时期，西旅国来向周朝朝见时，献上了一种名叫“獒”的猛犬。太保召公得知此事后，立刻撰写了《旅獒》一文，提醒劝诫周武王。这篇文章写道，圣明的君王慎修德行，四方外族之邦来归顺朝见，不论远近都献上当地的特产，不过是一些吃穿器具之类。圣明的君王于是借此来显扬恩德于异姓诸侯国，使他们不要荒废了政事；又将宝玉分赐给同姓的诸侯国，以表达对亲情的重视。人们不轻看这些物品，因为它代表了君王的恩德。

玩人丧德，玩物丧志。玩弄人就丧失了自己的品德，玩物就丧失了自己的志向。不要做那些无益之事而耽误、妨碍了那些有益的事，这样才能成就事业；不看重奇异之物、不轻视实用之物，百姓才能富足。犬马不是土生土长的不畜养；珍禽异兽不在国内繁育。不要把远方之物看得那么宝贵，远方的人就会归服；所看重的只是贤德之人，近处的人就会安心。平时不慎重对待细微的行为，最终会损害大德。就像要堆起九仞的高山，却功亏一篑。若能真诚地奉行这些劝告，百姓将永保安居，天子才能世代称王。

古人“见微知著”。看到有人送了猛犬“獒”，立刻就担心周武王沉溺于远方之物，把远方的贡品看得很珍贵，而丧失了自己的德行。所以，马上就写了这篇文章来劝谏，防微杜渐。

如果人的心思都花费在追求远方之货、难得之财上，人心就不会用在提升德行方面。甚至他会问你，什么叫“明明德”？那对我有什么用？当然能这样问的人已经不错了，因为他还知道有一个“明德”需要“明”。有些人醉生梦死、沉溺于欲望的享受和满足之中，一天一天地堕落却不自知，哪里还懂得“明明德”？

一个好的领导者的作风，会带动整个社会好的风气。古人说：“公门好积德。”一个人的影响力愈大，社会地位愈高，责任愈重，积德或者造恶也就愈容易。

习近平总书记的办公室所摆的照片都是和家人的合照，由此可见，主席提倡重视家庭伦理，重视孝道，重视父慈子孝，重视伦理道德的教育。特别是2015年，在办公室里又摆上了《群书治要》，这本书被誉为“主席最爱读的书”。习近平总书记这也是在引导我们要重视学习圣贤典籍，重视汲取历史上治国理政的经验教训。他的办公室还摆着很多的活页夹，说明做领导者的要勤于政事，日理万机；还有一些照片是和老百姓在一起的，是告诉领导者要和人民群众打成一片，要爱民。这些都是在引导一种好的社会风气。

三、万恶淫为首

> **在古人看来，人体是一个小宇宙，一旦放纵欲望，整个身体就都会失衡。一个人要想修身立德，戒色、戒淫是首要的。**

《群书治要·春秋左氏传》记载：楚国讨伐陈国夏氏的时候，楚庄王欲纳夏姬为妃。申公巫臣谏阻说："不可以这样做。君王召集诸侯出兵，是为了讨伐其罪。现在若纳夏姬为妃，说明君王是贪其美色。贪色为淫，淫当重罚。《周书》说：'明德慎罚。'若号令诸侯兴师，却获取重罚，这就是不谨慎。君王应考虑这些问题啊！"楚庄王于是打消了纳夏姬为妃的念头。

中国有一句古话，"英雄难过美人关"。这句话有待商榷，因为真正的英雄一定能过美人关，过不了美人关的人便不配称作英雄。大英雄不是能够战胜千军万马的人，而是能够战胜自己的毛病、习气、欲望的人。

中国人历来尊关羽为武圣人，佛教也把关羽尊称为护法神，因为关羽在曹营十二年，一面是金钱、美女的诱惑，一面是奉嫂为兄的忠义。为了保护两位嫂嫂的安全，关羽每日都在两位嫂嫂居住的卧室外面下榻，夜读《春秋》。后人用"亘古一人"来称赞关公的忠义，几乎所有关帝庙的对联也都以这四个字作为横批。所以，英雄确实能过得了美人关，因为他心中存着道义。

那么英雄如何才能过美人关？难过的这个美人关，大多数都是因为自己所喜欢的人，是出于情感上的需要或心灵上的爱慕。对于这种情况，首先要区别爱与情的不同。

古人把爱称为慈悲。因为慈悲的爱是理智的，是出于智慧，是不变的；而情是感性的，它表现为情执，是可变的。今天海誓山盟、海枯石烂、永不变心，明天就可能反目成仇，甚至成为冤家对头。爱是清净的、无私无求的；而情是被染污的、有求的，往往和欲望联系在一起。爱是平等的，特别是菩萨的爱，是无缘大慈，同体大悲，对普罗众生，都是相同的；而情则是有等差的，通常指向特定宠爱的对象。

爱是真正为对方着想，繁体字的“愛”写作一个感受的“受”，中间有一个“心”字。爱是用心感受对方的需要，特别是要帮助对方提升境界，所以，爱给人的感觉是温暖的，带给人的是心性的提升。而情的希求是从对方那里获得欲望的满足或者至少是心灵的慰藉，因而它带有索取、占有、控制的性质，一旦满足不了，就容易由爱生恨了。

譬如说，看到自己喜欢的人和别人在一起，你还能一如既往地对他好吗？你可能立刻就怒火中烧。这说明情是不可靠的，是可变的。如果一个人沉溺于欲望的享乐，整天卿卿我我，一日不见如隔三秋，往往会丧失意志力，志愿不能够坚定，也提不起自己的使命感和责任感，终将一事无成。所以，情不仅影响人的身体健康和寿命，而且还会使灵魂堕落。历史上很多皇帝寿命都很短，就是纵欲所导致的。

认识到这些区别，就要转情执为真爱。一个人一生中能够遇到与自己投缘的人是非常不容易的，人与人之间的善缘可遇不可求，一定要懂得珍惜。要做到相识、相知、相惜、相爱，这个爱不是沉溺于欲望的满足，而是相互帮助、相互成就，不能够相牵放纵欲望、同赴地狱，那就既辜负了今生为人、提升灵性的机会，也辜负了对方为自己的种种付出，既是对自己不负责任，也是对对方不负责任，那就不是爱，而是害了。我们想一想，如果一个人真爱一个人，怎么忍心带着他一起堕落、同入火坑呢？

“英雄难过美人关”的另外一种情况，更多的是受欲望的控制不能自拔。在这种情况下就要深信因果，要明理，知道欲就是深渊。古人在这方面讲得很多，如“色字头上一把刀”，因为这一把刀，把所有的功名利禄削得平平的，让你一无所有。

《尚书》里也说：“天道祸淫最速。”天道就是自然的规律，它给淫乱的人、放纵的人带来灾祸是最迅速的了。这些道理在我们的身边都能够观察得到，一个省部级及以上的官员突然锒铛入狱了，调查发现，背后基本上都有沾染女色的原因。要认识到色欲的危害，要发起羞耻心、畏惧心、勇猛心来改过，特别要多读善书。

很多人说，我们现代人所受的诱惑，与古人相比不知高出多少倍。确实如此，现代人不读圣贤书，反而受西方一些不良思想观念的影响，两性关系变得愈来愈随便，女子的贞操观念也愈来愈淡薄。再加上电视、网络的广泛传播，使得两性关系混乱不堪，邪淫的现象也愈来愈多。

要避免受到色欲的诱惑，需要做到以下几点。第一，必须戒慎视听，做到“非礼勿视、非礼勿言、非礼勿听、非礼勿动”，远离污染源，保持自己的清净心。第二，要明白贪淫好色得不偿失。特别是邪淫危害很大，所以，各个宗教都把“不邪淫”作为一条重戒。

概括一下，邪淫的危害有多种。本来有功名，就没有功名了；本来可以赚很多的钱，也赚不到了。还使自己身心不安，家人蒙羞，一旦东窗事发，除了自己的名声受损，家人也会跟着蒙羞。还会招致事业不顺利，身体各种各样的疾病。现在各种性病愈来愈多，很多性病都是致命的。邪淫还会触犯妄语、绮语等戒律。因为要邪淫，就要蒙骗亲人、家属，就要说妄语，还要去说一些诱惑别人的话，所以，也触犯了其他戒律。“欲是深渊”，沉迷于欲望，就等于发展了人禽兽的一面而忽视了灵性的提升。

古人也有很多的方法来克除邪淫的欲望。譬如说“不净观”。古人把人体比作一个臭皮囊，外边好像装饰得很好，穿着绫罗绸缎，还喷上香水、涂上化妆品等，但实际上里边装着都是像血、肉等很肮脏的东西。

狄仁杰年轻的时候，一表人才，英俊潇洒。有一年他进京赶考，留宿一家旅店。旅店的主人正好是一个刚刚死去了丈夫的少妇，白天她看到狄仁杰玉树临风，一表人才，不免动了爱慕之心。晚上夜深人静的时候，狄仁杰还在刻苦读书，她就主动去敲门。狄仁杰听到敲门声，起身把门打开，看到一个打扮得非常妩媚的女子。女子很主动地向他说明了来意。狄仁杰先是心里一惊，但是马上镇定下来。他突然想起一位老人家给他说过的一番话：“你一生主贵，以后一定能够成为达官贵人。但是千万要小心，一定不要败坏在女色手上。因为这个‘色’字头上一把刀，这一把刀会把你所有的功名利禄都削得平平的，让你一无所有。”狄仁杰问：“一个人年纪轻轻，又遇到女子主动投怀送抱，不动心确实有点难，那怎么样才能面对女色而不心动呢？”老人家就教了他一个办法，说：“当一个人面对女色而心动的时候，不过是被表面所迷惑。其实一个人好看就好看在外边的一张皮而已。在这张皮的底下，都是些血肉相连，还有一些肮脏的管道，流淌着肮脏的东西。人就像一个臭皮囊一样。别人送一个皮囊做礼物，皮囊外面雕着花绣着朵，雕制得非常精致，让你一看就爱不释手。但是你把这个封口打开，发现皮囊里装的是血肉啊、屎尿啊这些非常肮脏的东西。这个时候，谁还愿意把她抱在怀里？肯定是迫不及待地一把推开，避之唯恐不及。”狄仁杰在关键的时候想到了老人家的提醒，他就把这个方法也教给了这个女子，他说：“你这样观我，你发现我也没什么可取之处了。”狄仁杰最终成了一代贤相，名垂青史。

明白了这一点，对于事实真相就比较明了，就不会被表象所迷惑。人之所以能够克服情欲，是因为人性本自清净，好色是空的，这个色是虚妄的，因此是能够克服的。譬如说，你听说有一位漂亮的女子在宾馆里等着你去和她约会。你迫不及待地坐上车，跑到宾馆，把门打开一看，哪里有什么漂亮的女子，里面的是自己的妹妹。这个时候你不仅没有了淫心，而且会很生气。这说明人的欲望是假的，是不真实的，是虚妄的。既然是虚妄的，就是可以克服的。古人提醒我们，可以把这些漂亮的女子视为自己的亲人，譬如说自己的姐姐、妹妹等。这样就可以以礼相待，做到“发乎情，止乎礼”。

人性本自清净，一切法从心想生。很多人沉溺于单相思，缠绵悱恻，不能自已，其实都是自己想出来的，不想就没有痛苦。但是很多人还是忍不住想，这就是习气，要下功夫去克服，就是要学会转念。

人为什么要追求色欲？因为人还不能够自足，就是没有感受到内心的清净法喜，没有体会到古人所说的禅悦为食、法喜充满，所以，才会追求外界的刺激。如果你能够体会到法喜，就是从你内心涌出的、像泉水般的源源不断的喜悦，外在的感官刺激对你就没有吸引力了。古人说：“世味哪有法味浓。”

四、好名之患

> 领导者的祸患，没有比爱好虚名更大的了。一旦领导者爱好虚名，下属就很容易知道他想要的是什么，然后投其所好。

《群书治要·体论》说："人主之大患，莫大乎好名。人主好名，则群臣知所要矣。"领导者的祸患，没有比爱好虚名更大的了。一旦领导者爱好虚名，下属就很容易知道他想要的是什么，然后投其所好。"夫名所以名善者也，善修而名自随之，非好之之所能得也。"美名是为了褒扬善行的，自身注重修养，美名自然会随之而来，并非是因为个人喜好美名就能得到。

《论语》里说："不患无位，患所以立；不患莫己知，求为可知也。"不要担心自己没有一个好的位置发挥才能，这不应是我们所担心的重点，应该担心的是有什么样的德行、能力，立功、立德、立言于社会，甚至传承千古。能有后世子孙值得学习的地方，给他们以启迪和教导。不要担心自己的名声不够显扬，而应该追求足以使名声得以显扬的德行和能力，做到实至名归。

《群书治要》里记载着邹穆公的故事。邹穆公做国君的时候，对自己要求很严格，吃的不讲究美味，穿的不讲究衣饰华丽。但是对老百姓却非常宽厚，爱民如子。邹国虽然很弱小，但是像鲁国和卫国这样的大国都不敢轻视它，齐国和楚国也不能够威胁它。邹穆公过世的时候，邹国的百姓非常哀伤。邹国四邻的百姓听说邹穆公过世，都朝着邹国的方向表达哀思，琴瑟的声音都听不到了。因为他们觉得这么好的一位国君过世了，自己乐不起来，直到邹穆公过世一年之后，才重新听到了琴瑟的声音。

贾谊评论："故爱出者爱返，福往者福来。"能够以仁爱之心对待别人，别人回报的也是仁爱。正如《孟子》所说："爱人者，人恒爱之；敬人者，人恒敬之。"能够给天下人带来福祉的人，自身的福气也自然会到来。

《群书治要·体论》："苟好之甚，则必伪行要名，而奸臣以伪事应之。"君主如果过分地喜好美名，贪图虚名，就一定会用虚假的行为来求取美名，那么奸邪的臣子也会以虚假之事来应和，下面的人也会弄虚作假来附和上面的好名之心。君主如果喜欢虚名，自然就会喜欢听恭维的话、赞叹的话、肯定的话。同声相应、同气相求，他所感召的臣子也是谄媚、巴结、阿谀奉承之人，将会听不到自己的过失，看不到事实的真相。

《群书治要》里记载着齐宣王好射的故事。齐宣王很喜欢射箭，而且特别喜欢听别人夸自己能够使用硬弓，以显示自己的臂力过人。其实他所用的弓，拉力不超过三石（一石相当于一百二十斤，三石就是三百六十斤）。齐宣王把弓拿给左右的侍从拉，左右的侍从都假装努力尝试，但是拉到一半就停止了，好像自己拉不动，还说："要拉开这样的弓，力量至少不下于九石，除了大王您还有谁能使用它？"于是齐宣王一辈子都认为自己所用的弓拉力是九石，这难道不是很可悲吗？这说明一个君主、一个领导者好大喜功、贪图虚名，就会感召阿谀奉承的臣子投其所好。

现在也有类似的现象，有些政府官员好名，导致一些地方急于求成、急功近利、弄虚作假的风气盛行。孔子提醒我们："欲速则不达，见小利则大事不成。"整个社会对官员的政绩评价标准是GDP的增长速度，但是地方上的GDP没有那么高的增长速度，为了使自己不落后于人，政绩上有可夸耀的地方，那就只好虚报数字。数字是官员假报上来的，因为假报的数字能让上级满意，能得到提拔，所以，"官出数字，数字出官"的现象就出现了。

有些知识分子也不像以前那样踏实、务实。为了追求知名度，写了一篇又一篇文章，出了一本又一本书。这些文章和书的内容大同小异，都是东拼西凑而来，能够真正对人有启发、对社会有帮助的东西却不多。特别是现在一些高校的博士论文，洋洋洒洒十余万字，真知灼见却寥寥无几。现代人没有古人有智慧，就是因为心太浮躁、太急功近利了。

现在举国上下都响应习近平总书记的号召，弘扬中华优秀传统文化。领导重视了，下面的人也自然响应。那么我们把弘扬传统文化落实在哪里？应该落实在修身、齐家、治国、平天下之上。孔子说："人能弘道，非道弘人"，人是能够把道弘扬起来的。自己首先要对传统文化有深入的理解，能够身体力行传统文化的教诲，让社会大众从我们身上看到学习传统文化的益处，这才是"人能弘道"。但是如果走上急功近利的道路，开很多座谈会，写很多文章，不能身体力行，于国于民就没有真实的利益。

"十年树木，百年树人"，培养一个德才兼备的老师谈何容易！缺少老师是因为根基扎得不够牢。第一是学术上的根基。我们从小没有经过童子功的训练，没有学过古文，文字的功底、文言文的功底都不够。第二是德行的根基，这是更重要的一个根基。一个人要克服一种习气，如发火、嫉妒心等，都是要很长的时间，十年、二十年的时间，都不一定能调节自己的习气。

国家弘扬传统文化，很多人都站出来办学校、弘扬国学。很多人抱着很大的期望把自己的孩子送到国学学校学习。但老师的素质却让家长大失所望，连带着对传统文化也丧失了信心。这些问题都是急功近利、贪好虚名所导致的。

如果有一个人因为贪好虚名而弄虚作假、谄媚领导却受到了褒奖，普天之下的人都会起而效法。君主以虚伪来教化天下，还想要人正直、信实、敦厚、质朴，的确是太难了！可见，领导者如果好大喜功，下面就会出现浮夸风。现在社会假冒伪劣充斥，也是虚伪的风气盛行所导致的。

君主身居高位又处于深宫之中，好像在容易迷路的云梦泽游玩一样，需要左右之人来指正方向，所以，选取左右之人非常重要。但是，如果君主左边的人今天说：圣上的功勋真是伟大啊！明天右边的人又说：圣上的声名真是显赫啊！今天听到臣子这么说，明天还是听到臣子这么说，如果不用事实加以考察对照，君主就会扬扬自得，认为自己可以与尧舜齐名，自己的教化广播，实现了天下太平。所以，一个人左右两边的人经常赞叹他、称颂他，久而久之他就会自以为圣明。

如果领导者喜欢听谄媚巴结的话，好大喜功，喜欢虚名，那么任用的群臣也必将个个卑微平庸，都不称职。君主好大喜功、贪图虚名，臣子愿意来到他的身边，以获取私利，那些正直的人是不会来侍奉这样的君主的。君主好名，就感召不到真正有德之人的辅佐，感召的臣子也都是谄媚巴结之人。

《群书治要·晏子》中记载，晏子逝去之后十七年，齐景公宴请诸位大臣饮酒，大家兴致很高又去射箭。齐景公射出了一支箭，箭脱靶了，但是没有想到的是，大厅之中饮酒的诸位大夫异口同声地说：“好箭法！好箭法！”像出自一个人之口。齐景公一脸的怒气，大声叹息，把箭抛开了。齐景公很生气，是因为自己的箭射得都脱靶了，臣子们还赞叹他的箭法好，阿谀奉承已经到了极致。

齐景公对刚走进来的弦章说：“弦章，我失去晏子已经有十七年了，再也没有听到有谁指出我不对的地方。今天我射箭脱了靶，但叫好的声音却整齐划一，如同出自一人之口。”弦章很有智慧，他回答：“这是诸位臣子没有才德！以他们的才智，不足以明察君主的过失；以他们的勇气，不敢触犯君主的龙颜，才出现了众口一词的情况。但臣也听说，君主喜欢穿的，臣子们就喜欢穿；君主喜欢吃的，臣子们也喜欢吃。尺蠖（一种像毛毛虫似的无脊椎动物）吃了黄色的叶子，身体就发黄；吃了青色的叶子，身体就发青。可能君主您还是喜欢听谄媚之言吧！”齐景公听了说：“你的话很有道理！”齐景公也能反省自己，知道今天的局面和自己有关系，是因为自己喜欢听谄媚巴结的言语。

不称职的臣子，只会依君主的命令行事，不敢有自己的主张。靠这些独断的君主和凡事照办的臣子，会引发社会讹诈和虚假的风气，如此却能使天下得到大治，是从未有过的事。古人看问题很深刻，说得也很中肯。如果臣子看到问题都不敢犯颜直谏说实话，都是唯领导的马首是瞻，怎么能治理好国家呢？

一个人好名有很多种表现。好名的心很微细，它不像好利那样直接，贪图钱财。好名是无形的，要懂得认真去反省。作为知识分子，最大的特点就是喜欢出名。

一是没有赞叹就没有做事的动力。如果自己做了事没有人肯定、没有人夸奖，好像做事的动力就不足。换句话说，名闻利养的心在推动着我们努力地去做事。古人说，“天下熙熙，皆为利来；天下攘攘，皆为利往”。如果这件事又没有名、又没有利，还有多少人去做？

二是听不进批评和忠言劝谏。现代人没有学过《弟子规》，不知道“闻誉恐，闻过欣”，对别人的批评很难听进去，一般的人都不敢来给你指正问题。只有身边至亲之人，看到问题，担心你走弯路，才愿意批评你。但是你已经习惯于听赞叹和好的名声了。即使至亲之人对你的批评建议，都不能够听进去，甚至产生逆反心理，最后导致众叛亲离。

要想让能够犯颜直谏的朋友来到我们的身边，经常指正自己的过失，必须自己培养起“闻誉恐，闻过欣”的雅量，听到别人讲我们的过失要非常欢喜。孔子的弟子子路是“闻过则喜”，听到别人指正他的过失，就非常高兴，很愿意接受。大禹就更进了一步，“禹闻善言则拜”。听到别人给他进谏，指正他的过失，大禹都会给人家行礼表示感谢。所以大禹能常常看到自己的过失，改正自己的过失，福分自然就到了。就像脸上有一个黑点，别人告诉我们：“你脸上有一个东西，赶紧把它擦掉，免得出去被人笑话。”我们便感谢他给自己指出来。如果做人处事、待人接物都不圆满，别人指正出来了，我们却没有虚心受教的态度，那就是因为我们的好名之心太重了。

《孔子家语》里也有类似的教诲：“良药苦于口而利于病，忠言逆于耳而利于行。汤武以谔谔而昌，桀纣以唯唯而亡。君无争臣，父无争子，兄无争弟，士无争友，无其过者，未之有也。”一个人认识自己是最难的，很多时候人的眼睛都向外看，看到的都是别人的过失，很少有反省自己的。有人说，人生中背着两个包袱，一个包袱上写着他人的过失，另一个包袱上写着自己的过失。我们在走人生之路的时候，往往把写着他人过失的包袱放在了面前，一低头就能看到，而把写着自己过失的包袱放在了背后，怎么看也看不到。

对症的办法就是把两个包袱调换一下位置，这样就可以更多地看到自己的过失。孔子告诉我们，当你看到别人过失的时候，马上反省自己，“见不贤而内自省也”，看到别人有这样的问题，马上反省自己是不是也有类似的问题。反省之后，才知道他是来提醒我们的，我们也有这样的问题，否则就不会看到这样不如意的事情出现在我们面前。另一个很好的办法，就是要有善友、有可以规劝你的朋友或兄弟姐妹，来指正你的过失。但这需要自己度量大，愿意接受别人的批评建议，而不是一味地找借口和理由。

三是做了一点点好事、取得了一点点成就、获得了一点点奖励，就生怕别人不知道，希望尽人皆知，尽量宣传自己，这也是好名的突出表现。

四是喜欢高高在上，希望被人尊敬、被人赞叹。一旦没有受到足够的尊敬，就会不高兴，甚至生闷气。我们要体会自己有没有好名的心，其实很容易。譬如我们去讲课，下课后突然有人叫“刘教授”，你心里有没有一丝丝的高兴？心里还想，你看，别人都认识我。这个心一起，你就要提醒自己“好名的心”。当别人说：“刘教授，我们能不能照张相留作纪念？”心里就很高兴，你看我名声这么大，别人都要纷纷跟我合影，这也是“好名的心”。

这时应像古人所说的“闻誉恐”。听到别人称呼我们，知道很多人都在看我们的东西，我们应该战战兢兢、如临深渊、如履薄冰。生怕有一句话讲错了、生怕有一个态度错了，让人产生误解，给人错误的引导。这样的态度没有提起来，很容易被名闻利养污染了，自己还沉迷其中，不知道反省。还要想到，今天我们能够站在这个讲台上，和大家一起分享学习传统文化的心得，实际上不知道有多少人在背后默默地付出。譬如我们的父母、兄弟姐妹，为我们能够走到今天，付出了多少的辛劳。还有我们的老师，他们做了多少辛苦的工作，我们才有机会和大家一起学习。感恩的心要生起，念念都是希望自己能够把所学的贡献给大众，对于他们的幸福人生、对于社会的安定和谐有所帮助，"不求有功，但求无过"。

不能够正确地面对挫折也是一种"好名的心"。现在出现心理问题的人，很多不是那些考得很差的学生，而恰恰是那些每次考试都考得很好的、成绩优秀的学生。像我小时候学习很好，考试总是第一名。一旦考第二名就觉得是很大的失败，患得患失的心特别重，生怕自己做得不够完美，不能够正确地面对挫折。

第五是嫉妒心特别强。不能够接受别人的名声比自己还大，不能够接受别人比自己更受重视。当老师在表扬某位同学的时候、当领导在表扬某位同事的时候，我们的心是"见人之得，如己之得"吗？别人取得了成就，就如自己取得成就一样高兴吗？恰恰相反，就像条件反射一样，嫉妒心、愤愤不平的心就生起来了。我做得比他还好，为什么领导就看不到我，又去表扬他了？为什么我付出了这么多，就没有被看到、没有被重视呢？第二念如果我们想到，学习传统文化了，要懂得随喜功德，人和众生都是一体的，他做的善事和我去做善事，无二无别。别人做了善事，我们去帮助他、成就他，他所做的善事就是我所做的善事。但是这已经是第二念了，第一念还是有点不舒服，所以这些"好名的心"非常敏感细微。

一个人特别喜欢名声，患得患失的心特别强，还表现为特别在意别人的看法。譬如与人相处的时候不是那么自在，担心自己的课讲得不好，不知道别人评价如何，这都是好名的表现。好名的心确实很微细，也非常难以克服，需要时时提起警觉。

《了凡四训》里说，“世之享盛名而实不副者，多有奇祸。”前几年，很多名人都出事儿了。为什么呢？因为他们编造了一些假的经历，为自己贴金贴银、树碑立传，结果被发现了，最后身败名裂。妇孺皆知、家喻户晓的人，享有很盛大名声的人，他的名声必须和他的德行相匹配，才没有灾祸，如果名不副实，那就会有意想不到的灾祸。

五、过而能改善莫大焉

小的过失就像扎进肉里的刺，赶快把它剔除；大的过失就像毒蛇咬了我们的手指，立刻就要把指头斩断，否则毒扩散了就会导致生命危险。

《群书治要·鬻子》曰：“大忌知身之恶而不改也，以贼其身，乃丧其躯，有行如此之谓大忌也。” 人生最大的忌讳，就是明明知道自己身上有过恶却不改正，这会伤害自己的身心，乃至丧失生命。人有过而不改，确实会给自己招来灾祸。

人不能够改过，可能有四个方面的原因。

第一，没有认识到过恶的严重危害。《周易》里说：“小人以小善为无益而弗为也，以小恶为无伤而弗去也，故恶积而不可掩，罪大而不可解。” 小人认为做小的善事没有什么益处，就不屑去做；做一些小的恶事，无伤大体，便不改过。结果罪恶日积月累，以致达到了无法掩盖和不可解救的地步。可见，灭家亡身都是因为有过失而不能改所导致的，所以古人说：“勿以善小而不为，勿以恶小而为之。”

第二，因为志向不坚定，所以改过的愿望不迫切。立志就是发愿。苏轼在研究古人之所以有成就的原因后，说了这样一句话：“古之立大事者，不惟有超世之才，亦必有坚忍不拔之志。”明代思想家王阳明也说：“志不立，天下无可成之事。”要想成就一番事业，必须先立志。这个志就像目标一样，人生有了目标才不会受诱惑。就像我们登山，山顶是目标，我们就不会在行走山路的过程中，看到鲜花很好看，就停下来去欣赏，被这些东西所诱惑。

那么应该立什么样的志向呢？清朝思想家唐甄说：“其为志也，以至于尧孔而不少让。”要立像尧帝、孔子这样的圣贤人的志向，也就是说要把成圣成贤作为自己人生的目标。所以，改过的关键就在于是否确立了人生的目标。

曾国藩先生终其一生，都在教导家人和后世子孙要铭记迁善改过的重要性。他年轻的时候，“自负本领甚大，每见人家不是”，三十岁的时候才开始意识到自身的不足，立志学做圣人。他改正自己过失的方法就是写日记，通过日记记录自己一天的言语行为。到晚上的时候，回忆这一天，我的言语哪一点说得过分了，哪一点不符合圣人的要求了，然后加以反省、自责，并且公开自己的日记，让身边的好友来监督自己。

《了凡四训》里说，要“日日知非，日日改过”。“一日不知非，则一日安于自是。一日无过可改，则一日无步可进。”为什么天下聪明俊秀的人很多，他们的德行却不能够提高，善业没有更多地增长？就在于“因循”二字耽误了一生。“因循”就是不改正自己的过失，没有勇猛心。

第三，身边没有好的榜样。放眼整个社会，圣贤人少，甚至连善人、君子都很少。而社会的污染又十分严重，可以说我们所接触到的人事物、物质环境、人际环境，很多都是让我们堕落的缘分，而不是让我们成圣成贤的缘分。因为我们看不到好榜样，身边的亲朋好友大多是在追名逐利、唯利是图，并且习以为常了。我们就习惯成自然，自己有过失不仅看不到，也不愿意去改正了。所以，古人说选择一个好的修学环境，对自己的修行特别重要。

在这种社会污染非常严重的情况下，要懂得亲师择友，亲近善良的、贤德的老师，选择善友，这比什么都重要。古人还说："亲附善友，如雾露中行，虽不湿衣，时时有润。"和那些善良的、有德行的人交往，就像在雾水中、露水中行走一样，虽然打湿不了你的衣服，但是你时时能够蒙受他们德风的滋润，不知不觉地自己也被熏陶成了一个有德行的人。所以，对于好的老师、朋友，好的修学环境要特别珍惜，这样才能够"德日进，过日少"。

第四，一个人的孝敬之心没有提起。孝是中华文化的根，敬是中华文化的本。这个孝敬之心是慈悲心的根本，也是改过的动力所在。

关于这一点，我自己也有体会。我在上初二的时候，从县级中学转到市级中学。这个学校学习进度很快，我也不是很聪慧的人，第一次参加数学考试，满分一百二十分的卷子我仅得了五十八分，看到这样的分数，我自己很受不了，伤心得直掉眼泪。到初三毕业考试的时候，一百二十分的卷子，我得了一百二十分；还有一个一百分的卷子，我得了九十八分。一年的时间提升这么快，原因就是不忍心让母亲失望，因为母亲用自己一个人的退休工资，供我们三个孩子读书，她自己过得十分辛苦。为了不让母亲失望，我就非常刻苦，结果在一年之后，成绩大幅度地提升，最后考上了省重点高中。所以，一个人能否取得成就，不在于他天生的资质有多好，而在于他有没有一颗孝心，有没有一颗感恩之心。

佛门中有一句话："父母离尘垢，子道方成就。"说父母能够脱离六道轮回、脱离苦海，做儿女的孝道才真正圆满成就了。那我们想一想，自己四十多岁了，四十多岁除了有一个虚名，还有因为这一个虚名所带来的浮华与傲慢之外，在道德学问上一无所成，没有让父母离尘垢，也没有让那些关心过我们的、帮助过我们的人有所获益。我们还敢悠悠放任，在这里浪费时间、混日子吗？你想一想，那么多如母般的众生，都等待着我们早日成就，去救渡他们于苦海之中，我们还敢不精进吗？所以你看一个人有孝心，他学习才有动力，不用别人去催促他，他也知道用功。

很多人之所以能够戒酒、戒毒、戒色，弃恶从善，吃苦耐劳，就是因为学习传统文化之后，把孝心提起来了。不希望父母再为自己担忧，所以把这么多年养成的习气，在一般人看来不可克服的问题，都克服了。戒毒所的人说，用现代所谓科学的戒毒方式，能够真正戒掉毒瘾的人，只有百分之二而已，少得可怜。但是那些吸毒人员在学习传统文化之后，孝心提起来了，责任感、感恩之心提起来了，戒毒成功的比例就会大大提升。

关于改过，《了凡四训》这本书给我们讲了怎样改过，为什么要改过，改过有什么效验。《了凡四训》告诉我们改过要发三种心。这一段话说得非常好："但改过者，第一要发耻心。思古之圣贤，与我同为丈夫，彼何以百世可师，我何以一身瓦裂？耽染尘情，私行不义，谓人不知，傲然无愧，将日沦于禽兽而不自知矣。世之可羞可耻者，莫大乎此。孟子曰：'耻之于人大矣。'以其得之则圣贤，失之则禽兽耳。此改过之要机也。"

第一，要发羞耻心。什么是羞耻心呢？让我们想一想，古代的那些圣贤如孔子、孟子，他们和我们同是丈夫，同是人，为什么他们能够成为百世师表，到今天不分种族、不分国家的人，一提起他们还非常恭敬，愿意向他们学习。而我自己却是一身瓦裂，"瓦裂"指一种陶制的器皿，一旦破碎就一文不值。

“耽染尘情”就是过分地放纵感官的享受和欲望的满足，“私行不义”就是偷偷地做着一些不仁不义的事情，却还不以为耻、反以为荣，以为别人都不知道，就一天一天地堕落为禽兽，还自以为是、妄自尊大，世上最让人可羞耻的事莫过于此了。

所以孟子说：“耻”这个字对于一个人而言太重要了。为什么重要呢？因为人有了羞耻心，就可以“知耻近乎勇”，进而改过自新，成为君子、贤人、圣人。如果把这个“耻”字给忘掉了，最后就一天一天地沦落为禽兽而不自知。这个是改过最关键的一点，要有羞耻心。这个“耻”字，正体字写作一个“耳”加一个“心”字，解释为“辱也，从心、耳声”。看到这个字，就是告诉我们什么叫“耻”。“耻”是一个人听到别人说自己的过失，心生惭愧，表现在外就是面红耳赤。所以，“耻”是心有所惭表现出来的一种状态。

孟子又说：“耻之于人大矣！”我们修行从哪里修起呢？提高自己的道德修养，就是从培养羞耻心来做起。为什么呢？因为如果一个人没有羞耻心，做什么事都无所谓，那么久而久之，他可能什么事都敢做了。

第二，要发畏心，就是要有畏惧之心。有了畏惧之心，才有诚敬。“畏”就是害怕的意思，当然害怕中也含有恭敬。在过去，弟子对于父母师长都有一种敬畏之心，就是学生对于老师，儿女对于父母都有敬畏之心。敬畏就是既敬爱、又害怕。如果没有了这种敬畏之心，就不知道行为要有选择，就想做什么就去做什么，这样的话，什么坏事都做得出来。现在这个社会知耻的人少了，有敬畏心的人少了，原因在哪里呢？

原因就在于没有人教了，特别是现在的学校教的都是知识、都是技能，而因果的教育伦理、道德的教育却基本没有了。所以才没有羞耻心、畏惧心。中国古人不仅仅畏惧世间的法律，也畏惧天理，结果我们现在的人，法律有很多的漏洞，他们不畏惧了，更不畏惧天理，所以是“无法无天”，五伦关系怎么会不紊乱呢？当然在我们现代社会中，社会舆论的监督也越来越严密，所以一个人做了不合理、不合法的事，经常会被网络曝光，这个也让人感觉到敬畏。所以言谈举止都要小心谨慎，要能够对自己负责，否则确实是“一失足而成千古恨”，到后面才后悔，但悔之晚矣。

第三，要发勇心，也就是勇猛精进、改过自新。《了凡四训》说：“人不改过，多是因循退缩。”“因循”就是马马虎虎、得过且过，没有恒心、没有毅力，更谈不上意志，没有一定要把这个过失改正。他不知道为什么要改过，觉得何必活得那么辛苦呢？退缩，就是退转，有的人一开始也下决心，但是遇到了困难，遇到了不好的缘分，受到了障碍，然后就是退缩。有的人发心要戒烟、戒酒，如果没有人去诱惑他，又有好的朋友在旁边经常提醒，他可能还能够戒上半个月、一个月，但是如果遇到了不好的缘分，那些朋友叫他去吃吃喝喝，大家又在一起抽烟，他就很难再把握自己，所以就因循退缩了。

《了凡四训》说：“吾须奋然振作，不用迟疑，不烦等待。”这就是勇猛心的样子，要振作起来绝不怀疑，立刻就改，不要说等到明天、等到明年，或者再给自己规划一个改正的日子。“明日复明日，明日何其多！”你想等到明日的话，那就永远也改不了，所以应该立刻就改，当下就改，像《了凡四训》里所说的：“小者如芒刺在肉，速与抉剔，大者如毒蛇啮指，速与斩除，无丝毫凝滞。此风雷之所以为‘益’也。”这就告诉我们小的过失就像扎进肉里的刺，赶快把它剔除；大的过失就像毒蛇咬了我们的手指，立刻就要把指头斩断，否则毒扩散了就会导致生命危险。

改过之人就要像这样坚决，毫不犹豫，当机立断，这是风雷之所以为益。风雷是《易经》上的卦，取它的相就是风吹雷动。春天的现象是万物生长，所以它有益叫“风雷益”，在此地，它是形容当机立断，勇猛改过的这种相状。如果一个人具备了这三种心：羞耻心、畏惧心、勇猛心，那么有过就会改，改过之后就会有一些效果。

改过除了发这三种心以外，还有三种方法，在《了凡四训》里也给我们讲了。

第一是从事上改。比如说，我们以前喜欢生气，喜欢邪淫，喜欢说谎话，从此以后就不邪淫了，不说谎话了，不生气了，这是从事上改。但是从事上改，却不明理的话就比较难了，所以《了凡四训》说：“善改过者，未禁其事，先明其理。”在还没有禁止这个具体的事之前，首先要明白道理，比如说，你喜欢嫉妒，你就要知道“嫉妒是拿别人的成绩来惩罚自己”。这样的话，就比较容易制止、克服这个爱嫉妒的毛病，这就是第二个，从理上改。

当然最好的方法就是第三个：从心上改。《了凡四训》说：“过有千端，唯心所造，吾心不动，过安从生。”这就是很大的道理了。所有的过失都是心的一种产物，如果心不动，不产生恶念、邪念，总是一片慈悲，然后善意地对待人，这样就不会产生这些过恶了。

恶念、邪念一产生的时候，当下就能够意识到，能够把它制止，这是最高明的改过方法。所以中国人有一句话说：“不怕念起，就怕觉迟。”不怕你念头生起了，邪念、恶念生起了，一般的人因为以前的习气而不生这些恶念，确实是很难的，但是这些恶念生起并不可怕，可怕的是你让它连续不断，你一生起恶念就马上有觉悟，马上能够转念，这个是最重要的。这就是告诉我们“种种诸过，不必逐类寻求”，种种过失，不必要一桩一桩地去想、一桩一桩地去改，凡是有恶念生起的时候，马上就能意识到，当下就能够制止，这是最好的。

所以，这是告诉我们“一心为善，正念现前，邪念自然污染不上”。一心为善就是念念为了利益他人、利益社会、利益国家，不是为了自私自利，这就是一心为善。如果你还夹杂着私利在里边，这个善念就不纯，就有夹杂。“正念现前”，“正念”是相对于邪念而言的。“邪念”当然就是错误的观念、见解、行为，这种错误就会对他人、对社会、对国家有伤害。这是告诉我们，从心上改是最高级的改过方式。

如果我们具备了这三种心，又学会了三种改过的方法，认真地去身体力行，那过失就很容易改正了。关于怎么样改过、改过的方法，还有效验，大家可以看一看《了凡四训》这本书。

六、君子四重

"君子不重则不威"，领导干部要从言语、行为、容貌、嗜好等方面注意保持庄重，久而久之，自然令人肃然起敬。

《论语》说："君子不重则不威。"作为一国之君，如果言行不庄重，那就没有威仪，也不会让百姓生起尊重之心。在汉代扬雄的《法言》里讲到修身的时候，提出人应该取四重，那就是重言、重行、重貌、重好。"言重则有法，行重则有德，貌重则有威，好重则有观。"言语庄重就可以为人所效法，所以在《弟子规》里关于言语的教诲很多。"凡出言，信为先。"

《群书治要》卷十一《史记》里有一个典故："天子无戏言，言则史书之，礼成之，乐歌之。"叔虞是周成王的弟弟，有一次周成王跟叔虞开玩笑，把桐叶削成珪赠给叔虞。这个珪就是古代的诸侯朝见天子的信物。周成王就说："用这个来封赐你。"史佚就请周成王选择一个良辰吉日，封叔虞为诸侯。周成王说："我只是跟他开玩笑罢了。"史佚说："天子无戏言。天子没有不慎重的话，没有开玩笑的话，话一说出口，史官就会记录下来，就要用礼仪来完成，用乐音来歌颂。"于是，周成王就封叔虞为唐国之侯。君无戏言，“天子无戏言”的典故就是出自这里。

在关于言语的慎重方面，《弟子规》还说：“奸巧语，秽污词，市井气，切戒之”，这句话就是告诫人们不要说欺骗人的话、不诚信的话、粗鲁骂人的话，当然也包括一些黄色的笑话，这些都是要避免的，否则就会让人失去尊重之心。

古人有一句话说：“力贱得人敬，口贱得人憎。”什么意思？一个人很愿意出力帮助别人，他会受人尊敬，这叫“力贱得人敬”；而“口贱得人憎”，是指一个人言语过多，说得又不是很妥当，就会遭人厌恶。

在《弟子规》里还有一句话，对于我们现代人来说，也是一个很重要的提醒，那就是“扬人恶，即是恶，疾之甚，祸且作”。这也是对我们言语上的要求。一个人如果经常把别人的过恶到处去宣扬，结果别人知道了这个人在背后说他的坏话，就会对这个人非常痛恨，也无形中为自己埋下了祸根。而把别人的过恶到处去宣扬，这本身也是一种恶，不是一个有德行的人能够做得出来的。

古人提醒人们要厚道存心。厚道的一个重要表现就是要隐恶扬善，把别人的善事、好事，譬如说孝敬父母的、友爱兄弟的、朋友诚信的、尊敬师长的等等事例多多地去宣传；而把那些恶事大肆地去宣扬。《增广贤文》说：“谁人背后无人说，哪个人前不说人？”但是说什么、怎么说就体现了一个人的德行厚薄。

我们应该响应习主席的号召，传播正能量，把那个善人善事、好人好事，哪怕是身边小小的感人的事例都搬上荧幕。现在很多的地方电视台，都设立了弘扬传统文化的频道。譬如说，在广东省博罗县的电视台、河南巩义县、海南海口电视台等，专门开辟了一个频道或栏目，不断地讲传统文化的教育，结果起到了很好的效果。很多电视台这个节目一播出来，就收到很多热心观众的留言，他们纷纷打电话到电视台，说看了这个节目，对自己家庭和谐、子女教育、夫妻相处都起到了很大的帮助作用，这个节目非常受欢迎。

讲话要讲究艺术。有人总结了讲话的艺术之一，说“要多说鼓励的话，少说批评的话。因为鼓励激发潜能，批评造成隔阂”。特别是我们在接触传统文化之后，在和人相处的时候，要特别讲究说话的艺术。因为有的时候，虽然我们是好心好意，确实是为了对方利益着想，但是说出来的话却很刺耳，会让对方很难接受。

即使是劝导别人，也有劝导的艺术。首先你要在对方心情比较好的时候，去劝谏他，指正他的缺点，对方就比较容易接受。而且在说对方缺点之前，还要先美其长，肯定他做得好的地方，然后委婉地说，如果再怎么怎么样，那就更完美了，这样的口气就比较容易让人接受。

而且古人也讲“因材施教”。这个人本来已经很自卑了，你对他的言语还很严厉、很苛刻、很挑剔，就会让他愈来愈丧失自信心。所以，言语确实非常重要，可能我们说了一句无心的话，但是别人听了之后会耿耿于怀，甚至因此产生隔阂。

古人说“三思而后行”，我们说话应三思而后言，要考虑到方方面面，不能顾此失彼。

古人还说：“良言一句三冬暖，恶语伤人六月寒。”我们给别人说一句爱语——宽慰的话、理解的话、体谅的话、鼓励的话，别人在寒冬腊月心里都感觉到非常温暖。但是我们恶语伤人，特别是在盛怒之下口不择言，说了一句很过分的话，结果火烧功德林。什么意思？就是你以前对朋友两肋插刀，很无私、很讲义气，为朋友付出无私无求，但是脾气一上来，盛怒之下便说了一句伤害对方的话，那么你以前对朋友的所有付出，别人都不记得了。就因为你这一句话刺痛了他，他可能耿耿于怀，从此就不再原谅你，而你以前对他的付出也都白费了。

这些都是在告诉我们“言重则有法”，即言语慎重就可以让人们效法。

“行重则有德”，就是说我们的行为很庄重，就显得有德行、很稳重。特别是不合于礼的行为，绝对不去做。如果我们做事不符合礼，像现在很多领导干部，做了很多违礼的行为，结果被人拍下来了，还把这些不雅的视频传到网络上，结果一日之间就让自己身败名裂，甚至受到了盘查，还因此锒铛入狱。这都是自己的行为不慎重所造成的。行为慎重可显示出一个人的德行。

北宋开国皇帝赵匡胤居安思危、崇尚节俭，奠定了大宋基业。有一次，赵匡胤的女儿魏国长公主穿了一件由翠鸟羽毛作装饰的短上衣入宫，赵匡胤见到后十分气愤，对公主说：“你把这件衣服给我脱下来，从今以后，不要用翠鸟羽毛作装饰了。”公主笑着说：“这有什么了不起的，也用不了几根羽毛。”赵匡胤正色说道：“你说得不对。你穿这样的衣服，宫中其他人看到会纷纷效仿，这样一来，京城翠鸟羽毛价格便会上涨了，商人见有利可图，就会从四处辗转贩运翠鸟，这要杀伤多少鸟儿啊！你千万不能开此奢华之端。”公主听了赵匡胤的话，连忙叩谢父皇的教诲。

孔子曾说：“君子所为，百姓之所从也，君所不为，百姓何从？”孔子的这一观点在不少君王身上都得到了验证。赵匡胤以节俭为本，以身作则并约束家人，对当时的社会产生了极大影响，士大夫竞相节约自勉，外县官上任时，奢侈浪费讲究排场的迎来送往都取消了，小官上任时，很多只穿草鞋、拄木杖徒步而行。赵匡胤之后的几个君王都很好地延续了他俭朴的生活作风。

有一个关于宋仁宗的故事，宋仁宗有一次对身边的近臣说：“昨夜夜不能寐，突然感到饥肠辘辘，非常想吃烧羊肉。”近臣就说：“您既然想吃，为什么不传旨要一个烧羊肉呢？”你看皇帝贵为天子，富有四海，要一个烧羊肉算得了什么呢？为什么还要强忍着不吃呢？宋仁宗说：“我怕我一旦传旨索要烧羊肉，恐怕从此以后就会成为惯例，即使不是每天都有烧羊肉吃，那时常也会有烧羊肉吃，此例一开就不知道有多少羊被宰杀。”所以宋仁宗说：“岂可不忍此一夕之饥，而启日后无穷之杀哉。”

皇帝贵为天子，要烧羊肉，要几只羊都很容易，但是他就是怕这个先例一开，很多人会投其所好，那就不知道要宰杀多少只羊了。

宋仁宗平时在私下休闲的时候，常常穿着那种洗了又洗的衣服，他的帷帐、被子都没有加纹绣，只是用那种一般的布帛制作。还有一次，有人向宋仁宗呈献了蛤蜊28枚，这是一种非常稀有的壳类海产品，而且这个东西很贵，每一枚价值一千钱。皇上怎么说的呢？他说：“我这一下筷子就要花费28千钱，这怎么能够忍受啊？我是不堪忍受啊！”所以宋仁宗被称为“仁宗”，确实名副其实。他的仁爱之心不仅仅推及万民，甚至推及动物身上了，这就是古人说的万物和我是一体的。

宋仁宗能够仁爱动物，这确实是古人所说的“以万物为一体”，把这种仁爱之心推及百姓身上，百姓怎么会不被感化呢？所以我们看一看古代的皇帝确实是身体力行，为了不开启奢侈浪费之风，就自己忍着不去吃这些美味，我们从这里也看到了宋仁宗做事谨慎的态度。

自己是皇帝，一个动作、一个旨意不知道会产生怎样的后果，所以他的一言一行、一举一动都非常地敬慎。

“貌重则有威”，就是我们的容貌庄重，就让人看到有威严。古人说：“坐有坐相，站有站相，走有走相，睡有睡相。”即使一个外人都没有，也要慎重，不敢放逸。

所以在容貌上孔子也有教导，“色思温，貌思恭”。表情要很温和，虽然很温和，但是很恭敬。这样就让人觉得你很好接近、很温和，但是在你的面前又不敢造次，对你还非常敬重。这也是因为自己有威仪，做得恰到好处。

《礼记·玉藻》里说：“足容重，手容恭，目容端，口容止，声容静，头容直，气容肃，立容德，色容庄。”

“足容重”，就是我们行走的时候，一定要稳重，像大象那样四平八稳，非常缓慢。曾国藩曾教导弟子，要“走路慢，吃饭慢，说话慢”。这都是在日常生活中培养孩子一种稳重的作风。古人说“泰山崩于前而面不改色”，一个人若有定力，有这种稳重，无论遇到什么突发的意外事件，都能够保持冷静。保持冷静才知道应该如何去应对，才不至于慌里慌张。

“手容恭”，就是在坐的时候，手要敛。“起脚敛手”，在走路的时候也不能甩着胳膊，手容要恭敬。

“目容端”。“端”就是平的意思，即平视。眼光不要向上，也不能向下。向上、向下，或者显得轻视傲慢，或者显得很不屑。这也说明眼睛是心灵的窗口，如果我们很傲慢或者很刻薄，表现在眼睛上也是不一样的。所以我们观察会发现，有的人跟你说话的时候，眼睛骨碌碌地乱转，这说明这个人的心思很复杂，心眼很多，眼睛在那不停地动。

“口容止”。这个“止”就是《易经》中所讲的“吉人之辞寡”，是指说话不要太多，要懂得适可而止，该说的说，不该说的一个字都不要说。

孔子也说，随侍君子时容易犯三种过失，哪三种过失？“言未及之而言谓之躁，言及之而不言谓之隐，未见颜色而言谓之瞽。”话没到该说的时候就抢着去说，这说明一个人心浮气躁；该你说的时候，譬如说有人问到你了，你又隐而不说，这是隐匿之过；没有观察君子的神色就说话，就是不懂得说话的分寸，就像盲人。说话不看对方的表情，说了一些别人不喜欢听的话，别人可能都要发怒了，你还在那说，可能就让他火冒三丈，这是大为失礼的，这都是过失。这些都是告诉我们言语要谨慎，要懂得适可而止。

“声容静”，就是我们说话的时候，不要大声喧哗，像噪音一样。

譬如一小部分中国人在出国的时候，很喧哗，很失礼，所以不受外国人的尊重。这是我们作为礼仪之邦的中国人特别值得深思的。据说有人去法国的巴黎圣母院，结果发现在圣母院里边用汉字写了一个标语：“请勿大声喧哗”。提醒我们中国人不要大声说话，所以特意用汉语写了一个标语挂在那里，专门给中国的游人看的。能够到巴黎圣母院去参观的人，是哪些中国人？都是我们中国的上层人物，或者是有钱的，或者是有权的，或者是我们说的有学问的知识分子。但是即使是这样的人，走出国门之后都有这样的表现，说明我们礼仪之邦的礼已经丧失到一定的程度了。

中国在历史上被誉为“礼仪之邦，华夏之族”。那不是我们自己封给自己的，是我们邻邦的人到中国来访问，看到中国人相处彬彬有礼，特别和谐，他们很羡慕，回去之后就向自己的国君报告，这些国君特别喜欢派使臣到中国来学习，所以把中国称为“礼仪之邦，华夏之族”。唐朝太宗的时候，万国来朝，把中国的皇帝尊称为“天可汗”，那就是天底下公认的领导者。说明什么？说明当时的中国人恭而有礼，而且影响到周边的人纷纷来学习。

现在怎么样呢？经过了若干运动，我们把中国的礼批判得体无完肤，称其为“吃人的礼教”，对它生不起信心，导致我们现在的人言行没有规范，受到外国人的嘲笑，这是非常值得深思的一件事。这就是我们抛弃了自己的传统文化，抛弃了自己的礼仪、风俗所导致的。

“头容直”。“直”就是不要歪斜，要端正。我们在跟人交谈的时候，把头侧在一边，这就是没有做到“头容直”。

“气容肃”，就是我们喘气的声音不要太重，要给人一种肃静的感受。一个人恭敬心提起的时候，他就自然注意这些细节，呼吸都不敢出大气。

“立容德”，是指站立的时候不要倚在一边，即要端正，这样给人一种有德行的感受。

“色容庄”，是指色容要庄重。刚才我们讲到“色思温，貌思恭”，这些都做到了，就会给人威仪的感受，别人就不敢轻慢。所以古人从小教导孩子，“一切言动，都要安详，十差九错，只为慌张”，这都提醒人们，慌里慌张是导致出错的原因。《弟子规》里也说：“事勿忙，忙多错。”

“好重则有观”。这个“好”就是嗜好。中国古人从小学习的是琴棋书画，这些嗜好都很高雅，都有可观之处。

总之，古人教导我们在言、行、貌、好等方面都要学其庄重。

在《群书治要·春秋左传》里记载着这样的一个故事：春秋时期，有一个大臣叫赵盾，他的君主晋灵公非常不守礼，过着骄奢淫逸的生活，而且做得很过分。赵盾作为臣子非常忠心，屡次犯颜直谏，但是晋灵公都不听，而且还觉得赵盾很烦，于是就起了一个恶念，派了一个杀手去暗杀赵盾。这个杀手在凌晨就到了赵盾的家里，看到他的卧室门已经开了，赵盾已经准备好要去上早朝。因为时间还早，所以他就穿好了朝服，恭恭敬敬地坐在那里闭目养神。他这种恭敬的态度深深地感动了杀手，他想一个大臣在独处的时候，还能够对国君表示这样的恭敬，这个人一定是国家的栋梁之材。如果把国家的栋梁给杀了，对国家、对人民就是不义。但是，他又接受了君主的命令——暗杀这个大臣，如果完不成使命，对君主就是不信。他思来想去也想不出一个好办法，最后他就自己触槐自杀了。

从这个故事中，我们看到一个人很恭敬的态度居然可以起到这样的感化作用，把来杀他的杀手都感化了。

我们看到有些德高望重的长者，无论走到哪里，都受到尊敬爱戴，这是什么原因呢？这就是平时的恭敬心潜移默化培养出来的一种气场，这种气场让人能够自然而然地生起恭敬之心。

“君子不重则不威”，领导干部要从言语、行为、容貌、嗜好等方面注意保持庄重，久而久之，自然令人肃然起敬。

七、谦德之光

> “让功于众，让位于贤，让名于上。”若有这样的胸襟和气度，在处事、待人、接物中自然懂得谦退，不会傲慢。

《群书治要·周易》说：“天道亏盈而益谦，地道变盈而流谦；鬼神害盈而福谦，人道恶盈而好谦。谦，尊而光，卑而不可逾，君子之终也。”

“天道亏盈而益谦”，这个天道，我们可以从自然界的现象来观察，到十五的时候是满月，满月之后，就开始亏损。正是明白了这个道理，所以古人教导我们要谦卑退让、舍财不贪。

天道是一件非常简单的事情，即过分的要受到制裁，不足的要受到补益，这就是老子所说的天道“损有余而补不足”的规律。老子把这一规律运月得淋漓尽致。他说：“我有三宝，一曰慈，二曰俭，三曰不敢为天下先。”他把处柔守慈作为自己的处世原则。这都是从观察天道的规律提出的为人处世的道理。

“地道变盈而流谦”，地道的法则就是改变盈满的，而充实谦虚的。在大地上同样注水，水自然流向那些潮湿的、低洼的地方。中国人说“海纳百川，有容乃大”，为什么大海能容纳百川？一个重要的原因，是它处在最低的地方，所以河流都自然地流向它。

《老子》中也说“上善若水”。为什么上善若水？水善利万物而不争，处众人之所恶。水有一个特点，它善于给万物带来好处，但又与人无争，与世无求。最重要的是它能处众人之所恶，一般人都是喜欢高高在上，但是水却不同，它是处在众人所不愿意处、所厌恶处，就是它非常卑下。“故几于道”，所以它和道就相近了。道在低处，一个人只有谦卑下来，他才能够得道，才能够和明德相应。

“鬼神害盈而福谦”，鬼神危害骄傲自满的人，而施福给谦虚的人。

“人道恶盈而好谦”，人与人相处，自然地就是厌恶自满的人、骄傲的人，而喜欢谦虚的人。特别是作为领导者，要能够成就一番事业，必须能够感召很多德才兼备的人来到身边。

怎么样才能够感召德才兼备的人？他自己必须能够谦卑有礼，礼贤下士。所以《群书治要·文子》里说：“能成霸王者，必得胜者也；能胜敌者，必强者也；能强者，必用人力者也；能用人力者，必得人心者也；能得人心者，必自得者也；能自得者，必柔弱者也。”

自得的人就是《大学》里所说的，能够明明德的人。谦虚是我们的性德，是我们本性之中原有的，如果一个人傲慢了，就会给明德造成障碍。所以能够自得的人，一定是把谦卑柔弱作为根本的修养。这里边的柔弱并不是软弱，而是可以包容万物而不争，最终达到的是什么？“弱之胜强，柔之胜刚”的效果。你看水至柔，但是它动也刚，滴水可以穿石。虽然它很柔弱，但是可以胜刚强。当然这个胜，它自己没有这个胜的念头，是它自然地达到了这个效果，能够为人所服。

“谦，尊而光”，这个“尊”就是位处尊贵的地位。当他能够处在尊贵的位置，仍然能够谦虚处下，他的德行之光、他的德风就自然地影响到他身边的人，甚至影响到远方。一个人处在高位的时候，如果没有受到圣贤教诲、没有良好的引导，往往就会自视甚高、恃宠而骄。

所以《群书治要·文子》中说：“生而贵者骄，生而富者奢。故富贵不以明道自鉴，而能无为非者寡矣。”一个人生来就处在尊贵的位置上，往往容易骄慢；一个人生来就处于富贵之家，花钱就大手大脚。因为习劳知感恩，他没有经过勤劳就有很多的钱，不知道钱来之不易，所以花钱如流水，也不知道珍惜。所以“富贵不以明道自鉴”，如果一个人生来就有钱有权但是没有学道，没有按照古圣先贤的教诲去提升自己，“而能无为非者寡矣”，能够不做错事的，这样的人是很少的。这告诉我们“人不学，不知义”，学习圣贤经典，向古圣先贤求道，对我们的人生至关重要。

“卑而不可逾”。纵使他的地位卑下，没有高官，没有出仕做官，但是却不可逾越。他的德行不可逾越，他的德行可以教化一方。就像我们所讲的孔子，他没有富贵的地位、权势、财富，但是他被称为“素王”。为什么？因为他的德行不仅影响了当时的人，三千弟子、七十二贤人，而且影响了世世代代的中国人；不仅影响到中国人，现在还影响到外国人。

“君子之终也”，是指君子能够自始至终都保持谦卑的修养，不会因为拥有了地位、财富、学问而改变他的谦虚，这样就可以善始善终。什么让一个君子能够保持善始善终？就是因为他有谦虚的品德。所以从这一段中，我们可以看到谦虚确实可以给人带来吉祥、亨通。

《群书治要·尚书》还说：“惟德动天，无远弗届。满招损，谦受益，时乃天道。”

“惟德动天”，只有德行能够感通天地。“无远弗届”，不管多远的地方都会被感动，进而来归附、归顺，或者是来求道、求学。“满招损，谦受益，时乃天道”，自满会招来损失，谦虚会得到益处，这是自然的规律。

我们在历史上可以看到“惟德动天，无远弗届”的例子。在周公代理天子执政七年中，他以拜师之礼所求见的人有十个；以朋友的礼节去求见的人，有十二个；就是那些贫寒之士，可以优先见到周公的，有四十九个人；周公所举荐贤良的、德才兼备的人，有上百人之多；周公所教导的读书人有上千人；给朝拜的人封官的有上万人之多。

如果周公在代理天子处理朝政的时候有傲慢或吝啬行为，那么来求见他的天下贤德之士，就会很少了。即使有来的，也是贪婪或者尸位素餐之人，这是不能够帮助君主治理天下、使君主长存的。

这个故事告诉我们，周公虽然身处高位，但是对于有德行的人，他仍然非常谦虚礼敬，只有这种谦虚礼敬、礼贤下士的态度，才感召了这么多的人才来到他身边，而且不遗余力地帮助他。

在《尚书》里也有这样一句话：“能自得师者王，谓人莫己若者亡。”能自得师者，能够称王天下，能够建立王道政治。为什么他能够自得师？就是因为他对这些贤德之士是以尊师之礼来恭敬，把他们奉之为师。我们知道中国古人是特别尊师重道的，把贤德之人当成老师来恭敬，说明什么？说明一个人要有谦虚的态度，别人才愿意指正他的过失，帮助他处理朝政。“谓人莫己若者亡”，认为别人都不如自己的人会灭亡，灭亡的原因就是自高自大。

“满招损”，首先，自己的德行受到损害，而一旦一个人傲慢了，自己不能够明德，不能够明心见性，这是最大的损失。其次，一个人骄傲自满、轻视别人，就会与别人产生对立，让人心里不舒服，别人就会找你的麻烦，自己做事就会有障碍。再次，因为骄傲自满的态度，做事不能顺利圆满，就会招致失败，这个也是很大的损失。

有一句话叫“骄兵必败”，这句话来自历史的经验总结。在《国语》中就记载着这样一个故事：

在周襄王二十四年的时候，秦国带着军队去攻打郑国，结果这个军队经过了周天子所管辖的京畿北门。在路过北门的时候，恰好被王孙满看到，于是他就对周襄王说：“秦国的军队一定会打败仗，一定会受到上天的惩罚。”周天子一听就很惊讶，就问：“你怎么看到他的军队路过，就能够下这样的断言？”

王孙满就说了：“因为经过周天子的地方，应该是要行礼的，这叫尊重天子。可是他的军队经过的时候，只是把头盔摘下来了，但是身上的盔甲却没有脱下来，而且走了几步路之后，就马上又跳上了车，也就是说，这些士兵只是应付一下，并不是诚心行礼。而且这样应付应付马上就跳上车的有多少人？有三百辆战车，就是三百辆战车的士兵都是这样以应付的态度来行礼的，整个军队大部分对周天子的态度都很傲慢。”

王孙满接着说：“他们的军队非常轻狂又骄傲，轻狂了就觉得自己很了不起，就不会深谋远虑，不会做好万全的准备。而且轻狂了就不会慎重，傲慢则会无礼。无礼，则做什么事都会随随便便。因为整个军队要去打仗，打仗的时候要进入很危险的地方，但是他们不慎重，又随随便便，以这样的态度去应战，那必败无疑。”

古圣先贤观察得确实很细微，他们熟读圣贤书，就能够判断出这个人的发展趋势如何、未来结局如何。一个人轻狂了，他就不慎重。面对战争都不慎重，那怎么会不打败仗？果然秦国打了败仗，军队回来，经过晋国的边界，被晋国打得落花流水，三个大将都被抓走了。所以古人看一个军队的作风，就能够看到战争的结果。对我们自己而言，则要时时反思自己的一言一行、一举一动，是吉还是凶、是福还是祸。

“谦受益”，一个最大的益处就是他能够听取别人的教诲。“谦则受教有地，而取善无穷。”这个是在《了凡四训》里讲的。在《了凡四训》中，最后一章讲谦德之效，举了好几个例子。其中有一个例子，讲到丁敬宇，他年龄最小，但是极其谦虚。了凡先生看了之后，就对他的朋友费锦坡说：“这个人今年一定能够考上。”为什么？因为在所有人当中，他是最谦虚、最恭敬的，甚至受到了别人的侮辱，他都能够忍受；受到别人的诽谤，他都不去辩解。结果后来开榜，果然是最年轻的丁敬宇考上了。

《群书治要·周易》中有“劳谦君子，万民服也”。

这个“劳谦”实际上是有功劳而谦虚的君子，这样的人必然会得到万民的景仰和归附。一个人有功就容易恃宠而骄，有功就容易傲慢；一个人不居功自傲，就不会招致嫉妒、障碍，而且还会让人们信服。

曾国藩先生对这个规律理解得特别深刻。所以别人都求圆满、求五福临门，他给自己的书房取了一个名字，叫“求阙斋”。这个“阙”通“缺”。因为他自己有权有势，又才华横溢，可以说是近乎完美了。这个时候如果不谨慎的话，居功自傲，皇帝很可能都会视他为眼中钉，群臣也会嫉妒他。为了避免灾祸，他就非常小心谨慎，而且是推功于上、让利于下。把事情做好了，功劳推给了皇帝；利益不独贪独占，要把它分给属下。这样无论是上级还是下级，都不会对你的成功怀恨和嫉妒。

所以古人说：“让功于众，让位于贤，让名于上。”若有这样的胸襟和气度，在处事待人接物之中自然懂得谦退，不会傲慢。

在《史记》里记载，周公的儿子伯禽要代周公去鲁地就任。在临行之前，周公反复地告诫伯禽说：“我是文王的儿子、武王的弟弟、当今成王的叔父，于天下而言，我的身份也不低贱了，但是我在洗头发的过程中，要多次停下来去接见贤才；在吃饭的时候，也是因为接待贤士而多次被打断。”这个就是“一沐三捉发，一饭三吐哺”。“即使我这样的恭敬谨慎，还恐怕失去天下贤德之人。所以你到了鲁国一定要谨慎，不要因为你是国君，就对世人傲慢。”正是因为周公这样礼贤下士，所以能够把国家治理好。

中国古人有很多观察人的方法，观察一个人有没有德行，就看他是不是谦虚。如果一个人功成名就之后不够谦虚，不能够自卑而尊人，反而傲慢无礼、自视甚高，这个人的事业可能很快就会失败。

《说苑》和《孔子家语》都有记载，说孔子在瞻仰鲁桓公的庙时，看到庙中有一个敧器。什么是敧器？就是一个很容易倾斜易覆的器皿。孔子就向守庙的人问：“这是什么器具？”守庙的人回答说：“这可能就是叫作宥坐的器物了。”孔子说：“我听说过宥坐这种器具，贤明的君主将其放置在座位旁边，以此来警诫自己。这个器具有一个特点，里面空的时候它就倾斜，装水适中的时候它就端正，装满的时候就倾覆了。万物之中，哪有一个是满而不覆的？”

这个时候他的弟子子路就上前来问：“想要持满而不倾覆，有什么办法吗？”这个问题问得很好，孔子说：“聪明睿智，守之以愚；功被天下，守之以让；勇力振世，守之以怯；富有四海，守之以谦。此所谓损之又损之道也。”聪明能干又有智慧，就要用愚笨的姿态来保持；功盖天下，就要用推让的姿态来保持；勇力震撼当世，就要用胆怯的姿态来保持；拥有四海的土地财富，就要用谦逊的姿态来保持。

这就是“损之又损之道”。换句话说，就是谦退再谦退、放低再放低的方法。

八、吉人之辞寡

一个真正具有能力并且实现了人生价值的成功人士，不会大肆渲染自己的成功，因为他满足于自己实实在在所拥有的一切。

《群书治要·论语》里记载：“君子欲讷于言，而敏于行。”

我们注意这个“欲”字。“欲”，固然不能不说，但是要做到“欲讷于言”。“讷”，就是说话迟钝、不抢着说，似乎说不出话来，这是指君子。凡是君子，说话都慎重，怕驷不及舌，所以五经里都强调慎言的重要性。

例如，《群书治要·周易》里记载：

“子曰：君子居其室，出其言善，则千里之外应之，况其迩者乎？居其室，出其言不善，则千里之外违之，况其迩者乎？”

“言行，君子之枢机。”

“言行，君子之所以动天地也，可不慎乎！”

为什么呢？古人讲口为祸福之门，话要经过一番考虑之后再说，一个人的吉凶祸福，大半就都取决于口。

《易经》里有一句话说：“躁人之辞多。”如果一个人说话太多，那么他的前途就不会太乐观，寿命也不会太长。我们观察一下，如果一个人，滔滔不绝讲个没完，这样的人一定是烦躁之人，烦躁之人多半前途不平，会遭遇很多挫折，想长寿也是不容易的事。

中国古话说："话多伤气。"说话对人的身体有影响，这不是纯粹的理论，而是积累经验得出的总结。中国人特别讲养生之道，道家说人的身体有精、气、神三种要素，也就是精神、气体还有无形的神这三种。

因此道家讲养生之道，其中很重要的一条就是讲求"收敛"，收敛自己的精、气、神这三种要素。这种"收敛"无论白天还是晚上都可以用功，如在夜间睡眠的时候不要仰着睡，要右卧如弓；不要张开口，吐气要均匀，不要吐得那么大，这也不卫生。在白天也是这样，不必要的时候要闭着嘴，用鼻子呼吸。呼吸得均匀、柔和。所以白天没有必要的时候不要多说话，把呼吸调均匀，做事的时候，心里也要很定，不要浮躁。有些人一面做事一面心里着急；有些人做着自己不愿意做的事，心里越不高兴，越逼着自己做，对身心两方面都不利。另外，如果我们为了发泄心里的闷气而到处宣扬恶事，受到的损失会更大。所以一个人要是真修，一定要做到心平气和，心里很柔和，在生理方面也不会伤气，因此话说得越少越好。

《易经》里也说："吉人之辞寡。"一般人说话无非是要表达自己的心理，或者是讲人、讲事。说话凡是牵涉到人与事，就关系到人的利害、事情的成败，所以在说话之前要想一想，这些话说出来对人到底是有好处还是有害处。

有修养的人脑子一转就知道了，修养不够的人一时没有注意，说话冲口而出，也不知道已经把别人给伤害了。当然，言不仅仅是说话，也包括写文章、发表各种言论。

有的人往往把人家伤害了还不自知，对方知道后会报复，即使有时候对方不知道，但是因为说话人损害了人家的名誉、权利，还是要负责任。

如果讲话时很小心，就有“福”了。福是怎么来的呢？比如说，看到别人有忧虑，我们去开导一下；看到别人有恐惧，我们去宽慰一下；看到别人受了委屈、诽谤，我们说一句公道话，仗义执言，给人家解围、壮胆，这就是说话的功德。所以就看我们用口来做什么，用得好就能替人造福，自己也积了功德；用得不好就造了口业，妨碍了人家也妨碍了自己。

“君子一言，驷马难追”，这个典故出自《论语·颜渊篇》。棘子成曰：“君子质而已矣，何以文为？”但是子贡却说：“惜乎！夫子之谈君子也。”君子文质彬彬，不仅本质好，注意外在的形式和礼貌，也讲文。只讲文而不讲质不行，就像有人鞠九十度的标准躬，在心里却对对方不恭敬，只有文而没有质，是不正确的。然而只讲质不讲文，也是不正确的。就像有些人，心地善良、为人淳朴，但是缺乏“文”方面的教育，乘坐公共汽车时连上衣都不穿，虽然他们有很好的本质，但是缺少外在的形式，也不会让人有好的观感。

所以子贡就说，君子应该“文质彬彬”，既讲外在的形式礼貌，也讲本质。君子话说出去，错了以后“驷马难追”，所以子贡说：“驷不及舌。”据此就成为两句话：“君子一言，驷马难追。”这告诉我们，话一说出去，是非善恶就决定了，再想后悔也来不及。

在《论语·子张篇》里也有相关记载，子贡说：“君子一言以为智，一言以为不智，不可不慎也。”一个人的心理、修养、学问都包含在言语中，所以说话不可以不谨慎。

颜渊问仁于孔子，孔子说：“克己复礼为仁。”颜回很好学，他说："请问其目。"请给我详细地讲一讲怎样把这个要求落实吧？

孔子就说了四句话："非礼勿视，非礼勿听，非礼勿言，非礼勿动。"意思是视听言动都要符合礼的要求。其中重要的一条就是"非礼勿言"，就是指说话要合乎礼。礼的内容包含很多，如恭敬人家、不损害人家，凡是不符合礼的话就不说。可是现在有些领导以说黄色段子为乐，完全做不到非礼勿言。

古人讲礼，对于口非常注意，教人要"守口如瓶"，因此我们平时无论说话还是做事都要注意，不要说错话。诽谤某一个人固然是不可以的，如果说了一句普通的话，虽然没有针对某个特定的人，但是话说出来伤风败俗，也会影响社会大众的心理，这个罪过也就更大了。

因此现在做大众传播事业的人要特别小心，想做社会大众传播事业，最好学习传统文化。有些不良媒体喜欢到处宣扬那些伤风败俗的事、绯闻、小道消息。这样的宣传不仅没有把人善良的一方面给引发出来，反而助长了人的恶，不能引起一个人的羞耻之心。

所以，做广播电视媒体的人要懂得应该传播什么，特别是那些公众人物说话更加要谨慎。如一个明星，当有记者采访他，问到他和一个女子不正当的婚外关系，这个男子为了遮掩自己的丑事就说了一句"这是一个正常的男人都会犯下的错误"，这句话说出来之后影响很大，给社会造成了不良的影响。大家会认为，我们这么崇拜的人，都说这是一个正常的男人都会犯下的错误，那我们犯这样的错误也很正常了，这样就会引导大众做不仁不义不道德的事情。"一言以兴邦，一言以丧邦。"所以，公众人物说话更要谨慎。

实际上我们中国古人对男子的道义、恩义、情义特别重视。任何一个有道义、情义、恩义的男子都不会轻易出轨，这才是我们社会需要宣扬的主旋律。

什么是虚言？很多人喜欢夸夸其谈，即喜欢自夸。自夸就是希望别人知道自己有好东西，但是实际上并没有。自夸实际是由于怯懦，在别人面前感觉到有压力，因此要在别人面前展示现实中自己没有但比自己实际拥有的要好得多的东西，这样反而给自己带来更大的压力。

我们今天这个社会，无论是物质世界还是精神世界，高声叫卖的人卖的东西往往是比较差的。

如果有人向我们炫耀他的优越性，我们就要懂得，这恰恰证明他并不具备这种优越性。无论这种优越性是学识、勇气，还是财富或社会地位方面的成功，我们都可以从他的夸耀里推断出他在这方面是一无所有的失败者。

一个真正具有能力并且成功的人，是不会大肆渲染自己的成功的，因为他满足于自己实实在在拥有的一切。我们还发现，如果我们在别人面前炫耀自己已经拥有的，那么我们很快就会失去自己已经拥有或者将要拥有的东西，并且会带给我们许许多多的挫折。

中国有一句古话："虚言折尽平生福。"如果我们喜欢自我夸耀或者说谎，就会使得那些本来应该在我们命运中实现的实实在在的美好只能实现在自己的虚言之中。有很多人喜欢说谎，把自己想象中将会拥有的东西提前挪到今天拿来吹牛，没有得到什么就说自己得到了什么，自己租的房子说是自己买的房子，这都会折损自己的福气，一定要改正。

自夸很难维持长久，总有一天会被人识破，从而给自己带来巨大的不安，所以我们如果明白"口为祸福之门"的道理，就会慎重言语，言语才不会有太多的过失。

所谓慎言，范围很广，还包括不能说粗鲁骂人的话、挑剔抱怨的话、指责批评的话、怨天尤人的话，还有勾引诱惑的话、搬弄是非的话，等等。

我们不妨观察一下自己的言语，从早到晚，如果我们在说这些话，实际上就是在口吐毒舌，不仅浪费了时间，还损害了自己的健康，影响了别人的心情。

如果我们每一天都在挑剔、抱怨、指责、愤怒，我们想一想，受到最大伤害的人是谁？不是别人，首先是自己的身体。所以，为什么要口不出恶言？是为自己负责，也是为别人负责。

“讷于言”，重点是教导我们说话要谨慎，而不是该说的时候也不说话。《论语》里记载，孔子曰：“侍于君子有三愆，言未及之而言，谓之躁；言及之而不言，谓之隐；未见颜色而言，谓之瞽。”

“愆”当过失讲，侍奉君子容易犯三种过失，像年少者侍奉年长的长辈，不是一件简单的事，怎么样才能做好呢？“博我以文，约之以礼”，要在学礼上入手，这个礼就是平常生活的规范，侍奉君子就是侍奉有德有位的人，与侍奉普通人不同，君子或有位或有德，或者两者兼而有之，那么要从哪里做起呢？要从学习《弟子规》做起。

中国自古上学先念“口而诵，心而为”，口里念诵，心里研究，必须口里念熟，才能够在生活上随时提醒自己。之所以要把《弟子规》背诵下来，就是在生活的每一个境界中都能够时时提起。

“言未及之而言，谓之躁”，就是话未到当说时而说，被称为躁。郑康成注：“躁，不安静也。”比如，君子还没有问，自己就先说，这就是犯了心浮气躁的过失。再比如，在集会的时候，如果在座的是你的晚辈，可以随意一些，如果在座的都是长辈，主席或者主人若与你说话你才可以说，如果没有人同你说话，你不问自说就是心浮气躁。

“言及之而不言，谓之隐”，就是话当说而不说，被称为隐。孔安国注：“隐，不近情识也。”比如，君子已经问你了，你就应该把话明白地说出来，如果不说就是犯了隐匿之过。不论长辈晚辈若是问你问题，你吞吞吐吐，就是慢，骄慢很容易得罪人，便是过错。

“未见颜色而言，谓之瞽”，没有观察君子的颜色就说话，“谓之瞽”。这个颜色表示意向，与人说话要看君子的意向而说，否则等于是盲人，大为失礼，所以也是过失。

九、好学近乎知

> 我们学习不能靠别人逼迫，必须自己知道学习的意义。要读圣贤书，要学做圣人。

“好学近乎知”，无论是求学还是求道，都必须好学、喜学、愿意学，这样才能有成就。凡是历史上有成就的人物都不是老师逼出来的，都是“师父领进门，修行在个人”，都是自主自愿地去学习，不用老师逼迫，他自己就废寝忘食，这样的人才能有成就。曾子就给我们做出了“好学近乎知”的榜样。

《群书治要·曾子》中就给我们讲了什么叫好学：“君子攻其恶，求其过，强其所不能；去私欲，从事于义，可谓学矣。”就是君子要能够“攻其恶”，责备自己的不良行为、自己的过恶；“求其过”，求自己的过失而不是去看别人的过失；“强其所不能”，自己还不会做和做得不够好的地方要加强，勉励自己去做得尽善尽美；“去私欲”，要克除自己的私欲；“从事于义”，做事情都要依照义的标准来做。

古人告诉我们义的标准就是《弟子规》《太上感应篇》《十善业道经》。无论是起心动念，还是言语行为，我们都能够符合这三个标准，才叫“从事于义”，这样做才可以称得上“学”。

“君子爱日以学，及时以行，难者弗避，易者弗从，唯义所在。”这句话讲君子要珍惜时日来学习，古代的人学习都非常珍惜时间，只有废寝忘食地发奋读书，才能够有所成就。而且要适时地把所学的付诸行动，在生活中去落实。难做的不回避，容易做的也不盲从，只考虑是不是符合道义。“日旦就业，夕而自省，思以殁其身，亦可谓守业矣。”就是说白天攻治学业，到晚上就自我反省检查，一直到老死，一辈子都这样坚持，这才可谓坚守学业啊。这句话是曾子把自己的学习心得向我们汇报，我们知道他说的“吾日三省吾身”，说明他自己确实是这样去做的。

后面还有一段话也是表现出曾子的好学。“君子既学之，患其不博也；既博之，患其不习也；既习之，患其不知也；既知之，患其不能行也；既能行之，患其不能以让也。君子之学，致此五者而已矣。”孔子也说：“十室之邑，必有忠信如丘者焉，不如丘之好学也。”夫子附近一定有忠信的人，但是他们都没有他好学，所以孔子成为圣人。他是怎么样成为圣人的呢？是靠好学而成就的。我们讲“好学近乎知”，“好学”和“知”很接近，因为知是我们本性中所自有的，通过学习可以达到接近知。

《中庸》里告诉我们，怎么样才是好学？“有弗学，学之弗能，弗措也。有弗问，问之弗知，弗措也。有弗思，思之弗得，弗措也。有弗辨，辨之弗明，弗措也。有弗行，行之弗笃，弗措也。人一能之，己百之；人十能之，己千之。果能此道矣，虽愚必明，虽柔必强。”

意思是说，学就要学会、学能，没有学到能的时候，就不能放下；我们有机会提问，那就一定要问得彻底；思考问题一定要思考透彻，思出一个结论，思出一个所以然；辨别问题时一定要辨别得非常透彻、彻底明了；我们要实行就要行到十分，不要只行到八九分就停止放下了。虽然人的能力、智慧、聪明不相等，但是只要肯学、好学都能够成就，所以不要自暴自弃，像《弟子规》里说的“勿自暴，勿自弃，圣与贤，可驯致”。

虽然我们的能力比不上人家，人家一下子就做好了，但是我们下上千倍的功夫，我们的能力也能变强，就看自己肯不肯学、肯不肯干。

我们在生活中学习不能靠别人逼迫，必须自己知道学习的意义。读要读圣贤书，要学做圣人。所以学什么最重要呢？

学不是我们学知识、学技能，重要的是能够学圣贤教诲，也就是要读“四书五经”。中国古代的不少皇帝都很好学，我们现在人也很好学，但是学的内容和古人不一样。皇帝要学习的时候，一定是请一个对经典（包括儒释道的经典）很通达的人，给他讲解一段，带着群臣一起来学习。

在清朝康乾盛世的时候，皇帝都会礼请儒释道三家的大德，把儒家、道家、佛家的教诲讲给自己听，他带着文武百官一起学习，所以全国上下思想一致，自私自利的心也就没有生起。

慈禧太后当政的时候，她每一天也去听讲课，儒释道三家的大德每天在讲，结果听到大德们所讲的都像是在批评自己，最后她就把宫廷讲经的传统废弃了。结果怎么样？“三日不读书，面目可憎。”人不学圣贤书，自私自利的习气和欲望就会生起来，结果就导致了清朝政府的急剧腐败，最后被外族所侵。

凡是在历史上稍有成就的皇帝，他们都尊重历史，都熟读圣贤书，以史为鉴，所以学才能够“近乎知”，才能学成圣贤。

很多人学习有障碍，成不了圣贤，这个障碍是什么呢？在《大学》中有一句话，“君子有大道，必忠信以得之，骄泰以失之”，大道必须以忠信的心、诚敬的心来学习，才能够获得。如果自己很傲慢，还看老师有这样或者那样的缺点，这个骄慢之心一生起来就学不到东西了。所以古人说，一个学生如果观老师的过失，这个人一定不会学有成就。

所以古人说“一分诚敬，得一分利益；十分诚敬，得十分利益”，那么，“千分诚敬，就得千分的利益”，我们没有诚敬，就获得不了任何的利益。即使这个人是个凡人，你把他当成圣贤来看待，你从他身上所得到的就是从圣贤那里得到的利益；如果这个人是圣贤人，你把他当成凡夫俗子来看待，即使孔子在你面前，对你也没有帮助。

我们同在一个学校学习，同在一个地方修学，有的人修学提升很快，而有的人却没有提高，什么原因呢？就在于我们的心不同，我们的态度不一样。所以曾子说：“为人谋而不忠乎？与朋友交而不信乎？传不习乎？”这个重点是什么呢？重点就是忠信。忠信是学习的要点，也是传授生徒的要点。比如，《大学》中说“忠信以得之”，《论语》也说“主忠信，无友不如己者”，《论语·述而》也说，“子以四教：文、行、忠、信”，这些都是讲忠信的态度对我们求学的重要性。就是告诉我们，为什么有的人能够学成，有的人却学无所成，主要是态度不一样。

子曰：“吾尝终日不食，终夜不寝，以思，无益，不如学也。”（《群书治要·论语》）。

人有生而知之者、学而知之者、困而学之者。“生而知之者，上也。”但是这样的人比较少，其余的普通人都需要学，就连孔子也承认，他是学而知之者，而不是生而知之者。譬如说，在《论语》中记载，他说：“我非生而知之者，好古敏以求之者也。”所以孔子一生好学，他自己和普通人不同之处，也就是他比别人好学。他好学到什么程度？以至于“发愤忘食，乐以忘忧，不知老之将至”。

孔子一生好学，他学周公，好几次在梦里梦见周公。他研究某一个道理，可以终日不食，晚上睡觉也睡不着。在《史记·孔子世家》中记载了这样一个故事，我们从中可以看到孔子是怎么样好学的。

孔子去向师襄子学琴，学了十天，仍然没有学习新的曲子。师襄子说："你可以增加学习的内容了。"孔子说："我已经熟悉乐曲的形式，但还没有掌握方法。"过了一段时间，师襄子又说："你已经会弹奏的技巧了，可以增加学习内容了。"但是孔子说："我还没有领会这个曲子的意境。"又学了一段时间，师襄子说："你已经领会曲子的意境了，可以增加学习的内容了。"孔子还是说："我还不了解曲子的作者。"又学了一段时间，孔子神情俨然，仿佛进入了一个新的境界，时而庄重穆然，若有所思，时而怡然高望，意味深远。孔子说："我知道他是谁了。那个人皮肤深黑，体形颀长，眼光明亮远大，像个统治四方诸侯的王者。若不是周文王，还有谁能作出这样的曲子？"师襄子听了之后，赶紧起身再拜说："我的老师也认为这首曲子的确是《文王操》。"

孔子学音乐，学得很专精，学得很认真，对自己的要求很严格，绝对不是浅尝辄止，一知半解就放弃了。

这里"不如学也"，就是"好古敏以求之"的意思。这个"古"，是指古书所记载的古圣先王的道理，所以孔子、颜回所学所好都是圣贤之道。所以孔子一生"述而不作，信而好古"，他说自己没有什么发明创作的，所学习的都是古圣先贤的道理。我们现在也有很多人喜欢看书，也很好学，知识面也很广博，但是所看之书未必是圣贤之书，未必是经过历史的检验而沉淀下来的智慧。

我们读经典，学圣贤之道，这些都是大浪淘沙、为历史所一再证明的成果，所以我们绝对不会走错路。而且圣贤经典都是圣人心性的自然流露，他们都是明心见性之人，怎么能够说错？所以在经典之中所记载的道理没有错误可言。

很多人说经典之中有糟粕，“经者，常也”。称为“经”的东西，所记载的都是恒常不变的道理，没有糟粕可言。

有人问一位通达经典、有德行的长者：“经典之中有没有糟粕？”他说：“有。”“哪些是糟粕？”“看不懂的地方就是糟粕。”的确，我们看现代人对圣贤经典的批判，很多时候都是因为圣人站在二十层楼，而我们一般人站在二层楼，我们体会不到圣贤人所体会的境界，还以二层楼的境界去批判二十层楼的境界。是因不懂，不懂经典的深义，还把古圣先贤的道理给误会了，所以才会导致被认为是糟粕。

所以在这个知识爆炸的时代，我们对自己所阅读的书、所看的电视节目都要有所拣择，不能什么都看、什么都学。在《贾子新书·修政语》里有这样一段话，汤曰：“学圣王之道者，譬其如日；静思而独居，譬其若火。夫舍学圣之道，而静居独思，譬其若去日之明于庭，而就火之光于室也。然可以小见，而不可以大知。是故明君而君子，贵尚学道，而贱下独思也。”

在这里有一个很好的比喻。汤说学古圣先王之道的人，可以把他比作太阳；一个人静思独居的时候，就像火光一样。如果舍弃了学习圣贤之道，而一个人冥思苦想，就像舍弃了外边太阳的光明，而去屋子里接近小的烛光。这个烛光可以让你有小小的见识，能够见到周围小的范围，但是开启不了你的大智慧。所以明智的君主，乃至圣贤、君子，都崇尚学习圣贤之道、崇尚读经典，而不是一个人独自冥思苦想。

这段话告诉我们，要学就要多学经典，多学圣贤之道，学习之后能够变化气质，这样才能够学有所成。

《颜氏家训》里有一段关于读书、求学目的的很好的论述。“夫学者，所以求益耳。见人读数十卷书，便自高大，陵忽长者，轻慢同列，人疾之如仇敌，恶之如鸱枭。如此以学自损，不如无学也。古之学者为己，以补不足也；今之学者为人，但能说之也。古之学者为人，行道以利世也。今之学者为己，修身以求进也。夫学者犹种树也，春玩其华，秋登其实。讲论文章，春华也；修身利行，秋实也。”

这一段话对我们知识分子，特别是对我们学儒学的人是一个很好的警告：学习，目的是求得长进。

古代求学的人是为了充实自己，以弥补自身的不足；现在的一些求学的人是为了向别人炫耀，所以夸夸其谈。

古代求学的人，是为了利益他人，推行自己的主张，以造福于社会。像孔子周游列国，推行自己的仁爱学说，目的并不是升官发财，而是为了使好的学说能够为国君所用，造福社会、利益人群，这才是他周游列国的真正目的。

现在求学的人大部分也是为了自身的需要，增长自己的才干，而不是为了做官。学习就像种果树一样，春天可以赏玩它的花朵，秋天可以摘取它的果实。什么是花朵？什么是果实？讲论文章，就好比赏玩春花。就像我们讲《论语》，讲道德，学习传统文化，这都是在赏玩春花。

真正的学问是什么？就是能够把自己所学的落实在生活之中，也就是他的德行、为人处世、待人接物都能够有所提升，能够把五伦关系做好，尽到本分，这是最起码的要求。

十、重家风家教

曾国藩判断一家能否兴旺发达，主要看三个问题：第一，几点起床，是否注重养生；第二，是否自己的事自己做；第三，是否读圣贤书。

《群书治要·汉书》中记载着这样一段话，从中我们能够体会到古人对继承人的培养是何等的重视。“夏为天子，十有余世。殷为天子，二十余世。周为天子，三十余世。秦为天子，二世而亡。人性不甚相远也，何三代之君，有道之长，而秦无道之暴也？其故可知也。”为什么夏商周三代的君主有道而能长久，秦朝的君主无道而突然灭亡呢？这其中的缘故可想而知，就是教育继承人的方式不一样，重视程度不一样。

古人是怎样教育继承人的？

古代的君王，太子刚一出生就要用礼制来教育他。其实在出生之前，已经很重视胎教了。在出生之后，更要用礼来引导，让成年男子背着他，由专门负责礼制的官员穿好端服、戴好礼帽带着太子拜天，行祭天之礼，让他培养起恭敬、畏惧之心。路过宫门的时候，要把太子从背上放下来，以示恭敬（宫门就是皇帝处理政事的地方）。路过宗庙的时候（宗庙都供着祖先的牌位，是祭祀祖先的地方），要恭敬地小步快行，这是做孝子的行为规范。

再举一个周成王的例子。周成王尚在襁褓之中的时候，就请了召公做他的太保，周公做他的太傅，太公（就是姜太公吕尚）做他的太师。全国最有德行、最有学问的人来担任太子的老师。太保的职责是保护太子的身体，让他饮食起居都符合自然规律，讲究养生之道。太傅的责任是教导太子德义，培养他高尚的道德品质。太师是给太子各种训诲和教育、引导。这是三公的职责。

不仅如此，周文王还为周成王设置了三少，就是少保、少傅、少师。他们负责把太傅、太师、太保教导太子的事情表演在生活之中，让太子看到、学到。所以在孩提时，三公、三少就为周成王讲明孝、仁、礼、义的道理，用以引导他把这些道理落实在日常生活之中，远离恶人。

这还不算，还挑选天下品行端正的、孝敬父母的、尊敬兄长的、博闻多识的、传道有方的人来辅佐、保护太子，让这些人和太子生活在一起。所以太子一生下来，看的就是正事，听的就是正言，走的就是正道，前后左右都是正派的人。

这样，太子平日习惯了和正派的人一起生活起居，他的行为就不会不正派。孔子说："少成若天性，习惯如自然。"

从这里我们能够体会到，古代的君主是多么重视对继承人的教育和培养。

一般的家庭虽然做不到这样，但是也很重视对子女的教导。我们现在社会出现了富不过三代、富不过两代，甚至是富不过当代的现象，原因何在？很简单，就是因为我们抛弃了传统文化，缺少良好的家庭教育、伦理道德教育。

对儿女的慈爱，不是要什么就满足什么。什么才是真正地爱护孩子？就是要把祖宗的德行、品质、精神，以及人生经验、创业教训传给子孙，让好的德行、家风、家道、家业代代相传，这才是真正爱子。

古人给我们总结出很多教子的格言，譬如，孝悌为传家之本，勤俭为持家之本，谨慎为保家之本，和顺为齐家之本，诗书为起家之本。现代人如果多读一读这些圣贤书，在教子方面也会少走很多弯路。

孝悌为传家之本。《孟子》里说："天将降大任于斯人也，必先苦其心志，劳其筋骨，饿其体肤，空乏其身，行拂乱其所为，所以动心忍性，增益其所不能。"现在的孩子被父母娇惯、溺爱，身体很弱，能力也很弱，没有自理能力，更没有任何承担挫折的能力，这就叫"爱之不以道，适足以害之也"。

勤俭为持家之本。要教育孩子从小养成勤俭的习惯，成由勤俭败由奢。

谨慎为保家之本。虽然家里很富裕，地位很高贵，但是为人处世要很恭敬、很谨慎，这样才能够长久地保持富贵而不失。所以《孝经》里说："在上不骄，高而不危。制节谨度，满而不溢。高而不危，所以长守贵也。满而不溢，所以长守富也。"

和顺为齐家之本。中国人常说"家和万事兴"，看一个家庭以后能不能兴盛发达，就看他们家能不能团结、能不能和睦相处。同样，看一个单位能不能兴盛，就看这个单位里的人能不能团结、能不能互助。

诗书为起家之本。中国古人有一句话说，"万般皆下品，唯有读书高"。为什么？因为古人所读的书是圣贤之书，所以"三日不读书，面目可憎。"圣贤书教导人天道、人道的道理，所以读了圣贤书，贵在明理，时时刻刻不偏离道，所以读书人受人尊重。

古人说："惯子如杀子，养子不教如养驴，养女不教如养猪。"儿女以自我为中心，不孝敬感恩父母，认为父母的付出天经地义，一个重要原因就是没有良好的家教。《德育古鉴》认为孩子不孝顺父母的根本主要是习以成性，并分析了七个具体原因。

第一是娇宠。因为父母对儿女怜爱太多，所以经常顺着孩子的性子，事事让儿女占先，养成了孩子任性自私的习惯。等他走上社会的时候，别人不买他的账，那怎么办呢？只好在父母身上变本加厉地索取。

第二是习惯。如果一个人的语言粗俗惯了，他就敢对父母说一些违逆的话；如果一个人对父母的照顾、行为简慢惯了，他就敢做一些放肆的事。父母都是习惯于把好东西先留给儿女，久而久之，儿女就习以为常了；父母经常拖着重病去做家务，久而久之，儿女也会习以为常，就不再关心父母的痛痒了。

第三是乐纵。有的人对朋友特别讲义气，为朋友两肋插刀，陪吃陪喝，非常大方。但是对于父母呢？请一顿饭都觉得囊中羞涩，不愿意花那么多的钱，觉得浪费。对待自己喜欢的人很幽默，会想方设法地说一些话讨对方欢心，但在对待父母的时候，却无话可说、呆若木鸡；更有甚者，认为父母兄弟都是俗人，自己学了传统文化，境界高了，就不再愿意和父母兄弟相处。

第四是忘恩记仇。古人说："受人滴水之恩，常思涌泉相报。"但现实情况往往是，人们对我们有恩，时间长了就淡忘了；但是人与人之间的怨仇，每想起一遍就生气一遍，结果怨仇愈结愈深，久久不能忘怀。所以别人给你做一顿饭，你可能对他感恩戴德，但是父母天天为你做饭、为你付出，你却忘记了去感恩。

这就是"以亲爱为故常"，认为父母这样关爱我、照顾我，处处体会我的需要，为我付出、给我拿钱花，都是应该的。所以有时候父母为我们担心，我们还嫌他们多事，违背了我们的意愿；父母教诲我们，我们还对他们的用词挑来挑去；甚至在父母鼓励我们、夸奖我们的时候，还招致我们的厌恶；有时候，父母辛辛苦苦地庇护儿女，但是做儿女的不知道报恩，还都习以为常。对父母勉强自己的事，有时候因为不理解还怒目相向，对父母发脾气。对于父母眼前的大恩大德，我们尚且认识不到，更何况父母的胎养之劳、哺乳之苦，又怎么能够想象得到？这就是忘恩记仇所导致的。

第五是私财，也就是把财产看得太重了。财到了自己的手里，就认为是自己所有；而在父母的手里，还认为应该给儿女才对。钱财俱足的时候，就忘了父母；钱财匮乏的时候，就希望从父母那里得到钱财；求钱财求不到的时候，就怨恨父母；父母需要儿女赡养的时候，就更加厌弃父母。

所以我们在现代社会看到很多这样的事情：一个父亲孤苦伶仃地把独生子养大了，但是父子却为了钱财吵上了法庭，形同陌路。这个时候我们就应该想一想，我们这个身体到底是谁生养的？谁哺育的？既然这个身体都是父母给的、父母哺育的，这个财又是谁的呢？所以不能因为钱财和父母起纷争。

第六是恋妻子，这个“妻子”在古代是指妻子和儿女的意思。自己挣了钱买了好吃的，用来让妻子儿女高兴；有了空闲的时间，能够去休假的时候，就带着妻子儿女出去度假。但是这样一来，和父母相处的时间就愈来愈少，更没有想着去讨父母的欢心。

“不思子为我子，而我为谁子？”“亲子我，而我不顾，则我亦何赖有子哉？”对待妻子、孩子，当然应该很好地照顾，但是也不能因为照顾儿女妻子，就忘记了去孝敬父母。我们都看到，很多的人成家立业之后，对儿女、妻子关爱备至，但是却忘了养育自己成人的父母，这就是“娶了媳妇忘了娘”。结果会怎么样？结果自己的儿子以后也会如此对待他们。

第七是争妒。父母生的孩子有很多，父母对儿女的照顾和爱护，其实大体是平等的。但是儿女对父母却有顺有逆，所以父母对儿女的爱也是不一样的。顺着父母的，父母对他的爱就多一些；违逆父母的，父母对他的爱就少一些，这也是非常正常的事。一个人如果不为父母所宠爱，不要怨恨父母，而应该心平气和，想一想父母为什么对哥哥姐姐或者弟弟妹妹更好，而对我就不是那么好？所以父母对儿女有偏爱，可能还是因为我们自己做得不好。如果看到兄弟姐妹被父母宠爱就咬牙切齿，怒气冲冲，让父母知道了，就会更加嗔怒。

以上这几种情况，是为人儿女应该时时警醒、事事检点、念念克制的。

《德育古鉴》中继续说："勿以亲心之慈，我可自恕。"不要因为父母亲心地很仁慈，不和我们计较，就自己宽恕自己。

"勿以世道之薄，我犹胜人。"不要因为现在世风日下，人心不古，很多儿女都不赡养父母了，而我还能赡养父母、照顾父母，就认为我做得比别人更好。特别是我们现代社会，一些电视、媒体带来了一种很不好的负面影响，经常把那些儿女如何不孝敬父母的事情搬上电视。结果久而久之，观众就会觉得，你看天下的人都已经不赡养父母了，都把父母送到养老院去了，我还能够赡养父母、和父母住在一起，比那些人不知道已经强了多少倍。

如何改变这种情况？德教为先，以身作则，始从胎教，贯穿一生。

从对"教育"两个字的定义中，就能看到古人把做人的教育，视为教育的根本。在《礼记·学记》中，对"教"下了一个定义，就是"教也者，长善而救其失者也"。即说教育的目的，是使人善良的一面不断增长，过失得以挽救。

如果我们的教育秉持了这种理念，那受教育的时间越长德行越高就是正常的。但现实情况往往不是这样，现在的学校教育、家庭教育不是把“长善救失”放在首位，很多家长都把孩子的课余时间用在学奥数、学计算机、学绘画、学钢琴上，学校也只把升学率作为评价一个学校教育好坏的标准，不重视学生的品德教育。这一方面是因为现行高考制度不健全，另一方面则是因为我们的教育理念出现了偏颇。

北大的一位教授说，现在的高等学校变成了高等知识技能的传习所，培养的是精致的利己主义者。什么是精致的利己主义者呢？

在某名牌高校，有一位某省的高考状元，他连续三年参加高考，都是他们省的状元。很多人就奇怪了，既然是状元，还需要连续三年去参加高考吗？原来考生的当地政府对高考状元都有奖励。这个考生第一年考中状元，政府给他奖励了十万元。他拿到十万元的奖金，觉得这个钱很好挣，结果在大学上了几天学，就退学回家了。第二年接着参加高考，又考了一个状元，政府又奖励他十万元。第三年他如法炮制，又退学参加高考，又赚了十万元。他通过高考，三年挣了三十万元。对这件事同学们也不觉得有什么，还很羡慕他。他自己对自己不诚信的行为也不觉得有什么不好，这就是精致的利己主义者。

如果只有知识和技能的传授，道德教育完全没有了，那么学的东西越多人就越自私，对这个国家和社会的危害就越大。

那什么是“育”呢？“育”是“养子使做善也”，仅仅把儿子养大、教他学知识那不叫“育”，必须顺着善良的方向去培养，这才叫“育”。教育是有先后次序的，这个次序，一定是《三字经》或者《弟子规》里所说的“首孝悌，次见闻”。也就是我们现在所说的先培养品德，然后才学习知识和技能，先学习做人，后学习做事。

曾国藩判断一家能否兴旺发达，主要看三个问题：第一，几点起床，是否注重养生；第二，是否自己的事自己做；第三，是否读圣贤书。

“教”是上所施，下所效，这才是良好有效的道德教育途径。有一句话说：不养儿不知父母恩。可是很多人养了儿，又何尝知道父母恩呢？我们对自己的儿女照顾得无微不至，有求必应。但是对自己的父母，却不理不睬、不闻不问、漠不关心。教儿教女先教自己，自己做出一个孝亲的榜样，儿女自然会学着做。

中国古人有句话说：“言教者讼，身教者从。”父母只是用言语去教导孩子，他就会跟你起争讼，起逆反，说你都没有做到，有什么资格说我呢？“身教者从”，父母自己不用去说他，一言一行、一举一动都做到圣贤书的教诲，久而久之，这个孩子自然就有变化。

十一、善事父母为孝

> 知恩图报，饮水思源，是人类的良知，不论古今中外，人类的良知是一样的。

“孝”，古人解释为“善事父母为孝”。关键就在这一个“善”字，怎样做才称得上善呢？我们可以体会一下，父母是怎么关爱儿女的？当孩子还不会说话、不能表达自己的意思时，做父母的要非常用心，才能够体会到婴儿的需要，是饱了、饿了，还是冷着了、不舒服了。

所以善事父母，首先要全心全意地关心父母。要学着用父母关爱儿女的心去体会父母的需要，这样才叫“善”。

佛教经典中有一本书叫《父母恩重难报经》，这本书专门讲了父母的恩德。

在这本书的开头记载着佛陀带弟子出游，结果在路上遇到了一堆白骨，佛陀就派弟子把这个白骨分成两堆，然后还对着白骨进行礼拜。弟子们看了就觉得奇怪了，为什么要对一堆枯骨礼拜，而且还要分成两堆？一堆的颜色是比较白的，看起来比较重；另一堆的颜色比较黑、比较暗，重量也比较轻。佛陀就说，这个比较轻的，颜色比较黑的骨头是女子的骨头；而颜色比较白的，分量比较重的是男人的骨头。弟子们听了更奇怪了，为什么人过世之后，还能够从骨头上辨别出是男是女呢？佛陀就告诉弟子，因为女子有哺乳的义务，要哺乳儿女就要把自己身体的营养通过乳汁输送给孩子。因为长期的哺乳，所以她的骨头就比较轻，颜色是黑的，而男子的骨头就比较重，颜色是白的。

讲完这些之后，佛陀又给弟子讲了父母恩重难报，他说“父母有十重恩”，也就是十个重大的恩德难以回报。是哪十重恩呢？

第一重恩，怀胎守护恩。母子都是有很深的缘分才成为一家人的，母亲怀胎一个月之后，儿女的五脏才生了出来，七七四十九天之后六窍就分开了。在这个时候，因为母亲怀孕在身，身体沉重，行动非常不便，好看的衣服、装扮也都顾不上了，连梳妆镜上都沾满了尘埃。

第二重恩，临产受苦恩。十月怀胎就很辛苦了，一朝分娩却不知道生得是否顺利，孩子是否健康。特别是在难产的时候，现在很多孩子出生的时候都是剖宫产，这个时候的痛苦就更加严重了，每一天都像得了重病似的昏昏沉沉，这个痛苦只有生过孩子的人才能够有所体会。我们还听说有的母亲在生孩子的时候，痛得把床上的钢管都给拧变形了。

第三重恩，生子忘忧恩。母亲生了儿女之后，五脏张开，气也很憋闷，血流了很多，但是听到这个孩子是健康的，她马上就忘记了自己的痛苦，非常欢喜。

第四重恩，咽苦吐甘恩。父母恩深重，照顾儿女的时候宁愿自己挨饿受冻，也要孩子吃饱穿暖。做母亲的人，经常半夜醒来，专门看一看孩子的被子是不是被踢开了，特别是在冬天的时候，经常半夜起来照看儿女。

第五重恩，回干就湿恩。如果儿女把褥子给尿湿了，做母亲的宁愿自己睡在尿湿的褥子上，也要把干燥温暖的地方留给儿女，为的是让孩子睡得更安稳。

第六重恩，哺乳养育恩。父母养了儿女，不管是男孩还是女孩，都会对孩子非常关爱，每一天对他进行照顾、爱护、叮咛、嘱咐，没有止境。

第七重恩，洗濯不净恩。母亲原本也是天生丽质的女孩，脸色红润、肌肤细腻，但是因为要经常给儿女洗濯尿布，照顾孩子，姣好的容颜一天天改变，一点点衰老，就是为了让儿女逐渐成长。如果我们有时间和父母在一起，看一看父母的双手，就能够感受到长期劳作的人和不怎么干家务的人，手的差别有多大。

第八重恩，远行忆念恩。儿女长大要远行，父母的牵挂就开始了。临行的时候，千叮咛万嘱咐。儿女已经走了很远，父母还不愿意回家，在那遥遥地望着，儿行千里母担忧。

第九重恩，深加体恤恩。儿女有了苦，父母的心是什么样的？父母的心就是宁愿代儿女去受苦，特别是儿女有病的时候，父母非常担心，希望这个得病的人是自己而不是儿女，能够代儿女去受这个病苦。父母对儿女的体恤达到了这样一种程度，可以说是一种忘我的境界了。

第十重恩，究竟怜悯恩。“母活一百岁，常忧八十儿，欲知恩爱断，命尽始分离。”这就是告诉我们，父母对儿女的牵挂无时无刻不在，从来都没有止息过。即使父母已经活到一百岁高龄了，还经常放不下，惦记着他那八十岁的儿子。

我们从这十重恩就知道，父母的恩德确实无以回报，所以说，父母对我们有罔极之恩。《父母恩重难报经》还讲到，很多人做事情之所以不顺利，归根到底是因为不孝。

很多人觉得很奇怪：“传统文化就是不讲逻辑，我做事顺不顺利怎么能和孝不孝敬父母扯上关系？”因为一个人不孝敬父母，没有养成恩义情义的处事原则，他就会以利害的原则来为人处世、待人接物。

子曰：“爱亲者，不敢恶于人；敬亲者，不敢慢于人。爱敬尽于事亲，而德教加于百姓，形于四海，盖天子之孝也。《吕刑》云：‘一人有庆，兆民赖之’。”（《群书治要·孝经》）。

这句话是说天子应该怎么样行孝。天子真正亲爱自己的父母，自然也不敢厌恶别人的父母；真正尊敬自己的父母，也就不敢轻慢别人的父母。天子竭尽爱敬之心去侍奉父母，将这样的德行教化推行到百姓身上，全国都能看到德教产生的良好影响，这就是天子的孝道！《尚书·吕刑篇》说：“天子有爱敬父母的善德，天下万民都会仰赖他，国家便能长治久安。”

如果我们以利害、功利之心与人交往，结果所感召的也是一些以功利、利害之心和我们交往的人。

举一个春秋时期管仲与齐桓公选才的例子。管仲年纪大了又病得很重，齐桓公来跟他讨论宰相的继任人选。齐桓公说开方应该可以信任，因为开方本来是卫国的公子，放弃了卫国储君的位子来到齐国，一住就是十几年，而且在这十几年之中，从来没有回卫国探望过自己的父母。即使父母过世，他都没有回去看一下。这个人爱齐桓公超过了爱自己的父母，是不是可以信任了呢？管仲听了摇了摇头，他说：“人生在世，对我们恩德最大的无过于父母的养育之恩了。但是开方这个人却可以绝亲以干禄，一定是一个忘恩负义之人，可不能重用。”

讲这个故事的目的，不只是让我们增长见识，而是让我们来反省自己是不是开方——“绝亲以干禄”。现在很多人到国外去学习，毕业后在国外找到了薪水很高的工作，结果再也没有回到国内探望一下培养他成才的父母。这是不是“绝亲以干禄”呢？所以你看，现在人正做着这样悖德悖礼的事还不自知，都已经习以为常了。

在《德育古鉴》里讲孝顺的时候，颜光衷曰："天下哪有不孝的人？"因为孝是人的天性，这种天性在摇篮中、在襁褓中就能观察得到。襁褓中的孩子对父母的微笑、亲爱、依赖，都是源自天性，没有任何矫揉造作，没有人教过他。所以这种父子有亲不是装出来的，是天性。

"虽有不孝的人，而称之孝则喜，名之不孝则怒且愧。""充此良知便是大孝根苗，只是习心习气不能自化，所以依旧不孝也。"将人本有的孝心、良心加以扩充，就是大孝的根本。大孝是什么呢？大孝是孝敬天下之父母，即老吾老以及人之老。

第一次世界大战后，国际联盟、奠定世界和平基础的美国第28任总统威尔逊，就是一个孝子。在他年纪还很小的时候，威尔逊的父亲就去世了，家里很穷，母亲靠替人家洗衣服来养活他，并鼓励他读书。威尔逊深深地感受到母亲的伟大，对母亲的教导总是很恭敬地听从。他时常自勉，一定要发奋读书，无论怎样也不能忘了自己的学业，辜负了母亲的期望。后来，由于他品学兼优，在毕业时获得了普林斯顿大学授予的特殊荣誉。

当书记官以洪亮的声音宣布"本届获得品学兼优金牌的荣誉生是乌托罗·威尔逊"时，会场立刻掌声雷动！威尔逊忍住心中的激动，上台从校长的手里接过了金牌。但是，当他走下台时，却没有回到自己的座位，而是一直向家长们的席次走去。他到家长群中，寻找他敬爱的母亲，可是找来找去就是找不到。他的母亲并非没来观礼，而是因为年老家穷，只穿了一件粗陋的旧棉衣来出席，与那些衣饰高贵的家长相比，她不好意思坐在前排，所以坐在了最后座的柱子旁。

威尔逊从前排巡视到后排，终于发现了他头发半白的母亲。他跑到母亲身旁，双手捧着荣誉金牌，很恭敬地对母亲说："妈妈，请您接受吧！这金牌是妈妈多年辛劳养育所获得的成果，不是我的，我是替慈爱的妈妈领取的。”孝顺的威尔逊，感激母亲的辛劳养育，把自己的荣誉归功于母亲。当时整个会场的人看了，都深受感动，有好多人感动得流下了泪水！

孝敬父母，本是中华民族的传统美德，可是现在受了西化教育的年轻人，却认为孝顺是中国的古老思想，是落伍的行为。其实，知恩报恩，饮水思源，是人类的良知，不论古今中外，人类的良知是一样的。威尔逊是美国人，他没有受到中国的传统教育，难道也有中国的古老思想吗？这位荣获了品学兼优金牌、后来又成了美国总统的孝子，其行为也是落伍的吗？受西化影响的中国人，应该深思。

那么，究竟应该怎样做才能称得上善事父母呢？《群书治要·礼记·内则》有这样一段话："子事父母，鸡初鸣，咸盥漱，冠、緌、缨、端、毕、绅、搢笏，左右佩用，以适父母、舅姑之所。及所，下气怡声，问所欲而敬进之，柔色以温之。父母有过，下气怡色，柔声以谏；谏若不入，起敬起孝，悦则复谏。父母怒，不悦，而挞之流血，不敢疾怨，起敬起孝；父母虽没，将为善，思贻父母令名，必果。"

这段文字中有许多孝敬父母的细节，儿女侍奉父母，应该是鸡刚刚啼叫，就要起来洗脸漱口，穿戴恭谨，再到父母所居住的地方嘘寒问暖；父母如果有过错，要心平气和地低声劝说，如果父母听不进去，就要更加恭敬、更加孝顺，待父母高兴的时候再次劝说。如果父母发怒不高兴，甚至打得自己头破血流，也不能厌恶埋怨，还要更加恭敬孝顺。父母去世之后，儿女将要做善事的时候，想到要让父母留下好的名声，就一定要实现它。

很多人看到这一段话会觉得太烦琐了，现代人公务繁忙，办事讲效率，哪有那么多时间和精力花费在家庭之事上呢？我们来看一个故事。

有一个朋友到日本去留学，娶了一位日本姑娘回家。他的父母第二天早晨起来时，发现这个日本媳妇穿着和服，妆化得很细致，像去参加正式宴会一样装扮一新，跪在了公婆的门外。公婆一打开门，她马上恭恭敬敬地行了一个礼，说：“请问爸爸妈妈，昨天晚上休息得好吗？”这个举动把这老两口吓了一跳，不知道这个儿媳妇出了什么事。

从这个故事我们想到什么呢？如果儿女平时都是以这样的礼节来侍奉父母公婆，他们还会对着父母大吼大叫，还会不奉养父母吗？所以，礼仪文化确实起到了防患于未然的作用。但是这么好的礼仪文化，我们却认为是吃人的礼教，把它给废弃了、批判了，结果怎么样呢？结果现在父子之间的关系，公婆和儿媳之间的关系，都处理不好，甚至还要吵上法庭。我们实实在在地感受到中国的文化断层了。从这个故事也可以看出，我们礼仪之邦的礼仪，自己没有传承，却已经跑到日本人、韩国人那里去了，在他们的生活中还能够看到中国人的礼仪。

有一次我们到斯里兰卡去访问，他们的导游告诉我们：如果这个孩子，在家里是辈分最小的，他就要早起半个小时，为什么呢？要给爷爷奶奶跪拜、问好、告别，然后再给父母、伯伯、叔叔跪拜、问好、告别。

形式可以损益，但是礼的精神必须保存。做晚辈的，如儿女、儿媳、女婿，要知道自己在家庭中的位置和本分，对父母公婆要有起码的恭敬之心。

首先，善事父母，要养父母之身。让父母衣食无忧，经济上有保障，这仅仅是孝养父母最起码的要求。就像《孝经》所说：“用天之道，分地之利，谨身节用，以养父母，此庶人之孝也。”对普通百姓来说，就是要顺着四时的变化，按着自然的规律来生产、生活。自己的言行举止都符合法度，即使是很富裕也不过分地追求奢侈浪费的生活。这样才能够奉养好父母，让父母安心，这就是一般百姓的尽孝方式。

其次，善事父母，要养父母之心。有一个弟子问孔子什么是孝，孔子回答："今之孝者，是谓能养。至于犬马，皆能有养；不敬，何以别乎？"如果仅仅是赡养而不尊敬父母的话，怎么能够把人与禽兽区别开来呢？所以，赡养父母最重要的是从内心表达出对父母的恭敬和感恩之心，要养父母之心。

而养父母之心，除了尊敬父母之外，还要做到"父母唯其疾之忧"，也就是说，除了为你的疾病担忧，父母完全不必再为你的其他任何事情而担忧了。能做到这样，才是一个真正的孝子。

《礼记》中有一则"乐正子春"的故事。子春在下堂的时候，不小心把自己的脚伤到了，几个月后，他的脚伤痊愈了，但是脸上却闷闷不乐。他的弟子就问："老师，您的脚伤已经完全恢复了，为什么您还郁郁寡欢、面带忧愁呢？"子春就说："我听曾子说过，父母生我们的时候，给了我们一个完整的身体，我们要把这个身体完完整整地保养好，才是一个孝子。所以一个孝子，每走一步路都不敢忘记父母；每说一句话也不敢忘记父母。每走一步路都不敢忘记父母，所以有河可过，有船可乘，就不会涉水过河；有光明大道，就不走邪僻的小路，不敢以父母给的身体去做危险的事；每说一句话都不敢忘记父母，就不会口出恶言。我们不出恶言骂人，别人也不会以愤愤不平的言语来骂我们。不辱没自己的身心，不让父母蒙羞，才是真正的孝子。"

从这里就知道，一个真正的孝子确实做到了每走一步路，不敢忘记父母，每说一句话，不敢忘记父母，那他怎么敢去贪污受贿、违法乱纪呢？这就告诉我们"求忠臣于孝子之门"的原因，因为按这样的标准行事的孝子，几乎就是一个完美的人了。

关于养父母之心，《礼记》说："孝子之有深爱者，必有和气；

有和气者，必有愉色；有愉色者，必有婉容。”一个对父母有深爱的孝子，他和父母说话的时候，一定和颜悦色，说话声音也是很温柔的。

再次，善事父母，要养父母之志，这个“志”是志气的“志”。我们知道父母培养儿女，都是对他有期望的，希望他能够为人民服务，为国家奉献。《孝经》说：“立身行道，扬名于后世，以显父母，孝之终也。”

《礼记》里讲：“居处不庄，非孝也；事君不忠，非孝也；莅官不敬，非孝也；朋友不信，非孝也；战阵无勇，非孝也。五者不遂，灾及于亲，敢不敬乎？”如果你的生活起居不庄重，人家会说你没有教养，像我们这一代人最怕的就是别人说我们没有教养，为什么呢？因为这句话不仅说了自己还说到了我们的父母，让我们的父母蒙羞，所以居处不庄，就不是孝道了。

“事君不忠，非孝也”，侍奉君主不尽心尽力，这也不是孝敬。如果不忠心侍奉君主，做了违法乱纪的事，最后东窗事发，锒铛入狱，让父母蒙羞，确实是灾及于亲。“莅官不敬，非孝也”，做官没有恭敬心，也就是对自己的事业不恭敬，不尽心尽力，这也不是孝。“朋友不信，非孝也”，朋友之间不讲究信义，人家也会骂你，会伤害到父母。“战阵无勇，非孝也”，上战场没有勇气，这也是不孝。“五者不遂，灾及于亲，敢不敬乎”，这五者做不好，都会给父母蒙羞，甚至给父母带来灾难，哪里还敢不孝敬父母呢？

最后，善事父母，要养父母的智慧。《弟子规》里说：“亲有过，谏使更，怡吾色，柔吾声。”并不是说父母所作所为就都是正确的，如果父母所作所为有违大道，我们就要委婉地劝谏，让他更改。

曾子在孔子的弟子中，以孝著称。曾子曰：“孝子之养老，乐其耳目，安其寝处，以其饮食忠养之。父母之所爱亦爱之，父母之所敬亦敬之，至于犬马尽然，而况于人乎？”

关于曾子的孝，有个著名的典故，孔子说：“参也鲁。”有一次，曾子和父亲一起锄草，他却把苗给锄掉了。曾子的父亲非常生气，盛怒之下拿着锄头就要打曾子。曾子毫不回避，被父亲打昏在地。醒来之后，又怕父亲因为一时激怒下了重手而后悔，就“援琴而歌”，想让父亲不要担心。

这件事被孔子知道后，非常生气，对弟子们说：“你们去告诉曾参，他从此以后不是我的学生了，不要再来见我了。”

曾子虽然知道孔子很生气，不想见自己了，甚至不要自己当学生了，但是他依然很恭敬，还要去向老师请教，说：“我这样做认为已经是尽到孝道了，但是为什么老师还不要我呢？”孔子说：“如果你的父亲在盛怒之下，一不小心下手太重把你打死了，那就会让别人都议论他没有仁爱之心，所以你这样的做法并不是真正为父亲好，而是会陷父亲于不义之中。”

孔子告诉曾子，以后如果再遇到类似的事情，应该是“大杖则走，小杖则受”。曾子从这里才知道孝并不是一味地顺从父母，一味地顺从父母还可能会陷父母于不义。

所以，要提升父母的智慧，最重要的是让他们也学习圣贤教诲，能够求圣求贤，这样一生才不会白过。这就告诉我们，善事父母实际上不是一件容易的事。

十二、兄友弟恭

> 在现代社会，兄友弟恭可以引申为，一个团队有没有发展，看这个团队成员之间是互相称赞还是互相诋毁，这是一个团队成败的关键。有德行的人知道，要把团队的气氛带和谐，这比什么都重要。

“悌”的含义是“善事兄长”。在古人看来，兄弟姐妹，骨肉一体，是一个身体，谁也离不开谁，所以相互之间要友爱，要做到兄友弟恭。

“友”的意思就是，做兄长的要友爱帮助弟弟妹妹，而做弟弟妹妹的对兄长要恭敬、要听从。如果兄弟姐妹不和睦，就会让父母操心，这就是大不孝了。所以，一个能够善事父母、有孝心的人，也一定能够善待兄弟姐妹。“兄弟睦，孝在中”，兄弟之间能和睦相处，孝便自然体现其中了。《弟子规》里有几句话，用来处理兄弟姐妹之间的关系也非常合适。

第一句话是“财物轻，怨何生”。兄弟姐妹之间更重视骨肉之情、手足之情，把财物看得淡一点、轻一点，这样怨恨又怎么会产生呢？

汉朝有个读书人叫缪彤，字豫公。在他小的时候，父母双双去世，兄弟四个人同住在一起，缪彤是长兄，把三个弟弟照顾得很好，还帮助他们娶了妻子。三个弟弟娶妻之后，纷纷要求分田产、分家业，而且还屡屡发生争夺。缪彤听说后很愤怒，也非常难过，就关起门来哭，自己打着自己说道："缪彤呀缪彤！你勤学修身，学圣贤之道，为的是要以身作则，感化周围的人，能移风易俗。可是如今连自己家里的人都没有办法说服，更何况去感化别人！"缪彤如此自责，大声痛哭，弟弟跟弟媳们听到后很受感动，都在门外叩头，向缪彤忏悔、谢罪，希望长兄能原谅他们。

其实缪彤自挝时完全没有对弟弟们的指责之心，而是真诚地反省自己，从而触动了弟弟跟弟媳们的良心。其实坦白讲，弟弟们怎么会不知道缪彤对他们的人生很重要，可欲望上来就会被冲昏头。而哥哥这种至诚的反省，又把他们的良心给唤醒了，后来一家团结在一起。

"言语忍，忿自泯。"兄弟姐妹在相处的时候，言语互相忍让一下，少说一句，语气委婉一点，那么愤愤不平的心就自然泯灭了。

宋朝有一个人叫周文灿，哥哥住在他家里，吃他的、用他的，还拿他的钱去喝酒，喝醉了之后就耍酒疯，回来就打周文灿。邻居们看了之后都为其打抱不平，要来骂他的哥哥。这时周文灿是怎么做的？周文灿出去挡住了他的邻居，说："你们不要离间我们兄弟的感情。"兄弟之间的那种骨肉之情，处处为对方着想的心，让周文灿对哥哥没有丝毫怨恨。他的这种情义可以感动邻居，邻居也会知道应该让兄弟和睦相处，而不是让家庭失和。

很多人好像是向我们说我们亲人、朋友的不好，实际上这都是没有从一个家庭、一个团队的整体和睦来考虑。一个真正有德行的人，一定是希望这个家庭成员之间团结互助、和睦相处，因为家和万事兴。一个团队有没有发展，看这个团队成员之间是互相称赞还是互相诋毁，这是一个团队成败的关键。有德行的人知道，要把团队的气氛带和谐，这比什么都重要。

《朱子治家格言》中有这样一句话：“居家戒争讼，讼则终凶。”一家的兄弟姐妹在一起过日子，最忌讳的就是起了争讼，把彼此送上了法庭，打起了官司。古人看到哪一家因为家产打起了官司，就能够判断出那一家的家道一定会衰落，所以中国有一句话叫“家和万事兴”。

历史上有一则“诚感让田”的故事，讲的是一个叫严凤的人，他对兄弟的友爱感动了同乡的两个不和的兄弟。故事中施佐和施佑是两兄弟，他们做官之后都回到家乡，但是这两个人因为田产的问题起了纷争，而且互不相让，还结了怨仇，亲戚朋友从中劝说，但都无效。有一天，弟弟施佑见到了素以孝敬父母、友爱兄弟著称的同乡严凤，就把自己和哥哥争田产的事情告诉了他。严凤听了之后，皱着眉头长叹道：“可惜我的兄长身体太弱，如果他能像你的哥哥那样强壮有力，可以尽数把我的田产夺去，那我还有什么可忧虑的呢？”严凤说到这里，想到自己的哥哥身体瘦弱，不禁哭出声来。施佑非常感叹，也非常感动，所以他就拉着严凤的手来到哥哥的家里，向哥哥道歉，说自己不应该和哥哥争田产。他的哥哥也非常感动，从此以后，他们各以田产相让，和睦地生活在一起。

这个故事告诉我们，正是严凤的那种对兄长发自内心的真挚的友悌之情溢于言表，才能够感动乡人施佐、施佑两兄弟，让他们不再因为田产而起纷争。

中国古人说：“观德于忍，观福于量。”看一个人有没有福气，就看他有多大的心量。

法昭禅师曾经写过一首诗，专门描写兄弟姐妹之间的深情厚谊。“同气连枝各自荣，些些言语莫伤情。”一家的兄弟姐妹就像从一棵大树上长出的不同枝杈，长大之后，有了各自的事业；在相处的时候，千万不要因为言语的不忍让而伤害了彼此之间的骨肉手足之情。中国人说："良言一句三冬暖，恶语伤人六月寒。"孔子教导弟子，首重德行，其次就是重视言语，然后才是政事、文学。由此可见，如何说话，如何表达自己的意思，能够坚持自己的想法又不伤害别人是非常重要的，这也是一门艺术。

"弟兄同居忍便安，莫因毫末起争端"，弟兄姐妹之间相处，只要能够守住一个"忍"字，便能相安无事。我们看一看这个"忍"，上面是一个刀刃的"刃"，下面是一个"心"字，这个字告诉我们什么是忍，当我们的心上有一把刀刃来割，我们都能够处之泰然，不起怨恨之心，这就叫"忍"。假如别人说一句不好听的话，说一句比较直接的话，便不能够忍受；别人稍微怠慢一点，稍微不礼貌一点，便不高兴，那么我们的忍辱功夫，就一点都没有了。对于陌生人的侮辱诽谤，尚且能够容忍，对于弟兄之间的言语，稍微直接一点，稍微过分一点，又怎么会忍让不了呢?

"一回相见一回老，能得几回为弟兄。"上了年纪的人非常有感触，逢年过节的时候，兄弟姐妹好不容易碰到一起，会突然发现哥哥姐姐的头上多了几根白发，脸上多了几道皱纹。我们还有多长时间能够相处在一起，互相关心、互相照顾呢?

汉朝时候，有一个人姓赵，单名叫孝，表字常平，和他的弟弟赵礼，很是友爱。有一年，年成歉收，一班强盗占据了宜秋山，把赵礼捉去了，并且要吃掉他。赵孝知道后就赶紧跑到强盗那里，恳求那班强盗说："赵礼是有病的人，并且他的身体又很瘦，不好吃的。我身体生得很胖，情愿代替我的弟弟给你们吃，请你们把我的弟弟放走。"强盗还没有开口说话，弟弟赵礼就抢着不答应，说："我被将军们捉住了，就是死了，也是我自己命里注定的，哥哥有什么罪呢？"两兄弟抱着大哭了一番。强盗被感动了，就把他们兄弟俩都释放了。这件事传到了皇帝那里，皇帝就下了诏书将事情昭示天下，加以褒奖，这是兄友弟恭的最佳典范。

恶至杀人而食的盗贼，而且当盗贼们饥肠辘辘亟待食人之时，尚可被感化起慈心，世间还有不能被感化的人吗？《大学》中说：“宜兄宜弟，而后可以教国人。”讲的正是这些。

“眼前生子又兄弟，留与儿孙做样看。”兄弟姐妹长大成家后有了孩子，孩子之间也成为兄弟姐妹。如果上一代做到了兄友弟恭，能够互相关心和帮助，那么下一代也就从我们身上学到如何相处，所以要给儿孙做一个好的典范。

在中国的历史上，兄弟姐妹互相关爱的故事非常多。如唐朝唐英公李勣虽然贵为仆射（仆射即唐朝的宰相），但在姐姐病重的时候，还亲自为她烧火煮粥，以致不小心烧掉了自己的胡须。姐姐看到后就劝他：“你贵为仆射，下边有很多奴仆婢妾，他们都可以供你使唤，何必要亲自动手为我煮粥呢？”李勣说：“我亲自为您煮粥，并不是因为没有下人可以供我使唤，而是想到姐姐年纪已经很大了，而我自己的年纪也很大了，渐渐衰老，我们的时日都是有限的。虽然想长久地为您煮粥，来尽我的一点心意，但又能有多少次呢？”

评论说：“古称孝子爱日，若英公之奉姐亦可谓爱日者矣。”什么叫“爱日”呢？就是古代的孝子都珍惜时日，知道父母年老日衰，在世间不会太长久了，就特别珍惜和父母在一起的时间。古人的这些行为就告诉我们，行善不能等，行孝不能等，行悌也不能等，要趁着父母兄弟都还健在的时候，多给予关爱。

《孝经》说：“事兄悌，故顺可移于长。”侍奉兄弟能够友悌，随顺之心就可移于对待长辈。古人接着评论说：能尽孝道的，其心和；

能修悌道的，其心顺。所以“和顺”这两个字就把孝悌的精神给说出来了，这就告诉我们，中国古人是以礼治天下，以孝悌治天下。

如今仁爱不兴，或者说五伦关系紊乱，讲仁慈博爱也都没有效果，什么原因呢？在国外，对老、弱、病、残、幼等需要帮助的人，政府会给予很多福利待遇。但是现在的某些人不仅没有感恩之心，反而还做出了很多假证据，为的是获得政府更多的资助，这些现象的原因出在哪里呢？有人引用孔子的话：“孝悌也者，其人之本与。”就把这些现象产生的原因给指出来了，仁爱不兴，都是由于不孝不悌。

如何才能修福、修慧，最好的办法就是自己要行孝道、行悌道，然后再给人家讲孝道、讲悌道。

意大利有一个《机会》杂志，想通过采访一位非常有名的人来提升杂志的品位和影响力，他们就想到了世界首富比尔·盖茨。为了去采访比尔·盖茨，他们围绕“机会”这个话题设计了三个问题让比尔·盖茨来回答，这三个问题是：您认为最不能等待的事是什么？您认为谁不会第二次前来敲门？您认为现在最需要抓住的是什么？他们认为比尔·盖茨会回答“机会”，这样他们就能大写文章，对《机会》杂志就会产生非常正面的影响。

但是他们没有想到，世界首富比尔·盖茨的答案竟然是这样的：第一，我认为天下最不能等待的事是孝顺；第二，不会第二次前来敲门的只有一件事情，那就是初恋；第三，恕我直言，最需要抓住的是行善。

这件事被报道出来之后，美国的《生活周刊》在卷首语就发表了这样一个感慨，它说：在现实社会，人们总认为最不能等待的事是机会；最不可能第二次前来敲门的是机会；最需要抓住的是机会。其实这种来自战场和商海的观念并不适合生活。

在比尔·盖茨眼中，孝不能等，行善最重要、最需要抓住。所以我们不要只羡慕他是世界首富的这个果，这个果下面一定有根，那就是《大学》里所说的“德者本也，财者末也”。

早在2008年6月21日，比尔·盖茨夫妇在接受英国BBC电视台《Newsnight》访问的时候，就表示要把自己580亿美元的财产全数捐给名下的慈善基金“比尔及梅琳达盖茨基金会”，一分一毫也不会留给他们的子女。他说：“我们决定不把财产分给我们的子女，我们希望以最能够产生正面影响的方法回馈社会。”

所以，孝悌不仅仅是古人的观念，不仅仅是中国人的观念，而且也是现代人的观念，也是西方成功人士的观念。

《孝经》也说：“先王有至德要道，以顺天下，民用和睦，上下无怨。”这个“至德要道”是什么呢？其实就是孝，就是悌。孟子也说：“亲亲而仁民，仁民而爱物。”也就是说，一个人的仁爱之心要从爱自己的父母做起，把这种仁爱之心推而广之，关爱百姓，关爱人民。然后又把爱民之心推而广之，扩大到万事万物上。这就告诉我们，要想宣扬仁慈博爱，让大家都有爱心，必须找到爱的原点；而这个爱的原点，就是孝悌。

十三、敬妻守道义

> 天堂和地狱，就在人的一念之间。这一念是指你是处处想到自己的利益，还是处处想到对方的利益。这个念头的改变能使我们将苦恼家庭和地狱家庭转为和乐家庭和天堂家庭。

《群书治要·孔子家语》说："昔三代明王之必敬妻子也，盖有道焉。妻也者，亲之主也；子也者，亲之后也，敢不敬与？"

以往夏商周三代的圣明君主，必定尊重、爱护妻子与儿女，这是有道理的。妻子是祭祀祖宗、照顾父母的主妇；儿女是祖先的后代，怎能不尊重呢？所以君主对于妻儿没有不尊重的。

从这句话中我们认识到，中国传统文化没有不敬妻子，更没有歧视妇女。

中国人讲男女有别，这个"别"字，并不是身份和地位上的差别，而是指男女在职责上有分工，那就是"男主外，女主内"。这种分工完全是根据男女的心理、生理特点来安排的。因为他们有不同的特点，所以承担着不同的责任。

特别是中国古代属于农业社会，创造经济收入、养家糊口，使家人衣食无忧，这些重大的责任主要由男子来承担。这就要求做丈夫的要有恩义、有道义、有情义，并不是自己在外面工作，接触的人很多，就可以寻花问柳、见异思迁。而妻子承担着教育儿女的责任，那就要求她自身必须有良好的德行，这样才能够言传身教，把儿女教导好。

古代的圣王一定是敬重他的妻子的，为什么？因为她要负责祭祀祖先、孝敬公婆、助夫成德、和睦妯娌、教育子女，责任无比重大，所以妻子特别受到尊重。古代的妻子连自己的名字都没有，不图名、不图利，一心一意地帮助丈夫事业成功，把家庭照顾好，让他无后顾之忧。所以丈夫对妻子怎么能够不感恩、不敬重？

如何敬重妻子？做丈夫的要有为夫之道，要做到领妻而不管妻，就是把妻子领在为人处世的大道之上，而不是事事都去管她。管人是地狱，你去管她的话她也会不服从，甚至会逆反。那怎么样领妻呢？就是你自己要走在做人的正道上，自己要立住“三刚”。男子要立住“三刚”，那就是“性刚无脾气，心刚无私欲，身刚无嗜好”。

性情刚正体现为什么？并不是说你脾气很大，脾气很大的人被称为暴夫，很软弱的人被称为懦夫。丈夫的刚正恰恰体现在他能克制自己的脾气，不随意发怒。如果丈夫的脾气不好，身边的妻子、儿女就没有安全感，就会很紧张、很有压力，从而不愿意和他相处。因为不知道什么时候，他就会因为一点芝麻大的小事而大发雷霆。

“心刚无私欲”就是不能够娶了媳妇忘了娘，偏爱妻子、儿女而薄待父母，这样就没有走在做人的大道上了。

“身刚无嗜好”，是指做男子的要修身，首先把自己的不良嗜好去掉，不抽烟、不喝酒、不赌博，更不能好色。自己修养很好，又能够创造经济收入，使家庭生活有保障，还能做到有恩义、有道义、有情义，这样的话就让妻子自然而然地佩服，愿意听从你的教导。当然这个教主要是身教胜于言教。所以做丈夫的敬重妻子，就体现在他对妻子很体贴，对妻子对这个家庭的付出非常感恩，还要让妻子有安全感、有依靠，生活得很踏实、很幸福。

什么是幸福？现在人追求幸福，因为方向、手段错误，结果愈追求离幸福愈远了。幸福不是要有很多的钱，要有很大的房子，要有很豪华的轿车，而是充满喜悦地生活。

但是现在很多人因为受到西方错误价值观的影响，有很多错误的观念在流行。譬如说，有一个电视台的一个非常吸引人的栏目请了一位女嘉宾，她说了一句话，现在成为众多女子追求幸福的目标。她说了一句什么话？她说："宁愿坐在宝马车里哭，也不愿意坐在自行车后面笑。"我们想一想，一个人都坐在宝马车里哭了，有什么幸福可言？但是她宁愿去追求一种虚荣，被人羡慕，而不愿意去追求踏踏实实的幸福。这种错误的观念使很多人虽然付出了很多、很辛苦，但是心灵却愈来愈空虚，因为他们没有找到自己想要的喜悦。

当然做丈夫的还是要很浪漫，什么叫浪漫？中国古人最懂得浪漫，说"执子之手，与子偕老"。有一个人看到一对年轻的恋人在夕阳下散步，就很羡慕，说有什么比这更美的吗？结果旁边的一个人听了之后就说，有，是老夫老妻。你看两个人恩恩爱爱，互相付出、互相感恩，结果到老的时候还能够相伴在一起，感情愈陈愈香，做丈夫的做到这些，才是一个好丈夫。

有一个公式，一加一等于几？数学上等于二。我们在现在的日常生活中看到一加一等于二的家庭已经非常少了。为什么呢？因为妻子和丈夫两个人在那里纠缠、怀疑、不信任，很多时间和精力都浪费在内耗上，所以一加一不仅不等于二，很多时候是小于二、小于一，甚至还是负数。怎么样才能做到一加一等于二，甚至大于二呢？我们要做到"夫有义，妇有德"。一个家庭，丈夫有丈夫的责任，妻子有妻子的责任，只有各正本位，各行其道，才能做到一加一等于二，甚至大于二。

《群书治要·后汉书》记载了“糟糠之妻不下堂”的故事。光武帝的姐姐湖阳公主一直守寡，在朝廷诸位大臣中，湖阳公主看中了宋弘，于是就托弟弟光武帝来为她说媒。在君臣畅饮之际，光武帝说：“我听说，一个人有了钱之后，就会换衣服、换鞋子，而一个人有了荣华富贵之后，就会换妻子。”宋弘一听，就站起身来向光武帝行礼说：“陛下，贫贱之交不可忘，糟糠之妻不下堂。”宋弘把这句话说出来，光武帝就没有办法再说下去了，而这一句话传到了朝臣耳朵之中，满朝文武吃惊的同时，也让一部分人感到羞愧。

能够和皇帝的姐姐成亲，成为皇帝的姐夫，这是多少人求之不得的一件事。但是宋弘见利思义，感觉到这件事不符合道义，即使能做皇帝的姐夫，都不愿意。

此后一直到今天，都还有“糟糠之妻不下堂”的说法。一个读书人，他立身行道，影响的不仅仅是自己一家人，而且会影响世世代代的人。

什么是真正的幸福？幸福不是建立在金钱、地位、名利、欲望的基础上，而是建立在恩义、情义、道义的基础上。幸福不是金钱堆积出来的。两个人同甘共苦、相依为命、互相关心、彼此扶持，这不就很幸福吗？

刘廷式和苏轼同朝为官，早年他和邻居家的一个女子口头订婚，后来他去读书，五年之后考中了进士，回到了家乡。但是发现这个邻居家的女子双目失明了，这个女子的家人说：“我们家的孩子已经双目失明了，不配再做你的妻子了，更何况你现在衣锦还乡，门第不相匹配，所以这一桩婚事，不如就算了吧。”但是刘廷式信守承诺，执意娶这个女子过门。他说：“我不能够违背自己的良心，我已经答应了要娶她为妻，就一定要做到。”他把这个女子娶过门之后，这个女子对他当然是感恩戴德，对他照顾得很用心，为他生了两个儿子。这两个儿子也被教育得很好，后来都考中了状元。所以，一个人有德行，他的儿女也会非常成才。

后来刘廷式到高密去做通守，通守就是太守的助手，当时的太守就是苏轼。在做通守的过程中，刘廷式的妻子得病过世了，刘廷式哭得很伤心。苏轼劝导他说：“我听说人是因为美色，才会生起情爱，因为情爱才会有厌恶或者喜欢的感觉。而你的妻子，不是一个美人，还是一个双目失明的人，有什么哀痛可言？”

刘廷式听了之后说：“我所哀痛的，只是因为我失去了一个曾经和我同甘共苦、筚路蓝缕的妻子，我并没有想到她的眼睛是失明的。如果真的如你所说，一个人因为美色，才生起情爱，因为情爱才有伤心的感觉，那么你看在大街上，挥着袖子、挥着手绢，每一天引诱挑逗你的那些红尘女子，她们都长得很美，那她们都可以做你的妻子吗？”

苏轼听了之后很惭愧，非常感佩刘廷式的德行。在中国历史上，这样见利思义、见得思义的男子非常多，可惜的是我们的电影电视剧很少把这些搬上屏幕，反而把那些后宫的钩心斗角搬上了屏幕。其实那些都是现代人的演绎，都是以现代人的心去解读古人，很多都是误导。

对于妻子来说，应该做到有德行。好的妻子，首先来自好的姑娘。所以说：姑娘是世界的源头。那些大江、大河，如果它的源头不是很清的话，再到下边也不可能很清澈，所以世界各国都把女人的影响看得非常重要。

英国思想家斯迈尔斯在《品格的力量》中谈道：“女人的影响在世界各地都是一样的，不管在哪个国家中，她们的状况都影响着这个民族的道德、行为方式和品格。哪里的女人品质恶劣，那个社会的品质也就恶劣；哪里的女人道德高尚有教养，那个社会就繁荣、就进步。”

用印光大师的话来说，就是“天下的太平与否，一大半责任都在妇女的身上”。所以如果你有一个女儿，而不是儿子的话，那你更需要重视她，要把她教导好，因为她关系到我们民族的品质。

好姑娘应该有什么样的品格呢？有人对姑娘做了这样的描述，“姑娘性如棉”，意思是姑娘的性格要像棉花一样。棉花有什么特征呢？首先，棉花非常柔和，所以作为姑娘应当非常温柔，不能非常暴烈、脾气不好，或者非常挑剔。其次，棉花非常温暖，我们把它做成棉衣，穿在身上感觉到很保暖、很温馨。再次，棉花可以纺成线，非常有耐力，所以女人也要非常有耐力。最后，棉花非常洁白，所以中国人认为一个女子要守身如玉，一定要珍爱自己、尊重自己。

那么姑娘成为妻子后，夫妻怎样相处才能够和睦呢？关于夫妻相处有一条箴言，只要守住这一条箴言，就一定可以白头偕老。这条箴言就是：“只看对方的优点，不看对方的缺点。”

一位老师在演讲时说到这条箴言，话音刚落，台下就有一位女士非常踊跃地举手发言说：“老师，我的丈夫没有优点。”这个话说出来之后，老师走到这个女士的面前，对她说：“这位女士我真的很佩服你，因为你这么有勇气、这么勇敢。你的丈夫，他一个优点都没有，你居然还敢嫁给他。”

很多人都非常健忘，结婚之前，没到下班的时候，会不停看表，觉得时间怎么过得这么慢，然后想对方喜欢吃什么菜，今天去哪一家菜馆他（她）才更欢喜；不知道对方喜欢看什么电影，我应该带他（她）看哪部电影才更能够投其所好；甚至还在想不知道对方喜欢喝哪一种咖啡，到哪一个咖啡馆才更浪漫。彼此可能处处都在想对方的需要，当人能够用心感受对方的需要的时候，就会感觉爱意浓浓，觉得非常美好。

可是当结婚证一领，彼此心态可能就完全变了，从我能为对方做些什么，变成了对方能够为我做些什么。因为心态的改变，就处处去要求对方，去苛求对方。所以幸福其实就在人的一念之间，这一念就是你是看对方的缺点，还是看对方的优点。

在生活中有四种不同的家庭：第一种叫天堂家庭，第二种离天堂家庭还差一点，叫和乐家庭，第三种叫苦恼家庭，第四种叫地狱家庭。每一个生活在地狱家庭里的人都是战战兢兢，不知道什么时候又突然吵起架来，让家人都不得安生。天堂和地狱实际上都是我们自己的选择，我们是想住在天堂，还是想住在地狱，取决于自己的态度。我相信没有任何一个人希望生活在地狱家庭，但是他可能不知道应该如何去做。那应该如何去做呢？下面我们讲一个天堂和地狱的故事，大家就知道怎么去做了。

天使对一个人说："我可以带你去看天堂和地狱，你想先去看什么呀？"这个人说："那我就先去看看地狱吧。"于是他就跟着天使来到了地狱。只见里面摆着两排长长的桌子，桌子上摆了很多菜和一些筷子，筷子都很长，有两尺左右，人坐在两边。有人说："开始！"这些人都拿起筷子夹菜，迫不及待地往自己的嘴里放。因为筷子很长，所以在夹菜的时候大家就打起架来，把菜碰得遍地都是，结果谁也没有吃到美味佳肴。

这个人看了之后，觉得地狱的景象实在是不怎么好，他说："算了算了，我还是去天堂看一看吧。"于是他又跟着天使来到了天堂。来到天堂一看，还是那样两排桌子，桌子上放的也是同样的美味佳肴，筷子还是两尺长。当有人说"开始"的时候，这些人都夹起菜往对方的嘴里放。其中有一个人，他的人缘特别好，有几个朋友同时把菜夹到他的嘴里，他都吃不了了。

天堂和地狱，就在人的一念之间，这一念是指你是处处想到自己的利益，还是处处想到对方的利益。这个念头的改变能使我们将苦恼家庭和地狱家庭转为和乐家庭和天堂家庭。

如果我们能够经常看到对方的优点，对对方的优点加以肯定，并做到《弟子规》里的“恩欲报，怨欲忘”，我们这个家庭关系一定会变得非常和睦。

十四、择贤而友之

> 权力的运用是在人与人的相互关系中展开的。对于掌握着大小权力的领导干部而言，一旦拥有了权力，有些人就把权力当成“资源”来开发。如果掌权者迷恋“资源”开发，追求权力寻租，早晚会出事。行贿的人人都是垂钓者，受贿的个个死在鱼钩上。

选择和谁交朋友的时候，要选择那些有仁德的人，这就是孔子所说的“无友不如己者”。“亲仁”非常重要，《群书治要》中有很多地方都论述到了这一点。

《荀子》中有一段话说得特别好：“夫人虽有性质美，而心辨智，必求贤师而事之，择贤友而友之。”

一个人一生道业、学业、事业能不能成就，关键在于选择什么样的老师，和什么样的人交朋友，这两个都是他道业成就的助缘。“得贤师而事之，则所闻者尧、舜、禹、汤之道也。”如果你所遇到的是真正贤明的老师并且向他学习，那你每天听到的都是尧、舜、禹、汤这些古圣先贤的道理。“得良友而友之，则所见者忠信敬让之行也。”如果你得到好的朋友，所见到的都是忠诚、信实、恭敬、礼让的品行，因为这个朋友言谈举止、待人接物所体现的就是忠信、敬让。

“身日进于仁义而不自知者，靡使然也。”你每天在仁义方面都有进步，但却不自知，这是潜移默化的结果。“今与不善人处，则所闻者欺诬诈伪也，所见者污漫、淫邪、贪利之行也。身且加于刑戮而不自知者，靡使然也。”如果结交了不善之人，所听的都是欺骗的、巧诈的、虚伪的言行，所看到的都是邪污的、卑下的、放荡的、邪曲不正的、自私自利的行为，致使自己被处罚还不知不觉，这也是潜移默化的结果。

《吕氏春秋》中有这样一个典故，说楚国有一个很会看相的人，给很多人看相都说得很准。楚庄王知道了这件事，很好奇，就把他请来问：“听说你会看相，而且看得很准，有没有这回事啊？”

这个人回答说：“我并不是很会看相，只不过是会观察人们所结交的朋友。如果我所看的人是一个布衣百姓，他所结交的朋友个个孝顺父母、尊敬兄长、淳厚善良、行为谨慎、畏惧法律，那他的家庭会一天比一天兴旺，他做人也会一天比一天安定，这样的人就被称为吉人。如果我所看的人是一个侍奉君主的大臣，他所结交的朋友都是诚实守信的、良好品行的、好做善事的，那他侍奉君主会一天比一天好，他的官职会一天比一天提升，这样的人就被称为吉臣。如果我观察的这个人是一个君主，他的朝臣都是贤德之人，左右侍奉的都是忠诚之人，君主一有过失，左右都敢犯颜直谏，指正他的过失，那这个君主的国家会一天比一天安定，他自己也一天比一天受人爱戴，天下的人也一天比一天心悦诚服，这样的人就被称为吉主。”

所以，只要观察一个人所结交的朋友，就能够判断出他的前途命运如何了。这就告诉我们，亲近有仁德的朋友，对自己的影响是非常深远的。

近年来，在一些落马贪官的忏悔书中出现频率最高的一个词就是“交友不慎”。事实一再证明，有些官员就是因为交友不慎，在人生路上付出了惨重代价，由此改变了一生的命运。

权力的运用是在人与人的相互关系中展开的。对于掌握着大小权力的领导干部而言，一旦拥有了权力，有些人就把权力当成“资源”来开发。如果掌权者迷恋“资源”开发，追求权力寻租，早晚会出事。行贿的人人都是垂钓者，受贿的个个死在鱼钩上。

正因如此，习近平总书记提醒领导干部：“现在的社会，诱惑太多，围绕权力的陷阱太多。面对纷繁的物质利益，要做到君子之交淡如水，‘官’‘商’交往要有道，相敬如宾，而不要勾肩搭背、不分彼此，要划出公私分明的界限。”所以，即使是清官，在交友方面也一定要保持清醒的头脑。

朋友的影响潜移默化、至为深远。《群书治要·墨子》记载的一则故事，说明了“近朱者赤，近墨者黑”的道理。

墨子见了染丝的人之后感叹：“洁白的丝放进青色的颜料里进行洗染就变成青色，放进黄色的颜料里进行洗染就变成黄色。如果投入的颜料变化，那么所洗染成的丝的颜色也跟着发生变化；丝放进五种不同颜色的颜料里，它就变成五种不同的颜色。所以，对于所浸染的（人、事、物），不能不谨慎啊！”

《群书治要·孔子家语》中也记载着孔子的一个典故。

孔子有一次说：“我过世之后，子夏的德行会一天比一天增进，但是子贡的德行却会一天比一天减损。”曾子就问：“夫子您为什么这么说呢，凭什么判断出来的呢？”

孔子就说：“子夏喜欢与比自己有学问、有道德的人相处；而子贡却恰恰相反，他喜欢和那些不如自己的人交往，别人称赞他有学问、有道德，他感觉就会很好。”

后面孔子又说：“不知其子，视其父；不知其人，视其友；不知其君，视其所使。”然后得出结论：“与善人居，如入芝兰之室，久而不闻其香，即与之化矣；与不善人居，如入鲍鱼之肆，久而不闻其臭，亦与之化矣，是以君子必慎其所与者焉。”

这些都告诉我们谨慎地结交朋友非常重要。一位职务犯罪人员在狱中这样告白：“一个人有什么样的朋友就有什么样的生活，有什么样的生活就有什么样的人生。人际关系、朋友交往看似小事，实为关键。好的朋友不会带你步入误区，甚至会在你迷途时当头棒喝，促你清醒；而不好的朋友从一开始就注定在坏的方面影响你，诱发你人性中罪恶的一面，使你意志消沉，甚至沦为罪犯。”

他这段迟来的忏悔，道出了人生交友的真谛。领导干部对财色名利的贪欲，一旦遇到恶友的引诱，很容易利令智昏、情令智迷，结果陷入欲望的泥沼而不能自拔，从而走上不归路。

所以亲近仁德的善友，对我们德行、道业的提升都非常有帮助。这就是《易经》里所说的“同声相应、同气相求”的道理。也就是说，志同道合的人自然会相互吸引，成为朋友。而“亲仁”，更重要的是能选择有仁德的老师，自己的一生才会少走很多弯路。

朋友应以道义、信义相交往。古人有句话说：“以利交者，利尽而交疏；以势交者，势倾而交绝；以色交者，花落而爱渝；以道交者，天荒而地老。”

现在很多人感叹交不到真心朋友，大家都以利害之心与人相处，这是为什么呢？“行有不得，反求诸己。”因为我们自己就是以利害之心与人交往的，没有用恩义、情义、道义的心与人交往，对自己的父母都不去关爱，忙于追名逐利。方以类聚，物以群分，这样的人也就结交不到真心的朋友。

朋友之间的道义突出表现就是：朋友有信，不能欺骗朋友。

汉代的张劭和范式同在太学读书，感情很好，学业结束之后，各自拜别，各回家乡。拜别时，他们约定在两年后的今天，范式要去拜访张劭。过了两年，到了约定的日子，张劭对母亲说："今天我有一个朋友范式要来拜访我，要多准备一些饭菜来招待。"母亲说："那是两年前的约定，而且我们两家相隔千里之遥，他会不会来啊？"张劭就说："我这个朋友，非常诚信，他一定会来的。"母亲看他说得这么肯定，就准备好饭菜，结果范式果然到了。

张劭和范式之间这么讲求信用，感情也会越来越深，交情也会越来越好，古人的这种诚信的故事可以说是数不胜数。

春秋战国的季札，是吴国的公子，要出使鲁国，在途中路过了徐国。徐国国君就宴请他，在吃饭的过程中，徐国国君的眼睛一直盯着季札身上的佩剑看，佩剑是出使别国的信物。

古人说："视思明，听思聪。"季札一看，就明白徐国国君的心意了，他心里想："等我完成了出使任务从鲁国返回来，路过徐国，我就把这剑赠送给徐国的国君。"打定主意后他就出使鲁国去了，在完成出使任务回来时路过徐国，才知道徐国的国君已经过世了。但是，季札仍然信守承诺，来到了徐国国君的墓前，把剑挂在他墓前的树上。

随从的人员看了觉得很奇怪，说："公子啊，这句话您没有说出来，又没有答应要把剑赠送给徐国的国君；再说，即使您答应过他，他现在都已经过世了，您又何必这样做呢？"季札回答："虽然徐国的国君过世了，但是我心已经许诺了，我不能够违背自己的心意。"最终还是坚持把剑挂在了树上。

《论语》中讲："故旧不遗，则民不偷。"君子不遗忘他的老朋友，则国民风俗就不会淡薄，若要人人都能厚道，就应该"故旧不遗"，也就是对亲戚朋友不能忘。

《礼记·檀弓》记载了这样一个故事：元壤原来是孔子的老朋友，

他学的是另一派学。元壤的母亲死了，孔子就送了他一具棺椁，元壤却跳到椁上唱歌赞叹。丧母唱歌是严重的违礼行为，孔子的弟子就劝孔子和他绝交。

但是孔子说："亲者不失为亲，故者不失其为故。"这两句话中第一句是说元壤和他母亲的关系，元壤虽然讲的是世间法以外的学问，但却不是大逆不道，他仍然对母亲有孝心，只是表达的方式不同，并没有断除对父母的孝心。第二句则是说孔子与元壤的关系，他既然没有断除孝心，所以我也不能割断与他的故旧友谊，仍与元壤全交，老朋友依旧是老朋友。

学者，特别是学圣贤之道的人，必须学圣人那样不遗故旧，才能够让社会风气变得淳厚。特别是当领袖的能够对故旧不忘，百姓也就渐渐厚道。

2012年2月，时任中国国家副主席的习近平到美国访问，特意前往艾奥瓦州的马斯卡廷小镇，访问27年前接待过他的一些老朋友，和他们进行茶叙。结果这一次访问被赞为"最富有人情味的亮点"，也是习近平同志访美人文交流的点睛之笔。

作为国家领导人，习近平同志在百忙之中还不忘记27年前接待过他的美国老友——一般的平民，这样的做法为大家做出了一个榜样，即《论语》里所说的"不忘故旧"。所以我们学着孝敬父母，对朋友厚道有加，大家就会跟着学习而转变。

贫贱之交不可忘。《诗经·小雅》中有一首诗叫《伐木》。这一首诗主要是讲对朋友故交应该重视，不要把朋友故交给忘记了。

《伐木》是宴请朋友故旧之诗，自天子以下到平民百姓，没有不需要借助朋友之力，而能成就功业的。如果君主能够热爱亲人、保持家庭和睦，友爱贤者不忘故旧，老百姓也会效仿他的品德，社会风气就会自然回归于淳厚了。下面我们看这一首诗：

“伐木丁丁，鸟鸣嘤嘤，出自幽谷，迁于乔木。

嘤其鸣矣，求其友声，相彼鸟矣，犹求友声。

矧伊人矣，不求友生？神之听之，终和且平。”

意思就是说，当年在山里，我们一起伐木的时候共过患难，还能够听到嘤嘤的鸟鸣之声。后来小鸟偶尔从深谷中飞出，迁居于山顶高大的树木。高居的小鸟，依旧嘤嘤而鸣，不停地呼唤着幽谷内昔日的友人。小鸟都知道不忘故旧，何况是那位君子，怎么会不寻求旧友呢？

这首诗告诉我们，即使是一只小鸟，尚且知道聚集在高大的树木上不忘记呼叫朋友，更何况是人呢？怎么能够不求志同道合的朋友来和自己共同成就事业呢？这也告诉我们：即使君子身居高位，但是也不能够忘记故旧和朋友。

《小雅》中还有一首关于朋友的诗，叫《谷风》。《谷风》是当时讽喻周幽王的诗，因为当时天下风俗变得越来越薄，朋友之间的恩义已经荡然无存，所以作者写了这首诗来讽喻周幽王。这首诗是这样写的：“将恐将惧，维予与女。将安将乐，女转弃予。忘我大德，思我小怨。”意思是，当年你遭遇厄难，唯有我与你同行；如今你处境安乐，便全然抛弃了故人。人哪！你怎么可以因为一点点小怨，全忘了我当初对你的深恩！

从这些诗句之中，我们就可以体会到，诗歌确实有移风易俗的功能。

守公德

大道之行也，天下为公，选贤与能，讲信修睦。故人不独亲其亲，不独子其子，使老有所终，壮有所用，幼有所长，矜、寡、孤、独、废疾者皆有所养，男有分，女有归。货恶其弃于地也，不必藏于己；力恶其不古人云，治天下也，必先公，公则天下平矣。只此一点存心处，善恶悬绝，君子小人判然可别。所谓公，即时时处处存有一颗为天下国家之心，像天无私覆、地无私载一样，不杂一毫私情，廓然大公。能做到这样，必然言为世则，行为世范，皆与圣人同是非，而不与世俗同取舍。待人接物，外思孝亲尊师，教道施于百姓，而不求一己之适。内则仁民爱物，尚德止戈，使百姓安居乐业。《礼记》中说“大道之行也，天下为公”。合爱合敬，而安一世之人，自然慎终追远民德归厚矣。

一、乐者天地之和

乐之所以具有平衡人的内在情感、促进社会和谐的功能，是因为乐源于天地自然的和谐与秩序。

党的十七届六中全会审议通过的《中共中央关于深化文化体制改革、推动社会主义文化大发展大繁荣若干重大问题的决定》提出要搞文化大发展、大繁荣，于是电影、电视就把地方的歌舞搬上了银幕，有的地方还成立了摄影的社团、绘画的兴趣小组，以为这样就是搞文化建设了。

文化的核心是什么？是道德，是能唤起人的“孝悌忠信、礼义廉耻”的心。

《论语》讲：“礼云礼云，玉帛云乎哉？乐云乐云，钟鼓云乎哉？”意思是，礼啊！礼啊！难道就是呈献玉帛这个仪式吗？乐啊！乐啊！难道就是敲钟打鼓吗？

在我们传统文化的论坛上，有一位老师专门讲了一堂课，题目叫《移风易俗，莫善于乐》。相信听过这一堂课的人，都能够切实感受到音乐的教化力量。

我们应该流行什么样的音乐呢？

有的企业把这些德音雅乐放在企业之中，如青岛的一个企业，工人在厂房里劳作的时候，都放着《推动摇篮的手》《跪羊图》《妻子你辛苦了》《丈夫你辛苦了》，就使得这些员工在工作的时候也知道要感恩父母，自己的工作是为了让父母放心。这样的话，一种平和的气氛也就产生了。

但是，现在社会普遍流行的却是古人所谓的靡靡之音，像我们现在流行的歌曲都是“对面的女孩看过来、看过来、看过来……上看、下看、左看、右看”，孩子把心思都放在异性身上，他的心思怎么可能放在学业上呢？我们也看到一些小小年纪的孩子，就唱那些“给我一杯忘情水”。还有一些孩子喜欢摇滚乐，骨骼、身体都没有发育完全，就随着音乐疯狂扭动身体，对身体健康、对心性的培养都造成了严重的损害。

作为领导者，如果喜欢听这种靡靡之音，就会使人意志消沉，萎靡不振，沉溺于享乐，而不务正业。正业应是如何把人民教导好，如何把政事处理好，使社会安定和谐，不要有那么多上访的人。但是因为自己喜欢这些靡靡之音，经常去KTV等娱乐场所，最后怎么样？没有把时间精力放在政事上，最后导致人民怨声载道。

《吕氏春秋》对乱世的音乐做了这样的描述：“乱世之乐，为木革之声则若雷，为金石之声则若霆，为丝竹歌舞之声则若噪。以此骇心气，动耳目，摇荡生，则可矣。以此为乐，则不乐。故乐愈侈，而民愈郁，国愈乱，主愈卑，则亦失乐之情矣。”

这一段话，对我们来说是一个重大提醒。《论语》有：“恶郑声之乱雅乐也。”郑声，就是郑国的音乐，也就是“淫声之哀者”。雅乐，就是先王的雅正之乐，中正和平，能够调和性情，与人的本性相应。郑国的音乐淫哀，容易感动人，使人心妄动，但是不得性情之正。当时有很多人都喜欢郑声，不知雅乐，结果以淫乱雅。

《礼记》强调："先王之制礼乐，非以极口腹耳目之欲，将以教民平好恶而反人道之正。"古代的圣王制礼作乐，并不是为了满足人们口腹耳目的欲望，而是教导人们培养出正确的好恶之心，回归做人的正道。乐的作用在于和，使人形成"和"的性情，使社会有一种"和"的气氛，所以它能够移风易俗。

儒家非常重视音乐对人心的影响，主张音乐应该有益于人的教化。认为以道为主导的音乐，有益于人心性的提升；而以满足感官刺激作为主导的音乐，则将社会导向混乱。

所以《乐记》里说："君子乐得其道，小人乐得其欲。以道制欲，则乐而不乱；以欲忘道，则惑而不乐。"在中国古人看来，音和乐是有所不同的。低层次的音，它是悖逆天道中庸的原则，对人性的宣泄毫无节制，会引导人走向颓废或者暴戾的极端，最终毁灭人性，这也被称为亡国之音。

而高层次的乐是天道的体现，使人在享受音乐的同时，受到道德的熏陶，涵养心性，是入德之门。换句话说，只有符合道的音才被称为乐。所以《乐记》中说："知音而不知乐者，众庶是也。唯君子为能知乐。"

《礼记》中就记载了魏文侯与子夏的一段对话，这段对话向我们说明了音和乐的区别。

魏文侯问子夏："我正襟危坐，穿着端服、戴着礼帽来听古乐，却昏昏欲睡，唯恐要睡着，但是当我听郑卫之音的时候就不知疲倦。"

春秋的时候，就有了古乐和新乐之分。所谓的古乐，就是指自黄帝、尧舜以来，圣贤相传的雅乐，譬如舜的《韶》、禹的《夏》等，节奏缓慢庄重，富有寓意。而新乐则是指当时人所做的淫声乐曲，如郑卫之音，恣意放荡。

子夏回答："古乐齐退齐进、整齐划一、乐声和谐、平正宽广，弦匏笙簧等乐器应之以节，以鼓表示开始，以金铙来结束。君子通过乐舞可以互相交流心得，谈古论今，述说的无非是修身、齐家、治国、平天下的道理，这正是演奏古乐的意义。而新乐的乐舞进退都弯腰屈体、参差不齐、奸邪之声泛滥，使人沉溺而不能自拔。并且不时有倡优侏儒侧身其间，男女混杂，尊卑不分，犹如一群猕猴相聚。乐终之后也没有什么获益，更不能联系历史事实给人以启发，这就是演奏新乐的后果。现在您所问的是乐，而所喜好的却是音。乐和音虽然相近，其实不相同。"

魏文侯就说："那请问音和乐到底有什么不同？"

子夏回答："古时天地和顺，四季有常，民有道德，五谷丰盛，疾病不生，又没有凶兆，都恰到好处，这称为'大当'。然后圣人出现了，确定了父子君臣的名分纲纪；纲纪一确立，天下才真正安定了；天下安定之后，端正六律，调和五声，用乐器为歌曲伴奏，用诗歌来表示颂扬，这就是德音。德音才能称为乐。而现在您所喜好的是滥无节制的溺音。譬如郑国的音乐，音调滥无节制，使人心志放荡；宋国的音乐过于安逸，使人心志沉溺；卫国的音乐急促快速，使人心志烦乱；齐国的音乐狂傲邪僻，使人心志骄逸。这四种音乐是'淫于色而害于德'，都是过分地放纵情欲，有害于人培养美德，不能称之为乐。所以，祭祀的时候也不能用它们。"

最后，子夏还提醒魏文侯，说："作为国君，一定要谨慎选择自己的好恶。因为国君喜好什么，臣下就会做什么；上层干什么，百姓就会跟着干什么。《诗经》说'诱民孔易'，其实就是指上行下效，国君喜欢什么，就会带动整个社会兴起这个风气。”

《乐记》中说：“乐者，天地之和也。”乐之所以具有平衡人的内在情感、促进社会和谐的功能，是因为乐源于天地自然的和谐与秩序。所以真正伟大的音乐能够成功地模拟自然的和谐，在人民中间建立起一种平和的气氛，只有这样的音乐才是有意义的、可取的。

“是故乐在宗庙之中，君臣上下同听之，则莫不和敬；在族长乡里之中，长幼同听之，则莫不和顺；在闺门之内，父子兄弟同听之，则莫不和亲。故乐者，所以合和父子君臣，附亲万民，是先王立乐之方也。”所以，音乐是为了和谐父子君臣之间的关系，而使万民归附亲顺的，这才是古代圣王立乐的宗旨所在。

那么古人是以什么样的标准来判定音乐的好坏？是不是出于个人喜好？

我们知道，古人认为人性都是平和的。好的音乐一定是与本性相符，对于明明德有帮助。所以《礼记·乐记》中讲到，人性原本是平和安静的，但是由于受到外部世界的影响，就起了种种贪欲之心，当这些欲望没有得到很好的控制，以及人的觉心（觉悟的心）被物质世界所扰乱的时候，就丧失了自我，被欲望所淹没，从这里就滋生了叛乱、违抗、狡黠、欺骗及普遍的不道德。因此才出现了以强凌弱、以众欺寡、弱肉强食，鳏寡孤独、老弱病残无所养的局面，这就是乱世的表现。

由于音乐是源于心灵的内在运动，因此也能够渗透到心灵的最深处。好的音乐就是那种能够引发人进行心灵内在反省的音乐，是那种让人心平气和的音乐。

所以《乐记》说：“乐也者，圣人之所乐也。而可以善民心，其感人深，其移风易俗，故先王着其教焉。”音乐是圣人所乐的，不是一般的人为了寻求感官刺激所乐的。它可以使民心向善、感人至深，起到移风易俗的作用，所以古圣先王特别重视音乐的教化。这就告诉我们，音乐教育是培养和改变人的道德质量、维护社会和谐最有效的途径。

关于音乐对心灵潜移默化的教育意义，古今中外许多思想家都有深刻的认识。

孔子在《论语》中提出："兴于诗，立于礼，成于乐。"认为乐对于平衡人的内在情感和外在行为，达到社会和谐至关重要。

古希腊的著名思想家毕达哥拉斯提出教育的目的，就是灌输一种对和谐的爱。我们可以通过欣赏音乐的美，而成为和谐的人。音乐不仅仅是娱乐，在教育中，音乐是被用来传授道德的，它可以控制品格中欲望的和富于侵略性的部分。所以毕达哥拉斯还通过音乐教育来塑造弟子们的品格。他相信，人的实际追求，是通过对感官的反复灌输而形成的。也就是说，我们在生活中追求什么，通常是因为我们经常接触什么。比如，我们的耳朵经常听什么，眼睛经常看什么，耳濡目染，习惯成自然，最后就成为我们的追求。

毕达哥拉斯是古希腊第一个通过韵律和曲调的形式建立音乐教育的人，说明人们改正坏的品格和达到对激情的控制，以恢复人心原初的和谐状态是可以通过音乐达成的。从这些曲调中，他还设计了检查和治疗各种身心疾病的方法。更令人惊奇的是，他运用神的启示而设计出来的曲调，很容易地改变并控制了弟子中出现的各种精神上的激情和欲望，如沉溺在痛苦中的愤怒，还有遗憾、嫉妒、创伤的恐惧、各种形式的欲望和侵犯性、食欲不振及松弛懒惰和狂热等。

通过适合的音乐，就像通过精心调制的草药，把受困扰的人恢复为拥有和谐美德的人。在史书中就有记载，毕达哥拉斯曾经对着一个醉汉吹奏不同的曲调，制止了他的疯狂行为，恢复了他清醒的头脑。这说明音乐能通过节奏和乐调，进入人心灵的最深处。所以一个孩童从小就受到好的教育，节奏与和谐在他的心灵深处就牢牢地生了根，他自然就会变得温文尔雅；如果受了坏的音乐教育，结果就恰恰相反。

柏拉图也说："一个真正受过音乐教育的人，在他的心里会有一种内在的精神状态的美。表现在有形的体态举止上，会有一种与之相应的调和的美。在社会交往中，由于心灵的统一作用，他对于同道必然会气味相投，一见如故。"这就是我们所说的"同声相应、同气相求"。

"而对于浑身不和谐的人，他避之唯恐不及。而正确的爱就是对于美的、有秩序的事物的一种有节制的、和谐的爱，这与纵情任性截然不同。而音乐教育的最后目的就是达到对这种美的爱。通过音乐教育，可以使人的心灵成长得既美且善。"所以好的音乐可以在人的内心培养起和敬的态度，这才是音乐教育的根本，而这种和敬的态度一旦养成，人的行为也自然会表现出仁义礼智信。

我们看到在党的十八大之后，习近平总书记特别倡导学习传统文化，而且带头听京剧。

京剧和现在的流行歌曲相比有什么不同？京剧对于陶冶人的性情，培养人的浩然正气特别有帮助。所以你看学京剧的小孩，都非常稳重、落落大方，不像那些喜欢唱流行歌曲的，特别是喜欢摇滚乐的孩子，一直蹦蹦跳跳的。

戏曲里的内容都是宣讲五伦八德的道理，倡导父子有亲、君臣有义、夫妇有别、长幼有序、朋友有信。所以虽然古代的妇女没有读多少圣贤书，但是她们做人懂得忠孝节义，懂得孝敬公婆，懂得对丈夫有恩义、有道义、有情义，她有贞操观念。这是什么原因？都是因为受了这些民间戏剧、民间艺术的影响。

所以"移风易俗，莫善于乐"，对于社会风气的倡导，音乐确实起到了至关重要的作用。

二、民惟邦本

贤德之人的可贵之处，就是教导君主要经常对百姓施以恩惠，不要过分地役使民众。这都是从根本上教导君主国泰民安的道理，而非技巧和枝节上的指导。

人民是国家的根本，根本稳固了，国家才能够安宁。要想治理好一个国家，深得老百姓的拥护，领导干部必须安民、爱民。

人民是一切政事的根本，所以贾谊在政论书《贾子》中说："于政也，民无不为本也。国以为本，君以为本，吏以为本。"《尚书》中有："民惟邦本，本固邦宁。"《孟子》中也有这样一句话："民为贵，社稷次之，君为轻。"《管子》则指出："人主能安其民，则民事其主，如事其父母。故主有忧则忧之，有难则死之。人主视民如土，则民不为用。主有忧则不忧，有难则不死。故曰：莫乐之则莫哀之，莫生之则莫死之。"

《说苑》中记载着这样一个故事。齐宣王来到社山打猎，老百姓听说了，都赶过来慰劳他。齐宣王很高兴，赐令百姓父老，可以免收租税。百姓们就很欢喜，纷纷拜谢，只有一位老人家闾丘先生没有拜谢。齐宣王看了之后说："可能我的封赏不够丰厚，大家嫌我封赐得太少，那就再赐令百姓父老不用去服徭役。”大家听了更加欢喜，又纷纷拜谢大王的恩典，但是闾丘先生还是没有拜谢。齐宣王就问他：“先生是不是觉得我有什么过失，所以两次都没有拜谢？”闾丘先生说：“我听说大王到此游猎，所以特地来拜见大王，希望从大王那里得到长寿，希望从大王那里得到富裕，还希望从大王那里得到尊贵。”齐宣王一听这话，觉得这个老人家太贪心了，就对他说：“人的生死都是有定数的，天道会定时夺去人的寿命，我没有办法让你长寿。虽然我们的仓廪府库很充实，但那是用来防备不时之需的，也没有办法让你富裕。我们大的官职没有缺额，小的官位又太卑贱，所以也没有办法让你尊贵。”闾丘先生说：“我希望您能够选拔那些有美德的人来做官吏，让他的法度、制度公平合理，这样我就可以稍微得到长寿了。赈济百姓要适时，不要有事没事随便烦扰百姓，这样我就可以少许地得到富裕了。希望您发布一个命令，命令年少的人尊敬年老的人，广布教化，兴起孝悌之风，这样作为老者的我就可以稍微地得到尊贵了。”最后，闾丘先生又说：“如果您让我们不交田租，也不去服徭役，那么仓廪必然会空虚，国家也没有可指使的人了，这本来就不是我所希望的。”

这位闾丘先生虽然是一介布衣，但是他考虑得很深远，不是只看到眼前的蝇头小利，而是从国家的前途来考虑。这个故事告诉我们，真正的爱民如子，就应该选择委任那些德才兼备的人才来做官，如此百姓才能够得到长寿、富裕和尊贵。

古代君王非常重视选任德才兼备的人来辅佐自己，这对国家的长治久安非常重要。《新序》中就记载着这样一个典故。有一个官员有事来请示齐桓公，齐桓公对他说：“把这件事禀告仲父就可以了。”后来又有一个官员来请示，齐桓公还是说：“把这件事告诉仲父就可以了。”如此三番五次，凡是有人来向他请示，他都让人家去请示仲父。旁边的一个人看了之后就说："一则告仲父，二则告仲父，易哉为君！"齐桓公说："我在得到仲父之前确实感觉治国很难，但是得到了管仲的辅佐之后，我干什么不很容易呢？故王者劳于求贤，逸于得人。舜举众贤在位，垂衣裳恭己无为，而天下治。汤文用伊、吕，成王用周、邵，刑措不用，用众贤也。"这是因为贤德的人兴起了教化之风、德才兼备的人能够被重用而产生的效果，所以领导者能够尊重贤者，自己就可以做到垂拱而治。

为什么求贤不容易？因为贤德的人没有私心，出来做官、做事绝对不是为了自己的私利，而是看领导者有无诚敬之心，辅佐这样的人能否使自己的学说得以推广，使天下得以治理。

在齐桓公刚刚任用管仲治国的时候，管仲说："贱不能临贵。"于是齐桓公就拜他为上卿，但国家还是没有得到治理。齐桓公就问："我已经拜你为上卿了，可是国家还得不到治理，这是什么原因呢？"管仲回答说："贫不能使富。"齐桓公听了，就把齐国一年的税收都赐给管仲，然而国家还是得不到治理。齐桓公又去问原因，管仲回答说："疏不能制亲。"于是齐桓公就把管仲立为"仲父"，尊之如父，又给他很好的待遇，最后，齐国大安，齐桓公也称霸天下。

孔子听到这件事，做了这样一句评论："管仲之贤，不得此三权者，亦不能使其君南面而霸矣。"所以，古人经常感叹："世之千里马常有，而伯乐不常有。"

《孔子家语》中有一句话，唐太宗经常引以为鉴，就是："夫君者，舟也；庶人者，水也。水可载舟，亦可以覆舟。"唐太宗之所以能够创下"贞观之治"，是因为不仅自己经常听这样的劝谏，还经常用这样的话教导太子。

《晏子》中记载着这样一个典故。齐景公到麦丘去游猎，见到一个当地人，就问他：“您高寿啊？”这个人回答说：“我已经八十五岁了。”齐景公听了之后说：“真是长寿！给我说一句祝福的话吧！”这个人就说：“祝君长寿，祝您的寿命比国家还长！”齐景公听了说：“很好！再说一句祝福的话吧！”这个人说：“祝君主的后代子孙都长寿，都像我这么年长！”齐景公又说：“说得很好！再说一句祝福的话吧！”结果这个人就说：“使君无得罪于民。”齐景公听了之后就有点奇怪了，他说：“确实有下民得罪于君主的，这是可能的。怎么还有国君得罪于百姓的呢？”晏子在旁边听到了，就不失时机地说：“国君您说错了，请问像夏桀王、商纣王这样的暴君，是君主诛杀了人民，还是人民诛杀了君主？”这一句话说得很契合时机，齐景公一听就说：“寡人过矣。”并把麦丘赐给了这位年长之人作为食邑。

周文王、周武王、齐桓公、齐景公，他们对于贤才，不仅非常尊重，委以重任，而且还非常愿意听他们的劝告。这些贤德之人的可贵之处，就是教导君主要经常对百姓施以恩惠，不要过分地役使民众。这都是从根本上教导君主国泰民安的道理，而非技巧和枝节上的指导。

《贾子》中有这样一句话：“自古而至于今，与民为仇者，有迟有速，而民必胜之矣。”这是从另一个角度告诉我们为什么人民是国家的根本、君王的根本。在历史上就有很多这样的例子。比如，《汉书》记载，在周初的时候，大概有一千八百个诸侯国，也就有一千八百个诸侯国的国君，他们役使民众非常轻微，每一年百姓服徭役不超过三日，国君有很多的财富用不尽，国库还很充实。但是秦始皇统一以后，他让这一千八百国的人民来奉养自己，人民筋疲力尽还服不完劳役，财富用尽了还供不上他的需求。为了供养秦始皇一个人，天下的人都很辛苦，可还是不能令他满足。疲劳的人得不到休息，饥寒交迫的人没有衣服穿、没有食物吃，无辜被判死刑的人没有地方去上告。人人与他结怨，家家与他结仇，所以天下就这样败坏了。然而，秦始皇居于灭绝之境却不自知，因为“天下莫敢告也”。天下人为什么不敢告诉他实情呢？因为他没有养老的恩义，没有辅佐的臣子，没有敢犯颜直谏的士人。他骄纵恣意地实行诛杀，贬退了提出批评的人，杀戮了犯颜直谏的人。臣子们吓得战战兢兢，苟且地投其所好以求能够容身，比喻他德行的时候，就说比尧、舜还贤明；称赞他功劳的时候，就说超过了汤、武。这个典故告诉领导干部，重视人民，必须让人民说话，要能够使下情上达。

中国古人很重视听取人民的劝谏。《潜夫论》讲：“故治国之道，劝之使谏，宣之使言，然后君明察而治情通矣。”治国的道理是要劝导臣下能够犯颜直谏，使人民都能够广开言路，君主就能够明察秋毫，下情就能够上达。

《管子》记载，齐桓公有一次向管仲请教，他说：“我想拥有天下而不失去天下，想得到权力而不亡失，怎样才能做到这一点呢？”管仲回答：“不要忙于首创，不要忙于作新，而要随着时节因缘的成熟自然地把事情促成。不要以自己私人的好恶损害了法律的公正，你要认真地考察人民所厌恶的，从而引以为戒。”“黄帝立明台之议，尧有衢室之问，舜有告善之旌，禹立谏鼓于朝，汤有总街之庭，以观民诽也。此古圣帝明王所以有而勿失、得而勿忘者也。”在这里，管子劝谏齐桓公效仿古圣先贤，主动听取民众的批评，这样才能够知道自己的得失，保持天下不失。

《汉书》说：“古者圣王之制，史在前书过失，工诵箴谏，庶人谤于道，商旅议于市，然后君得闻其过失也。”古代圣王的制度，由史官在前面记载君主的过失，“左史记言，右史记事”，就是把皇帝、君主的言行、事迹都一一记载下来。乐工要诵读规劝的谏言，平民百姓在道路上可以批评时政的得失，做生意的人在市场上可以随意议论朝政。这样国君才能够听到自己的过失，重要的是能够改过。见到正义的、符合道义的就应该听从，这样才能够永久地保持天下。

相反，“折直士之节，结谏臣之舌。群臣皆知其非，然不敢争，天下以言为戒，最国家之大患也”。让正直之人的气节受挫，把可以犯颜直谏的臣子的嘴给封住，群臣都知道这个君主做错了，但是不敢谏诤，天下以犯颜直谏为恐惧，这是国家最值得忧患的大事。

要让民众说话，要让他们表达自己的意愿，而且从他们表达的意愿之中，为政者要看到自己的得失。历史上，有很多贤明的君主都是主动去求取百姓的意见。例如，《新序》中记载，齐桓公去见一个叫稷的平民百姓，结果他一天跑了三次都没有见到稷。跟从的人就说：“作为一国之尊、万乘之主，见一个平头百姓，一天来了三次都见不到，那就应该就此作罢，不要再去了吧！”齐桓公就告诉他：“你说得不对。有德行的士大夫、读书人轻视爵禄，因此他也会轻视他的君主，而那些不想称霸天下的君主会轻视有德行的士大夫、读书人。纵然这位先生轻视爵禄，可是我怎么敢轻视称霸天下呢？”齐桓公一连去了五次才见到了稷。其他人听到这件事就说：“齐桓公对于布衣之士都能够如此尊敬，那对于一般的诸侯国君肯定会更加尊重。”所以这些人都纷纷来朝拜。这个故事告诉我们，历史上贤明的君主不仅要让百姓说话、宣泄自己的意愿，而且还主动去求取谏言、了解民情，这样才能够使民情上达。

《后汉书》中记载着杨震的一段话：“臣闻尧舜之世，谏鼓谤木，立之于朝；殷周哲王，小人怨詈，则洗目改听。所以达聪明，开不讳，博采负薪，尽极下情也。”在尧、舜时期，进谏的鼓、可以批评的木牌都立在朝门之外，让人们随时可以进谏。周朝和殷朝的圣哲君王，对百姓的怨言甚至责备都是洗耳恭听，这样才能使自己耳聪目明。开放言路，无所忌讳，甚至要去征求那些砍柴的平民百姓的意见，使下情上达。这个论述告诉我们，古人十分重视采纳民众的意见，并根据民众的意见来判断时政的得失，以此来改善政治。

《群书治要·孙卿子》，也就是《荀子》中，有这样一段话："有社稷而不能爱民、不能利民，而求民之亲爱己，不可得也；民不亲不爱，而求其为己用、为己死，不可得也；民不为己用、不为己死，而求兵之劲、城之固，不可得也；兵不劲、城不固，而求敌之不至，不可得也；敌至而求无危削、不灭亡，不可得也。故人主欲强固安乐，则莫若反之民；欲附下一民，则莫若反之政；欲修政美国，则莫若求其人。故君人者，爱民而安，好士而荣，两者无一焉而亡也。"

这一段话论述的逻辑很清晰，最后得出的结论就是，领导干部一定要"爱民而安，好士而荣"。

三、仁者爱民

有尊位的人，德行不可以浅薄；官阶高的人，管理不可以琐碎；辖地广阔的人，制度不可以偏狭；管理很多人口的人，法律不能够严苛。

天是万物的保护伞，君主是万民的保护伞。凡是有生命的东西如果不被雨露所润泽，天就认为有负万物；一国的人民如果不能够沾濡到君主的恩泽，那么做君主的也以此为羞耻。这就告诉我们，天子之所以称为天子，就是因为他顺着天道而行事，他作为人民的父母才能够名副其实。所以，爱民是君主应尽的本分。

《群书治要·汉书（二）》有这样一句话："《洪范》曰：'天子作民父母，为天下王。'圣人取类以正名，而谓君为父母，明仁爱德让，王道之本也。"天子是人民的父母，所以才称王天下。圣人通过比喻的方式来正名，所以把君喻为父母，显明仁爱德让才是治理天下的根本。

《群书治要·典语》也说："王者所以称天子者，以其号令政治，法天而行故也。"君王之所以被称为天子，就是因为他办理政事是遵循天道而行的。天道都是好生而恶杀，天都有仁爱之心。所以《群书治要·政要论》说，古代治理国家是“失道而后德，失德而后仁，失仁而后义，失义而后礼”。在三皇时期，也就是在伏羲、神农、黄帝的时候，他们是以“道”治天下，达到了无为而治。到了尧、舜的时候，“失道而后德”，他们是以“德”来治天下。

《说苑》记载：“尧存心于天下，加志于穷民，痛万姓之罹罪，忧众生之不遂也。”尧帝念念存心于天下的百姓，心里记挂着这些穷苦的人民，对于百姓的苦难、罪过都感到哀痛，也对众生不能顺利生长感到忧虑。如果有一个百姓挨饿，尧就说是自己让他挨饿的；有一个人受寒，尧就说是自己让他受冻的；有一个人犯罪，尧就说是自己的过失使他犯罪的。尧仁德昭著，道义树立起来了，德行广博，教化也很广泛。他不用去赏赐，人民自然勉力行善；不用刑罚，人民自然得到治理。“先恕而后教，是尧道也”，先宽恕百姓，以这种仁恕之心待民，然后再去教导百姓，这是尧的治国之道。

到了夏、商、周时期，“德”也没有了，他们以“仁”来治天下，以爱民如子的心来管理百姓。《六韬》中记载，周文王向姜太公请教治国之道。太公回答说“爱民”，并做了形象的比喻：“善为国者，御民如父母之爱子、如兄之慈弟也。见之饥寒，则为之哀。见之劳苦，则为之悲。”善于治理国家的人，他统御人民就像父母慈爱自己的子女一样，就像兄长慈爱自己的弟弟一样。见到他们饥寒交迫，就为他们感觉到哀伤。见到他们劳苦奔波，会为他们感觉到悲愁。

周文王的仁爱之心，不仅是施及百姓，而且还施及枯骨。《新序》记载，有一次，周文王建造灵台，要挖个池沼，但在挖地的时候却挖到了一具死人的骨头。有关的官吏就把这件事报告给周文王，周文王命令他改葬。官吏说：“这是一具无主之骨。”周文王说：“有天下者，天下之主也；有一国者，一国之主也。寡人固其主，又安求主？”我就是他的主人，又到哪里去求他的主人呢？所以就命令官吏给他更衣、置办棺木，把他改葬了。天下的人听到这一件事，都说周文王真是太贤德了，他的恩泽都能够泽及朽骨，又何况对人呢？人们评论说，有的人是以金银财富为宝，他得了这些宝就使国家危险了。周文王得到了朽骨而表明了他仁爱的心意，结果天下的人都纷纷地归心。

到了春秋战国时期，“仁”也是越来越少了，那些称霸的人则是以“义”来治天下的。

《新序》里记载着“臧孙行猛政”的故事。臧孙这个人施行很严苛的政治，受到子贡的批评。臧孙就把子贡召过来向他请教：“我没有奉公守法吗？”子贡回答说：“你是守法的。”他说：“我不廉洁吗？”子贡说：“你也很廉洁。”臧孙说：“我没有执政能力吗？不能够办事吗？”子贡说：“你也很能办事。”臧孙就说：“这三者我都唯恐自己做不到，那么既然这三者我都能做到，为什么你还批评我呢？”子贡说：“你虽然守法，但是好以法来损害人；你虽然很廉洁，但是因为廉洁而很骄慢；你虽然有执政能力，但是以此就欺凌属下。”

子贡接着说，为政就像调琴瑟一样，如果大弦上得太紧，小弦就会崩断。所以，有尊位的人，德行不可以浅薄；官阶高的人，管理不可以琐碎；辖地广阔的人，制度不可以偏狭；管理很多人口的人，法律不能够严苛。这是自然的法则，“罚得则奸邪止矣，赏得则下欢悦矣”。如果你的刑罚得当，那么邪曲不正、作奸犯科的事就能够制止。如果你的奖赏得当，那么属下都应该欢心喜悦地拥护你。但是，现在却不是这样。

子贡又说，你没有听说过子产是怎么治国的吗？子产治国的时候，用仁爱礼义来教导人们，役使人民从不违道，所以政事非常宽松。对于奖赏的多少，难以确定时就宁可从重；对于惩罚的轻重，难以判定时则宁可从轻。因为实行了这样宽松的政治，子产治理郑国七年之后，社会风俗非常和平，自然灾害都没有，国家也没有需要用刑处罚的人，监狱都空虚了。子产过世的时候，这个国家的百姓听说了都痛哭流涕，非常哀伤。百姓说："子产已经死了，我们还怎么能过上安稳的生活？如果能够使子产重新活过来，用我们家任何人的生命去换取子产的生命，我都愿意。"子产活着的时候，被人们爱戴。他死了的时候，人们都为他感到悲伤，做官的人在朝廷里哭泣，商人在市场上哭泣，农民在原野上哭泣，姑娘在她自己的内室里哭泣，琴瑟声音也都听不到了，大夫的佩玦不戴了，妇人把她的簪子、耳饰也都摘下来了，人们在大街小巷痛哭流涕，这就是他行了仁恕之道的缘故。

而你现在是什么样的呢？听说你有病了，人民都非常欢喜，互相祝贺，说："臧孙病了，最好他能够死去。"你的病刚刚有一些好转，人民都非常恐惧，说："臧孙的病又痊愈了，我的命运太不幸了，为什么臧孙没有死呢？"所以你看，你病了的时候，人们都非常欢喜，互相祝贺。你生活在这个世间，人们都以你为恐惧。你害人的心可见有多么深了！你这样办理政治，怎么还能够不遭受批评呢？臧孙还是明理的，他听到子贡的劝谏很合理，就主动把位置让出来了。

这个故事告诉我们，虽然你赏罚分明，也很廉洁，但是对人民过于苛刻，人民也不会感恩戴德，而且还会怨声载道。所以，子贡说了这样一句话："盖德厚者报美，怨大者祸深。"德行深厚的人，回报给他的也很丰美。与人结怨太深的人，自己也有灾祸。所以说，最大的德行莫过于"仁"，最大的祸害莫过于刻薄、苛刻。这就告诉我们，为政要宽和、仁恕，而不能过于苛刻。

春秋战国时期，以"义"来治理国家，能够循理而治。《晏子》记载，齐景公在位的时候，有一年大雪下了三天都没有见晴。齐景公披着“狐白之裘”，坐在堂上。晏子来进谏，站了一会儿，齐景公就说：“真奇怪，雪下三天了也不觉得寒冷。”晏子听了之后说：“天气真的不寒冷吗？”被晏子这么一问，齐景公就有点不好意思了。晏子说道：“我听说古代的贤君，自己吃饱时便想到还有百姓在挨饿，自己穿暖时便想到还有百姓在受冻，自己很安逸时便想到百姓的劳苦。可惜您现在却感觉不到啊。”齐景公说：“善！寡人闻命矣。”齐景公很难得，他一听晏子说得对，马上就赞叹，说：“我懂得你的教诲了。”于是下令取出府库中的皮衣，开仓放粮，救济那些挨饿受冻的百姓。这就告诉我们，春秋战国时期，这些君主之所以能够称霸天下，也是因为他们做到了循义而治、循理而为。

春秋战国时期的这些君主、官员还不失仁义之心，做出了很多让人感慨的事情。比如说，季文子在鲁国做宰相的时候，他的妾不穿丝绸、马不喂粮食。有一个仲孙大夫就向他进谏：“您是鲁国的上卿，可是你们家的妾不穿丝绸，马也不喂粮食，人们都认为您这样做是吝啬，而且对我们国家也不光彩。”季文子说：“是这样吗？我看到国人的父母还穿着粗布衣服、吃着蔬食，我因此不敢奢侈。而且我听说君子是以德行来使国家光彩，没有听说过是以妾和马来使国家光彩的。所谓的‘德’，就是如果我有获得也让人家有获得，这样才可以推行开来。如果骄奢淫逸，每天沉迷于光彩的纹饰，不能够反躬自省，这样怎么能够守卫自己的国家？”仲孙大夫听了之后，很惭愧地退了下去。即使到了春秋战国，出现了很多“臣弑君”的现象，但是仍有许多国君和臣子能以义来治理国家，以仁爱之心来对待百姓，事事循理而为。

《群书治要·政要论》中有这样一段阐述。“服一彩，则念女功之劳”，穿一件丝织品就要想到织女的辛劳。“御一谷，则恤农夫之勤”，进用一粒谷子都要体恤农夫劳作的勤苦。“决不听之狱，则惧刑之不中”，判决那些未加详审的诉讼，就唯恐刑罚不当。“进一士之爵，则恐官之失贤”，晋升一个人的官位，就怕这个封赐有失贤明。“赏毫厘之善，必有所劝”，即使是赏赐微小的善事，也要让它能够起到劝人为善的效果。“罚纤芥之恶，必有所阻”，即使是对微小的恶事进行惩罚，也应该起到劝阻恶事、给人以警告的作用。“使化若春气，泽如时雨”，使他的教化像春风一样，像适时的雨露润泽万物。“消凋污之人，移薄伪之俗”，要减少那些道德腐化的人，改变轻薄虚伪的风俗。“救衰世之弊，反之于上古之朴”，要挽救衰败世道的弊政，返回到上古的淳朴。“至德加于天下，惠厚施于百姓”，把这种高尚的德行施于天下，把仁慈、厚道施及百姓。这就是告诉我们，做君主的应该念念体恤百姓的不容易，做事应该非常小心谨慎，生怕得罪百姓。

《政要论》告诉我们，当一个国家的君主很难，稍有不慎就会导致人民怨恨，把他推翻，所以时时要体恤人民的辛苦。

四、富民安众

> 为君之道，必须先存百姓。若损百姓以奉其身，犹割股啖腹，腹饱而自毙。

《管子》中很明确地说了一句话：“凡治国之道，必先富民。民富则易治也，民贫则难治。”治国首先应该富民。

怎么样富民呢？古人眼中的“富民”可能和我们现代人所认为的“富民”不太一样。《晏子》记载，齐景公请教晏子：“富民安众难乎？”晏子回答说，很容易。“节欲则民富，中听则民安，行此两者而已矣。”如果能够节制欲望，人民自然富裕；审判诉讼能够公平合理，人民就会安定。

在古人看来，并不是说去刺激消费、发展经济、追求GDP的增长，人民才富裕。其实单单追求GDP的增长，往往会导致两极分化，人民并没有真正地富裕，财富还是集中在少数人的手里。而财富集中在少数人的手里，会导致社会矛盾的激化。

《说苑》上记载，魏文侯向李克提出这样一个问题：“刑罚的根源在哪里呢？”李克回答：“产生于人民邪曲不正、放纵奢侈的行为。凡是奸诈、邪曲不正之心，都是因为人们饥寒交迫才生起来的。过分放纵安逸的人都是把心思耗费在纹饰之上。饥寒并至，而能不为奸邪者，未之有也。男女饰美以相矜，而能无淫佚者，未尝有也。”

因此，如果上面不禁止奇技淫巧，奇技淫巧的事情越来越多，奢侈品的生产越来越多，导致的结果就是“国贫民侈”。如果这个国家贫穷，而人民又奢侈浪费，那贫穷的人为了过上好的生活一定会去做奸邪之事，富裕的人一定会放纵自己的欲望，骄奢淫逸，这就等于是驱使人们去做邪曲不正的事。当人民已经被驱赶上了邪路，又用法律来诛杀他们，这就等于给人民设置了陷阱。所以，刑罚的兴起是有根源的。如果君主不堵塞它的根本，而在枝节小事上进行督促，这是“伤国之道”。

《群书治要·崔寔政论》里也有一段类似的阐述。崔寔讲：“夫人之情，莫不乐富贵荣华、美服丽饰、铿锵眩耀、芬芳嘉味者也。”古代的人对人的欲望看得很清楚，所以把“欲”比作深渊。人的欲望如果没有节制，任其发展，最后人自己也没有办法来束缚自己。所以，古人通过礼法、制度来严格地防患于未然，而且让人把欲望限制在合理的范围内，做到欲而不贪。

国家的政策一旦有了偏失，普天之下、率土之滨的人民就都去追求奢侈浪费、僭礼的生活，并不需要人去宣传劝导，而是时势潮流驱使他们这样去做的。这是天下最让人忧心的事情之一。

世间奢侈之风越来越重，服饰都违背礼制，没有实用价值的器具越来越昂贵，而农业这个本业却越来越低贱，务农、种桑的人很勤苦，但是收入却很微薄，从事工商业的人很安逸，但是收入和利润却丰厚百倍。这样就会导致农夫都放下锄头去雕花刻镂，织女也放下织机去学习刺绣。如此一来，亲自耕种的人越来越少，从事末业的人越来越多。荒地虽然有开垦，但是因为人们没有把心思放在种地之上，所以没有尽心尽力地去耕种、收割，怎么会有丰收的年景呢？财富都集聚在少数官商之手，百姓穷匮，于是很多人就沦为奸寇、强盗了。国家的仓库越来越空虚，监狱却人满为患。一旦年景不好，那受饥挨饿、流亡过世的人就不可胜数，而由于从上到下都很穷匮，所以也没有办法做到互相接济。“国以民为根，民以谷为命。命尽则根拔，根拔则本颠。”根本被削弱了，国家也会陷入危难，这是国家最大的忧患。

这告诉我们，中国古人之所以“重农抑商”，是有一定原因的。因为农业付出得多，收入得少，而工商业付出得少，收入却很丰厚。两者有着鲜明的对比。如果国家再不重视农业的话，亲自去耕田的人就越来越少了。

《贞观政要》其实也秉持了这样一种“节欲则富民”的理念。书中讲，“为君之道，必须先存百姓。若损百姓以奉其身，犹割股啖腹，腹饱而自毙。”如果想使天下安定，必须首先使自身端正。没有自身端正影子却是歪斜的，没有上面治理得很好下面却是混乱的。“伤其身者不在外物，皆由嗜欲以成其祸。若耽嗜滋味，玩悦声色，所欲既多，所损亦大，既妨政事，又扰生民。且复出一非理之言，万姓为之解体。怨讟既作，离叛亦兴。朕每思此，不敢纵逸。”

这告诉我们，历代的明君能够治理好天下，缘于他们自己率先垂范，节制自己的欲望，能够把老百姓的利益放在心上。

《孔子家语》记载，鲁哀公向孔子请教怎样理政。孔子说：“政之急者，莫大乎使民富且寿也。”鲁哀公就问：“那怎么样才能做到这一点呢？”孔子就说：“省力役，薄赋敛，则民富矣。敦礼教，远罪疾，则民寿矣。”鲁哀公接着又说：“寡人欲行夫子之言，恐吾国贫矣。”孔子说：“你不知道《诗经》上有这样一句话吗？‘恺悌君子，民之父母。’平易近人的仁德君子执政，他是百姓的父母。既然是百姓的父母，哪有子女富裕而父母贫穷的事呢？”

这告诉我们，在古圣先贤看来，国君和百姓是一体的关系，谁也离不开谁，而不是一种对立的关系。

爱民要富民，还要分配公平，分配不公就不是爱民的表现了。古人对这一点也有很多阐述。

《汉书》里有这样一段论述。他说，现在的农夫春耕夏耘、秋收冬藏、砍伐薪柴，非常辛苦，还要支应徭役。春天不能避开风尘，夏天不能避开暑热，秋天不能避开阴雨，冬天不能避开寒冻，四季之间没有一日可以得到休息。私下里还有送往迎来、吊问死者、探问疾病、养育孤儿、抚育子孙，这其中包含了那么多的辛苦。另外，还会有自然灾害、暴虐的政治、赋敛的不适时、朝令夕改这些事情加到他们的身上。他们有的东西可能因为太多，半价就出卖了，没有的东西要用两倍的代价来获取，结果就有很多人卖了田地、住宅、儿孙来偿还债务，这就是农夫的生活。

那么那些商贾的生活是怎么样的呢？大商人积储了很多商品，价格高的时候可以加倍获得利润。小商贩坐在摊子上贩卖，因为他手里有着一些别人没有的货物，每天在市场上游荡，趁着上面征敛很急迫的时候把这些东西卖出去，他得到的利润也是加倍的。所以，这些商人，男的不用亲自去耕种，女的不用亲自去养蚕织布，但是穿的却是非常华丽的丝绸，吃的也是珍馐美味。他们没有农夫的辛苦，但是大地所生产的东西却被他们所享用。又因为他们家产很丰厚，所以结交了那些王公大人，他们的势力可以超过官吏的势力，进行权钱交易。他们到很远的地方去游逛，冠盖相望，不绝于路。这样就导致商人兼并了农夫，农夫流离失所，一旦农夫吃不饱饭、穿不暖衣服就可能作奸犯科。

所以你看，在古代的时候，也很重视这种分配的公平。当社会有不公平的时候，臣下就要向皇帝劝谏，劝导皇帝重农抑商。

当然，利民还包含一点，就是当官的人不能和小民争利。在《史记》上记载着公仪休的故事。公仪休做宰相时，别人送鱼给他，他说：“我做宰相自己买得起鱼，不用别人送。一旦我吃了你的鱼，改天把宰相的位子给丢了，谁还给我送鱼呢？”公仪休非常重视法律的公平，他要求属下不要与民争利。他家种的蔬菜非常好吃，他就把自己家的蔬菜拔掉了。看到自己家的织工织的布非常好，就让织女回家了，把织机也烧掉了。为什么呢？他说：“如果我们自己家种的粮食、蔬菜这么好吃，自己家织的布这么好，那么谁还会去买那些农人的粮食呢？谁还去买那些织女的布呢？”

五、取信于民

> 人民喜欢人际关系和谐、人伦关系稳定，每一个人都过上幸福、安乐、安全的人生，不要生活在惶恐不安之中，做领导的就要兴起道德教育。人民不喜欢颠沛流离、不喜欢战争，做领导的也要解民之忧、济民之困，不要动不动就挑起战争。

《史记》记载，在几千年前，就曾经出现过三种不同层次的管理。子产在治理郑国时，把法律监督机制设计得非常严密，老百姓想欺骗他都做不到，他达到的是“不能欺”的境界。

西门豹在治理邺县时，把法律设计得非常严苛，只要老百姓一犯法，就给予严惩，他达到的是“不敢欺”的境界。

孔子的弟子子贱治理单父的时候，以修身为本，教学为先，严于律己，重用贤人，把仁义忠恕的理念应用到管理之中，他达到的是“不忍欺”的境界。

子贱有个同学叫巫马期，他很想知道子贱是如何治理单父的，于是就乘夜色到单父去私访。巫马期看到一个人在夜色下捕鱼，这个人捕了很多鱼，看了一看，又把鱼放回到河里。他觉得很奇怪，就走上去问：“我看你捕鱼，为什么捕了很多鱼，又把它们放回河里去了呢？”这个人回答说：“我们的长官子贱说，不要去捕杀那些还在生长中的小鱼。

而我刚才所捕上来的恰恰是那些还在生长中的小鱼，所以我把它们又放回河里去了。”巫马期听了之后非常感慨，回到孔子那里就说：“子贱治理单父，使人能够做到即使没有人监管，也像严刑峻法就在身边一样。不知他是靠什么方法达到这个效果的。”孔子说：“我听子贱说，一个人对身边的人、事、物有精诚之心，这种影响自然就会传达到远方，我想他就是把这种方法运用到管理之中了。”

这个捕鱼的人，可能并没有见过他的长官子贱，但是他能体会到子贱那种“爱民如子，视民如伤”的心。他信任子贱，认为子贱所制定的每一项制度政策，都是对百姓有利和可以长远发展的。孔子说，“信”这个字特别重要，“民无信不立”。如果人民不信任政府，这个国家就很难治理好。所以要治理好国家，首先要取信于民。

中国古人讲君仁臣忠，领导者仁慈、关爱属下，属下就会竭尽全力地完成领导交给自己的任务。他们是荣辱与共、休戚相关、一体的关系，互相感恩、互相合作、团结互助。把这种一体的理念运用到社会各个方面，就会使矛盾、冲突、问题都化解于无形。

北京有一家企业，在学习《弟子规》之前，这个企业人际关系很不融洽。后来他们集体学习《弟子规》，力行传统文化，几年之后，他们的企业发生了很大的变化。有一年发年终奖的时候，一位中层管理人员看了老板给他发的奖金，就来找老板，他说：“老板，你给我的年终奖太多了，大大超出了我的意料，我想把更多的钱省出来用于弘扬传统文化，用于企业的扩大再生产。”

有一个代表团到一家企业去参观，中午考察完食堂很不满意，说：“给员工这样的饭吃，员工都不应该给老板工作。”下午考察完车间，他们的火气就更大了，说：“员工用这样的态度给老板工作，老板都不应该给他们饭吃。”这是什么原因？就是因为没有换位思考，没有将心比心。做老板的没有想到企业之所以有利润增长，能够长期稳定地发展，是因为有着一线员工辛苦的付出，起码对他们的身体健康要负责任，要把饭菜做好。员工感受不到领导的关心，工作也就是混时间、混钟点，只要把工资拿到手就行了。

《群书治要·六韬》中记载：周文王来向姜太公请教，说我怎么样才能治理好国家呢？姜太公对他说，善于治理国家的人，他对待人民就像父母慈爱儿女，就像兄长慈爱弟弟一样，“见其饥寒，则为之哀，见其劳苦，则为之悲”。

古代的圣王，对待人民的态度就如同父母慈爱儿女、兄长慈爱弟弟一样，所以古人说“爱民如子，视民如伤”。什么叫“视民如伤”呢？很多人说就是把人民视为受伤的病人一样，加以关爱，加以体恤。其实这个程度还不够，要把人民视为自己的伤病加以体恤，加以关爱。想一想，自己生病的时候，一定是想方设法四处求医，把自己的病医治好。所以，领导者对待百姓的疾苦，应该像救治自己的伤病那样心急如焚。

《春秋左氏传》在总结一个国家兴衰成败的原因时写道：“国之兴也，视民如伤，是其福也；其亡也，以民为土芥，是其祸也。”

《群书治要·鬻子说》：“发政施令，为天下福者谓之道，上下相亲谓之和，民不求而得所欲谓之信，除天下之害谓之仁。仁与信，和与道，帝王之器也。”

君主法道，他发布的政令就是要为天下福，没有偏私。他的起心动念，念念在为天下人谋福利，这就称为道义。道义之君，必然是“爱出者爱返，福往者福来”，就像邹穆公一样为天下人所爱戴。

邹穆公在做国君的时候，对自己很刻薄，但是对老百姓却非常宽厚。可以说是做到了“爱民如子，视民如伤”。

邹穆公颁布了一个命令，喂养野鸭、大雁一定要用秕谷，而不能够用粟米（粟米脱了壳就是小米）。等到粮仓里的秕谷都用完了，他就派人到民间用两石粟米换一石秕谷。官吏们觉得这样做实在太浪费了，就向他请示："我们用两石的粟米，却只换了一石的秕谷来喂养这些野鸭和大雁，那还不如直接用粟米去喂养它们，这不是很好吗？"

邹穆公回答："你说得不对。百姓是光着脊背辛勤地耕作，不敢懈怠，才种植出这些粟米，难道是为了喂养这些鸟兽吗？粟米是上等人的食物，怎么能用来养鸟？你只知道算小账，却不知道算大账。周朝有一个谚语叫囊漏贮中，是说盛粮食的口袋漏了，但是粮食还是漏在更大的容器里。你没有听说过这个道理吗？君主是百姓的父母，我们把粮仓里的小米转移到百姓家中，难道这就不是国家的粟米了吗？让鸟吃这些秕谷，为的是不伤害我们国家的粟米。粟米在我们仓库里还是在人民那里，对我来说有什么区别？"

人们听了邹穆公的话就知道了，他们所私积的粮食和公家的粮食是一体的，这才是真正的富国之道。

正是因为邹穆公发政施令都是为天下人谋福利，而不是自私自利，他是一位有道之君。所以，邹国虽然是一个很弱小的国家，但是鲁国和卫国这样的大国都不敢轻视它，齐国和楚国这样的大国也不能够威胁它。

邹穆公过世的时候，邹国的百姓都非常哀伤。即使是邹国四邻的人民，知道他过世了，也全朝着邹国的方向寄托哀思。民间连弹琴瑟的声音都听不到了，为什么？因为这么好的一个国君过世了，百姓都乐不起来了，直到一年之后才又重新听到了琴瑟的声音。

在现代企业里，员工工作就是为了挣工资、养家糊口，一个人要有一个幸福美满的人生，不仅要有物质上的保证，还必须有一个正确的人生态度和价值观。如北京禹杰联合商贸有限公司的企业文化，提出六项要求：要用积极的心态面对一切事情；每天反省自己的过失并努力改正；以利他之心多行善事；全力以赴把工作做好；每天都要感恩身边的一切；一定要谦虚，唯谦受福。

在开始的时候，员工可能有不理解，甚至还有抱怨。但是老板的真诚之心可以感化人，能够让人体会到领导确实是处处、念念为员工着想，做到了“民不求而得所欲”。可想而知，员工对领导的回报一定是忠心，竭尽全力地为企业付出，这就是以心换心的结果。

能够除天下之害，叫作“仁”。《大学》说：“民之所好好之，民之所恶恶之，此之谓民之父母。”人民喜欢人际关系和谐、人伦关系稳定，每一个人都过上幸福、安乐、安全的人生，不要生活在惶恐不安之中，做领导的就要兴起道德教育。人民不喜欢颠沛流离、不喜欢战争，做领导的也要解民之忧、济民之困，不要动不动就挑起战争。历史上，周武王伐纣、汤王伐夏桀都是解民于倒悬，为天下人除害，所以他们都被称为“仁君”。

当然，有时“天下之害”不一定是别人，可能就是君主本身。如果君主利欲熏心、骄奢淫逸，为了满足自己不断膨胀的欲望，一定会去盘剥、残害百姓，伤害百姓的利益，那么他本身就成了天下之害。而他为了骄奢淫逸，每天只管放纵和满足自己的欲望，心思也不在治理国家、满足老百姓的需要上，国家肯定治理不好，老百姓处于水深火热之中，他也看不到。所以，领导者首先必须要克除自己的私欲。

被称为大英雄的人是能克除自己烦恼习气的人，而不是战胜千军万马的人。一个人战胜自己是最难的，一个人能够战胜自己，那就无所不胜了。

“仁与信，和与道，帝王之器也。”仁爱和诚信、和睦与道义，都是帝王治国的法宝。

《体论》记载，中国历史上确实存在着不同层次的管理：“德之为政大矣，而礼次之也。夫德礼也者，其导民之具欤？太上养化，使民日迁善而不知其所以然，此治之上也；其次使民交让，处劳而不怨，此治之次也；其下正法，使民利赏而欢善，畏刑而不敢为非，此治之下也。”意思是说，道德对于治理国家是最重要的，礼法其次。道德和礼法都是引导人们的工具。

在远古时期，在位者重视道德，使人们在不知不觉中，每一天都向善良的方面转变，这是潜移默化的，是最高层次的治理。其次是使人民交相礼让，即使身处劳苦也没有怨言，这是次一等的治理。最下一等的，就是用法律来治理，让人们因为喜欢赏赐、获得利益而行动，因为畏惧刑罚而不敢去做违犯法律的事情，这是最低层次的治理。

所以我们中国古圣先贤追求的是“圣贤政治”，通过正己化人，以修身为本，教学为先，最终达到“不忍欺”的最高境界。

六、求贤于天下

衡量人才、选拔人才，应该根据他们的不同才能，设定不同的标准，给予不同的职位。这样，真正的人才才会各得其所。

《管子》说："明主之择贤人也，言勇者试之以军，言智者试之以官。试于军而有功者则举之，试于官而事治者则用之。"就是说，明智的君主选择贤人，说自己勇敢的，就应该让他去带领军队；说自己有智慧的，就让他试着去担任一个官职。他去率领军队，取得了功劳，就举荐他、任命他；他去做官，能够把这个地方治理得很好，治理得很完美，那再任用他。将合适的人才用在合适的位置上，这样的求贤方式一定能将天下人才尽收囊中，使才尽其用。

但是，求贤用贤的实际情况有时却像《六韬》中记载的那样：君主非常重视举贤任德，但国家却得不到治理。这是为什么呢？姜太公说，虽然君主任命了贤人，但没有重用贤人，所以没有取得应有的效果。而贤人得不到重用是有原因的，总结起来，是这七个方面的问题。

第一，用贤而疑。

《刘廙政论》说："自古人君，莫不愿得忠贤而用之也。既得之，莫不访之于众人也。忠于君者，岂能必利于人？苟无利于人，又何能保誉于人哉？”

人君如果自己不贤明，就不知道什么样的人是忠贤之士。那么即便忠贤之士来到他的身边辅佐他，他也会怀着一颗猜疑之心，向众人去调查。而这些人又不一定都是贤德而不嫉贤妒能的人，那就会对这个贤德之士有一些偏颇的言语和评论。如果君主听之任之，可能就会对忠贤之士产生怀疑，从而不予重用。

《新序》里说，贤明的人不被重用，是因为“不肖嫉贤，愚者妒智，是贤者之所以隔蔽也，所以千岁不合者也”。不贤德的人会嫉妒贤德的人，愚钝的人会妒忌有智慧的人，所以贤明的人就被阻隔，不能够被君主所用，以致君主千载也难以碰到一个德才兼备的人。有的是不肯用贤德之士，有的是用了贤德之士但不能持久，有的是用得很久但不能善始善终，还有的是不肖的儿子把父亲的贤明忠诚废弃了，这样所导致的灾祸和败亡难以一一记录。

贤人不被重用的根本在于君主自己不明智，分辨不清贤德之人，一味地听大家的评论。群臣认为一个人好，他就认为好；群臣对一个人有诽谤，他就认为这个人不行。“故谮诉不行，斯为明矣。”“谮”是诬陷的话，“诉”是诽谤的话。如果诬陷、诽谤的话都不能够通行，君主就能够判断什么样的人在说什么样的话，这才叫明智。

《刘廙政论》里有一段话：“君主之所以尊敬人臣，是因为他知道，如果任用了臣子并且对他信任，然后把重事都托付给他，他就能够帮助自己治理国家，保住太平。若多疑而自任也，则其臣不思其所以为国，而思其所以得于君，深其计而浅其事，以求其指撝。”

《典语》里把君主和臣子之间的关系做了比喻。“夫君称元首，臣云股肱，明大臣与人主一体者也。”古代的人把君主称为头脑，把臣子称为腿和胳膊，这就表明大臣和君主是一体的关系——像一个身体一样，谁也离不开谁，互相配合，互相信任。

如果一个人不符合选拔标准，不是合适的人才，就不要白白地授予他官位。如果这个人值得信任的、德才兼备，那就任用他没有怀疑。君主任用臣子，就像身体信任他的手一样。臣子侍奉他的君主，也就像这个手触摸他的身体一样。“安则共乐，痛则同忧”，他们共享安乐，共过患难，是一体的关系，谁也离不开谁，还怎么能够互相怀疑呢？这就表明了君主和大臣的关系就像头脑和四肢的关系一样，应该互相信任，而没有任何疑虑之心。

第二，求全责备。

《文子》说：“自古及今，未有能全其行者也，故君子不责备于一人。”从古至今，从历史上看，没有十全十美的、德行无可挑剔的人，所以君子不求全责备于任何一个人。还有两个比喻：“夫夏后氏之璜，不能无瑕；明月之珠，不能无秽。然天下宝之者，不以小恶妨大美也。”夏禹所佩戴的璧玉，也不是没有瑕疵的；夜明珠，也不是没有污点的。但是天下的人仍然认为它们是宝贵的东西，不以小小的瑕疵来妨碍它们的大美。“今志人之所短，而忘人之所长，而欲求贤于天下，即难矣。”现在却只记着别人的短处，而忘记了他的长处，还想在天下求得贤才，这是难上加难。

这些论述很清楚地告诉我们，即使是很珍贵的璧玉、夜明珠，都不是没有瑕疵斑点的。如果我们对人求全责备，还想求得贤才，那就太难了。

第三，能不当官，任非其才。

《典语》还讲，要“料才核能”地去任用人才。“夫料才核能，治世之要也”。“料”就是要评估、估量。估量人才的才能，考核他的能力，这是治理国家的要务。凡是人的才能、他的用处，都是有一定的范围的，能力也有偏通之处，并非每个人都是圣人，有谁能够兼通百行百业、明白各种道理呢？所以明智的君主，都是衡量人的才能来给予任用。

在历史上，舜任命百官的时候，也是根据每个人才能的不同，给予不同的位置。比如说，任命皋陶来断狱，任命契为司徒掌管“五伦”的教化，任命禹来治水。因为他们有各种各样的特长，所以谁擅长什么，就让他去干什么，舜自己才能垂拱而治。

汉朝表彰功臣的时候，萧何、张良、韩信被称为“三杰”，根据他们的功劳，而给予不同的封号。张良“运筹于帷幄之中，决胜于千里之外”，他很善于谋划，很善于用兵，运筹帷幄；萧何“振国家，服百姓”，最擅长治理国家、治理百姓；韩信百万大军“战必胜，攻必取”，他擅长率军打仗，是一个很好的带队将军。他们的才能不同，因此给予不同的封号。更何况不是像他们这样的杰出人物呢？怎么可以对他们求全责备呢？

造父是善于驾车的人；师旷天生就是盲人，但是他的听力特别好，他辨音的能力特别强，所以“师旷知音”。这都是古代神奇的人。假使让他们彼此交换所从事的职业和技艺，即使他们都竭尽全力，但还是不能胜任。因为人的才能是有偏通的、有专长的，如果你使用的是合适的人才，这个人能担当其职位，那么国家一定会得到好的治理。这就告诉我们，来到我们团队之中的人，都是有所擅长的人。有的人擅长治理事情、做具体的事，有的人善于出谋划策，有的人喜欢文字工作，有的人擅长讲课，有的人擅长人际交往。他们的才能是不一样的，根据他们所擅长的不同，分配不同的任务，才能够各尽其才、才堪其任。

有的君主用了这些士人，还是不能够把国家治理好，是什么原因呢？因为虽然任用了他，但是他的才能没有充分发挥，也没有根据他的能力给他一个适合的位置，因此很难获得功效，国家也得不到治理。

“马无辇重之任，牛无千里之迹，违其本性，责其效事，岂可得哉？”马没有像牛一样去负辇耕地的任务，牛也没有奔跑千里的能力。如果违背本性去任用它，还希望能够有功效，这怎么可能得到呢？任用人才也是一样的。

“使韩信下帷，仲舒当戎，于公驰说，陆贾听讼，必无曩时之勋，而显今日之名也。”假使让韩信对军队和战争的规划运筹帷幄，使董仲舒去率军打仗，使于公（善于断狱）到处去游说、当外交官，让陆贾（善于游说）判断案子，结果一定获得不了他们以前所获得的功勋，也就没有今日的显名。因为韩信善于打仗，却不善于筹谋；董仲舒擅长通古博今，却手无缚鸡之力；于公刚正不阿却不善辞令；陆贾善于辞令，但缺乏断案的魄力、决心：如果将他们安插错位，结果自然不尽如人意。

这个道理也有很强的现实针对性。现在有些大学毕业生，毕业之后找工作，才非所用，他所从事的工作和他所学习的专业无法匹配，所以大学这四年的工夫都白费了。

在现实生活中，每个人都各有所长，不可能尽善尽美，如果以一个统一的标准去衡量人才，就很难选拔出真正的人才，有一些奇才会因为一个统一的标准被遗漏。我们衡量人才、选拔人才，应该根据他们的不同才能，设定不同的标准，给予不同的职位。这样，真正的人才才会各得其所。

第四，德不当位，功不当禄。

《管子》记载：“君之所审者三，一曰德不当其位，二曰功不当其禄，三曰能不当其官。此三本者，治乱之原也。”君主所要审慎考虑的有三个方面，第一是臣子的德行和位置不相匹配，第二是臣子的功绩和他所享受的俸禄不相匹配，第三是臣子的能力和他的官位不相匹配。这三者是治乱的根本。

《傅子》记载："不修行崇德，则不得此名，不居此位，不食此禄，不获此赏，此先王立教之大体也。"如果没有很高的德行，就不会获得这个名声，不能居于这个官位，不能够获得这个俸禄，也不能够获得这个封赏，这是先王立教的根本。

《袁子正书》讲，"今之为法曰：选举之官，不得见人，曰以绝奸私也。"现在的法律规定，选举人才的官员不能够去见当事人，认为这样可以避免徇私舞弊。对这个观点，《袁子正书》并不认同。"夫处深宫之中，而选天下之人，以为明，奚从而知之，夫交接，人之道，不可绝也。"因为选官者处在深宫之内，还要选天下的人才，而且要选得适合，不能够选"非其才"，那你怎么能够知道这个人是贤明的人才呢？所以，人与人之间的交往，是正常人都应该要这样做的，是不能够断绝的。"故圣人求所以治交，而不求绝交人。"圣人治理国家，不是断绝人们的交往，而是追求怎么样使这个交往合情、合理、合法。"先王之用人不然，不论贵贱，不禁交游。"先王任用人才，不分贫富贵贱，也不禁止人们正常交往。他的原则是"以德底爵，以能底官，以功底禄"，以他的德行给予爵位，以他的能力给予官位，以他的功劳给予相应的俸禄。只要坚持了这一原则，再加上"具赏罚以待其归"，那么便无人敢背离正道。这是告诉我们，要从根本上解决问题。

古人这个论述其实非常有道理。比如，现在博士生考试，很多导师为了表明自己很公正，在面试之前拒绝与考生见面，以示自己公正无私。但实际上，真正认识一个人才是很难的，没有和他交往，没有和他交谈，怎么知道这个人的德行如何、喜好如何、有哪一方面的才能呢？

因此你可以尽情地和这些人接触，和这些学生交流，只要坚持不因亲疏远近定官职，而以德才多少授官位，只要把这个原则把握住了，你所录取的人一定是德才兼备之人。

第五，偏听偏信，受人蒙蔽。

《政要论》指出："为人君之务，在于决壅。决壅之务，在于进下。"君主的要务在于排除蒙蔽，排除蒙蔽的关键就在于使下面的言论能够传达到君主这里。能够使下面的言论传达到君主这里，最关键的则在于广泛地听取众人的意见。

若想真正广泛听取大众的建议，关键要做到贫富贵贱都一视同仁，使得做奴役的、做童仆的、放牧的、养马的都能够畅所欲言，并且他们的意见都能传达到君主那里。如果能做到这一点，那么君主所听到的、所看到的就很广博，就不会轻易受蒙蔽。

在历史上，有很多臣子为了蒙蔽君主，就观察君主的喜好，君主喜欢什么他就顺着君主的意思去说，进而蒙蔽控制君主。秦朝赵高就是蒙蔽君主的佞臣。他看到皇帝很喜欢恣意游乐、放纵自己的情欲，便趁机对皇帝说："当皇帝的之所以尊贵，就是因为他能够为所欲为，就是因为人们感觉他像神明一样。只有得到人民的仰望，君主才能够被尊重。而神明是只能听说，不能露面的，所以不能让大臣总是见到皇帝，这样才能显示出皇帝的威严。"结果秦二世就信以为真，从此赵高专权。秦二世最后丧身亡国时才幡然醒悟，原来自己被赵高蒙蔽了。这个典故告诉我们，如果偏信一个人的言论，就容易被人蒙蔽，而听不到下面的意见。

第六，妒贤畏能。

《荀子》说：明智的君主喜欢和大家共同商议事情，而昏庸的君主独断专行。明智的君主尚贤使能，进而使国家得到治理，人民安居乐业。而昏庸的君主妒忌贤德的人，畏惧有能力的人，于是就毁灭他们的功绩，致使国败家亡。这表明，妒贤嫉能的人做不了大事，而且还会把已有的功绩丧失掉。明智的君主对臣子用之不疑，而且认为臣子的贡献就是自己的贡献，臣子的能力就是自己的能力，这样才能具备最高的智慧，进行最好的治理。

《吕氏春秋》记载，卫灵公在天气寒冷的时候，要开挖一个深池。他的臣子宛春就进谏说："天气这样寒冷还征发徭役，恐怕会伤害到百姓。"卫灵公就说："天气很寒冷吗？"宛春说："您穿着狐皮大衣，坐着熊皮垫子，所以您不觉得寒冷。但是百姓，他们的衣服破了得不到修补，他们的鞋子有了缺口也得不到编织。您自己感觉不到寒冷，但是百姓却能感到寒冷。"

卫灵公说："你说得太好了。"就下令不再征发徭役。这时左右的人便挑拨说："君主您开挖深池，不知道天气寒冷，但是宛春知道。由于宛春劝谏，您就下令不再做这件事。恐怕现在福德会归到宛春的身上，而怨气都会归到君主您的身上。"不过卫灵公非常明智，听到这样的离间之言并没有采用。他说："你说得不对。宛春不过是鲁国的一个匹夫而已，是我举荐他、任用他，百姓还没有看到他的能力，也没有看到他的德行。我现在让百姓通过这一件事，看到他的德行和能力，就如同让百姓看到我有善行是一样的，他的善不就是我的善吗？"

《吕氏春秋》评论说，卫灵公谈论宛春的这句话，可以说明他明白为君之道，这是明君应该具备的风范。而"人主之不通乎主道者则不然，自为之则不能，任贤者恶之，与不肖者议之，此功名之所以伤，国家之所以危"，那些不懂得君主之道的人，却不是像卫灵公这样做的。他们自己没有能力，又厌恶贤德的人，对贤德的人怀有妒心，并且与不肖的人评议忠良，这是功名之所以受到伤害、国家之所以危亡的重要原因。

这段论述告诉我们，只要君主知人善任，任用贤德，不需要花费很大的力气就可以使天下得到治理。不需要耗费资财，天下的贤士都能因各得其所而喜悦。人民因为贤德之士的言传身教，自然也受到良好的教化，彼此和睦相处。

第七，已树而择。

《说苑》记载了这样一个故事。鲁国的阳虎获罪了，他跑到北面的晋国去见赵简子。见了赵简子他就说："唉，从今以后我再也不去培养人、举荐人了。"赵简子就问："为什么呢？"阳虎就说："朝堂上的大臣，我所培养的超过了一半；朝廷上的官吏，我所举荐的也超过了一半；边境的守卫、将士，我所举荐的也超过了一半。但是现在，朝堂上的大臣在君主面前排斥我，官吏用法令来危害我，边境的将士亲自用兵士来威胁我。所以从今以后，我再也不推荐人了。"

赵简子就说："唯贤者为能复恩，不肖者不能。"只有贤德的人才能知恩图报，不贤德的人做不到这一点。他做了一个比喻："夫树桃李者，夏得休息，秋得食焉。树蒺藜者，夏不得休息，秋得其刺焉。"他说，种植桃、李的人，夏天能够得到休息，秋天还能吃到桃、李的果实。但若培育的是蒺藜，夏天不能够在树荫下乘凉，秋天得到的也只是蒺藜的刺。"今子之所树者蒺藜也，非桃李也。"现在你所培养、举荐的人都是蒺藜之类的，而非桃李。

"自今已来，择人而树之，毋已树而择之也。"从此以后，不要再把这些不贤德的人举荐出来，一定要先选择好，然后再培养他，不要培养、重用过之后才发现当初所选非人。

以上七个方面，就是贤臣不能得到重用的原因。

七、任贤必治

如果能够任用贤德之士，领导自身会很安乐，名声自然跟随而来，事情少而功绩多，国家得到治理，自身也能够安逸。

广义上讲，“君主”不仅仅是指一国之君，也包含了一个企业、一个单位、一个团体的领导人。领导任用什么样的人，直接关系到自身的命运。

《蒋子万机论》讲道：“夫君王之治，必须贤佐，然后为泰。故君称元首，臣为股肱，譬之一体相须而行也。”君王治理国家，必须有贤德的人辅佐，才能达到国泰民安。因此，君主被称为头脑，臣子被称为四肢，就像身体一样，他们必须相互协调，才能治理好国家。因此，用什么样的人，关系到君主的正邪。

《体论》讲道：“是以为政者必慎择其左右，左右正则人主正矣。”当领导的人，一定要审慎地选择亲近的人。如果亲近的人正直，就没有人不正直。人主能够正直，国家就兴起正气。

《说苑》中记载了一个典故。齐桓公请教管仲，问治国最大的忧患是什么。管仲说，最担心的是“社鼠”。齐桓公不明白，管仲就说，

"社"（指土地的神像），是把很多的木头捆绑在一起，然后在上面涂了泥做成的。因为神像中间一般是空的，老鼠就常以神像为托身之所。如果你用烟熏它，就怕烧了一整根木头也烧不死老鼠；用水灌它，又怕把神像上面的泥给毁坏。不能杀死老鼠，是土地神像的缘故。齐国也有"社鼠"，就是君主身边的人。君主身边的人如果不正，就会蒙蔽善恶，让君主无法了解实情。君主身边的人仰仗君主的庇护，就会在百姓中夸耀自己的权势而鱼肉乡里。不诛杀他们，会给国家带来混乱；诛杀他们，他又是人主所庇护的人，很难把他诛杀掉，因此这些人正是国家的"社鼠"。所以，治理国家，最担心的是君主身边的人不正。

《尸子》讲道："夫用贤，身乐而名附，事少而功多，国治而能逸。"如果能够任用贤德之士，那么自身会很安乐，名声自然跟随而来，事情少而功绩多，国家得到治理，自身也能够安逸。

《说苑》记载，孔子的弟子宓子贱在治理单父时，弹着琴，未离开公堂一步，单父就得到了治理。孔子的另一个弟子巫马期也治理单父，他披星戴月，事必躬亲，忙碌得不能安居，不过单父也得到了治理。巫马期就问，为什么宓子贱弹着琴，很安逸地就把单父治理好了呢？宓子贱回答，我的做法是"任人"，任用贤人，而你的做法是"任力"，靠的是出力。"任力者固劳，任人者固逸也。"出力的人，他肯定会劳苦奔波。任用贤德的人，他自身就会很安逸，而国家也能够治理好。

任用贤德的人，具体的做法是把天下最贤德的人举荐出来，任为三公；把国家中最贤德的人举荐出来，任为九卿；把一县之中最贤德的人举荐出来，任为二十七大夫；把一乡之中最贤德的人举荐出来，任用为八十一元士。都是以他们才能的高低，给予适当的官职，让他们做合适的事。道德教化由天子达至百姓，以位重的人来制约位轻的人。

《昌言》里有段话说得很好："王者所官者，非亲属则宠幸也；

所爱者，非美色则巧佞也。以同异为善恶，以喜怒为赏罚。取乎丽女，怠乎万机，黎民冤枉类残贼。虽五方之兆，不失四时之礼，断狱之政，不违冬日之期，蓍龟积于庙门之中，牺牲群丽碑之间，冯相坐台上而不下，祝史伏坛旁而不去，犹无益于败亡也。”

这段话是说，君主所任用的不是自己的亲属，就是自己宠幸的人；所爱的不是美女，就是谄媚巴结的人。以和自己的观点相同与否作为评判好人坏人的标准，根据自己的喜怒来行赏行罚。喜欢美女就忽视了朝政，不理国家大事，黎民被冤枉、被残害。虽然对待各方祭祀非常恭敬，毫不违背四时之礼；审判案件，都是在冬日的时候来行刑。用于占卜的蓍草和龟甲，堆积于庙门之中；用以祭祀的纯色的牲畜，都成群成队地被系在竖石之上。占星的人，坐在占星台上不下来，祝史跪在祭坛旁不离去。纵然做到了所有这些，也无益于挽救他的败亡。

这就告诉我们，要从根本上寻找国家治乱安危的原因。国家的治乱安危，并不在于你找人来算一卦，就可以避免不好的事情发生。即使算卦的人能够推断出灾祸，但想要避免，还是要靠积德行善。积德行善，就能使整个社会风气转好，从而人们都做有道德的事。当然还要上行下效，在上之人能够率先垂范，任用贤德的人，用自己的所作所为给百姓做表率，这一点尤其重要。

《说苑》说：“人君之欲平治天下而垂荣名者，必尊贤而下士。”君主要想平治天下，而且使自己名垂青史，必须要任用贤德的人，礼敬读书人、士大夫。所以《易经·益卦》说：“自上下下，其道大光。”身处上位，而能够以礼敬的态度对待在下位的人，他的前途一片光明。《易经·屯卦》又说：“以贵下贱，大得民。”虽然身处高位，但能够谦恭地尊敬地位卑微的人，一定能够大得民心。“夫明王之施德而下下，将怀远而致近也。”如果明智的君主能够布施恩德，而且以谦恭的态度对待地位卑微的人，就能够安抚远方的人，并且使近处的人亲附。

《汉书》讲道："任贤必治，任不肖必乱，必然之道也。"这是总结历史发展得出的一个经验教训。《典语》讲道："夫世之治乱，国之安危，非由他也。"社会治理的好坏、安危，不是由其他什么原因所导致的。"俊乂在官，则治道清；奸佞干政，则祸乱作。"如果君主喜欢有才华、有德行的人，且贤能的人在领导的位置上，国家政治就会清明。如果君主喜欢逢迎巴结的人，且邪恶之人干预朝政，则祸乱就不可避免。

《墨子》提到一般人对于治理国家、任贤使能并不重视，有个很形象的比喻："现在的王公贵族都想使他的国家富裕、人民增多，希望法令都能够合理有序运转，但却不懂得尚贤使能。从这里可以看出：士君子只明于小术，而不明于大道。为什么这么说呢？现在的王公贵族，有一只牛羊不能杀，他一定会找个好的屠夫来屠宰；如果有衣服不能裁制，他一定会找好的裁缝来缝制；如果有一匹病马不能医治，他一定会找好的兽医来医治；如果有张破弓不能张开，他一定会找好的工匠来修补。虽然身边有骨肉至亲、无缘无故富贵起来的、相貌俊美的人，但知道他们根本没有这个技能，所以一定不会让他们去做这些事，唯恐他们败坏了自己的财物。王公贵族对于这些事还算知道尚贤使能，但是对于治理国家，却不知道任用贤能。真正治理国家政务时，王公贵族就不假思索地举荐、任用他的骨肉至亲、无缘无故富贵起来的、面貌姣好的人。由此可见，这些王公贵族亲爱他的国家还不如亲爱他的坏弓、病马、衣服和牛羊之类的财物。所以说，天下的士大夫、君子都是明于小术，而不明于大道的。"

这个比喻形象恰当，说明我们对于一般的财物都知道去爱护，但对于治理天下却不是如此，都是任用自己的亲人、徒有其表的人和富贵的人。

《说苑》也说，没有恒常安定的国家，也没有恒常得以治理的百姓。如果得到贤德的人，国家就会安昌；如果失去贤德的人，国家就会危亡，从古至今无不如此。

《新序》中记载着魏文侯的一个故事。魏文侯非常重视贤才，每次路过段干木居住的巷子口时，一定会站起身来，扶着车前的横木向他致敬。仆人不解，就问他原因。魏文侯说："这不是段干木居住的巷子吗？段干木是一个贤德的人，我怎敢不对他伏轼致敬呢？段干木是因为有德行而荣光，我不过是因为土地广阔而荣光。段干木富有的是道义，而我富有的不过是财富。土地不如德行，财富不如道义，我理应重用这个人。"所以他就给了段干木百万的薪禄，而且经常向他请教治国的道理。

魏国的人知道后，都非常欢喜。没过多久，秦国想兴兵攻打魏国。司马唐且听到此事后，就劝谏秦国的君主说，段干木是个贤德之士，而魏文侯对他礼遇有加，天下人没有不知道这件事的，这时还不该去攻打魏国。秦君认为他说得有道理，就按兵不动，不去攻打魏国了。

这个故事告诉我们，一个国家能够重用贤德的人，让天下人都为之叹服，不敢轻易对他有所企图。《孟子》中提到：一个人一定是先侮辱了自己，然后才被别人侮辱；一个家庭一定是先自己毁灭了自己，才让别人看到这个家庭有机可乘；一个国家一定是自己内部先起了纷乱，别的国家看到这个国家不团结，才会打它的主意。所以，一个国家如果内部团结一致，任用贤德的人，使上下都有公心，不自私自利，这个力量是非常强大的，别的国家也不敢对它别有企图。

《潜夫论》也说：国家为什么会乱？怎么能够判断出国家将要混乱呢？关键是看这个国家是否重视贤德的人。不重视贤德的人，一个重要的原因是国君喜欢财货。

《六韬》里说，如果在上位的国君喜欢财货，群臣就都喜欢获得利益。贤德的人最大的特点就是不自私自利，欲望对他没有诱惑。贤德的人一旦不被国君重用，就会隐居起来。这个国家因为没有兴起好的教导——伦理道德的教育，于是人的自私自利的心都生起来，国家的祸乱也就到来了。

《新序》中还记载着一个典故。秦国要去讨伐楚国，先派使者去看一看楚国有什么宝器。楚王听到后，就把令尹子西召过来，问他："秦国要观一观我们国家的宝器，我们国家的和氏璧、隋侯珠是不是可以拿出来给他们看呢？"令尹子西回答说："我不知道。"楚王又召昭奚恤，询问他这件事。昭奚恤答道："秦国是想看一看我国政治的得失，另有企图。一个国家最重要的宝器在于贤德的臣子，像珍珠玉器这些玩好之物，算不上国家最宝贵的东西。"楚王听他回答得很有道理，就派昭奚恤来应对这件事。昭奚恤就在东面设立一个高台，在南面建了四个高台，在西面建一个高台。等秦国的使者来时，昭奚恤对他说："您是我们国家的客人，请到东面的上位就座。"令尹子西坐在南面的高台上，然后太宗子敖、叶公子高、司马子反依次坐在南面。

昭奚恤自己就坐在西面的高台上，对秦国的使者说："您想看一看我们国家的宝器，楚国的宝器是贤德的臣子。能够治理百姓，充实仓库，使百姓各得其所，有令尹子西在这里。手里拿着珪璧出使诸侯，能够化解彼此之间的仇怨，结交两国之间的友谊，使双方没有战争的忧患，有太宗子敖在这里。能够保卫国土、谨守边疆、不侵犯邻国，邻国也不能够侵犯我们国家，有叶公子高在这里。治理军队，整修军器装备抵御强敌，手里拿着战鼓激励百万民众，他所任用的人都可以赴汤蹈火、万死不辞，有司马子反在这里。缅怀先王霸业所成就的功绩，能够吸取治理动乱的经验，有我昭奚恤在这里。请您尽情地观看吧。”

秦国的使者听后，惊讶得无言以对，回去就向秦君禀告说，楚国有很多贤德的臣子，这时出兵打它，还不是时候。因此，秦国就没有去征伐楚国。

可见，历史上贤明的君主都是以贤臣为宝，而不是以珍珠宝玉为宝，因此国家才得以安定。

如果在位的人喜欢珍珠宝玉这些财富，结果会怎么样呢？《孟子》讲道：“上下交征利，而国危矣。”从上面的领导者到下面的老百姓，都去争相获取利益，这个国家就处于危险之中。

《盐铁论》中对这件事也做了评论：“隋和，世之名宝也，而不能安危存亡。”隋侯珠与和氏璧，虽然是世间名贵的宝物，但是它们有什么用呢？并不能使危亡的国家得以安存。所以，“喻德示威，唯贤臣良相，不在戎马珍怪也。”你要彰显自己的威德，只有靠贤臣良相，而不是这些珍禽、异兽、珠宝等。因此，圣王以贤为宝，而不以珠玉为宝，这才是明智的选择。

《后汉书》讲道：“务进仁贤，以任时政，不过数人，则风俗自化矣。”一定要进用贤德的人，让他们来处理朝政。如果是真正贤德的人在位，不过几个人，社会人心就会得到感化，民风习俗也会由恶变善。

在中国历史上，有很多有道德学问的皇帝把儒、释、道三家的大德选为国师，自己跟着国师学习，对国师礼遇有加。因为儒、释、道的大德们都能够身体力行，而皇帝又对他们如此恭敬，“上行则下效”，整个社会就兴起了追求道德、爱好仁义的风尚。因此，如果我们能够选拔那些德才兼备、对传统美德有认知的人，每天在中央广播电视总台、地方电视台等宣讲“孝悌忠信、礼义廉耻”的道理，相信不过两三年，社会就会更加和谐。

《文子》指出了国家不任用贤德之人的原因。“上多欲即下多诈，上烦扰即下不定，上多求即下交争。不治其本，而救之于末，无以异于凿渠而止水、抱薪而救火也。”因此，领导者之所以不能任用贤德的人，没有兴起教化，原因是他自己的欲望太多。自己欲望太多，就不愿意听圣贤教诲，因为听后他也做不到。他知道民众学后，就能分辨是非善恶，即使是民主选举，也不投自己的票，所以他不任用贤德的人，唯恐民众明了一切。

《文子》说，“社会上层的人欲望很多，底层百姓就会兴起欺诈之风；上面的法令繁多而缺条理，下面的百姓就不安定；上面的人有很多贪求，下面的人就会交相争夺利益。不从根本上解决问题，而只在枝叶上解决问题，就如同想止住水却开凿河渠、想要救火却往火里放木柴一样。”这告诉我们，要想任用贤德的人，必须有圣王出现。

《文子》记载：“圣王在上，明好恶以示人经，非誉以导之，亲贤而进之，贱不肖而退之，刑措而不用，礼义修而任贤德也。”圣明的君主在世，他会把他喜好的和厌恶的明确地宣告天下，让人们有正确的行为规范，通过非议、称誉来引导舆论，通过亲近任用贤德之人、鄙视并罢退不肖之徒来治理国家。刑罚虽已颁布，但却能放置不用。这是礼义道德得到推行，而贤德之人得到重用的缘故。“朝无贤人，犹鸿鹄之无羽翼，虽有千里之望，犹不能致其意之所欲至矣。”你的朝中没有贤德的人，就像鸿鹄没有翅膀一样，虽然想翱翔千里，但最终也不能够达到。想横渡江海，就要依托于舟船；想走远路，就要依托于马车；想称霸天下，兴起王业，就必须依托于贤德的人。“非其人而欲有功，若夏至之日而欲夜之长也，射鱼指天而欲发之当也。”如果你所任用的不是合宜的人，而想成就功业，就如同在夏至当天还期望夜晚更长一样、向天射箭以求能射到鱼一样，是不可能的。这样的事对于虞舜、大禹这样的人都是很困难的，他们都会陷于困境，更何况是一般的君主！这就是说，要成就霸业的话，必须依托贤明的人。

《晏子》中记载了一个关于齐景公的故事。齐景公有一次问晏子："我的先君齐桓公，曾经率领兵车三百辆，九次会盟诸侯，统一天下。现在我率领的兵车有一千辆，可以赶上齐桓公的业绩、在他之后一统天下吗？"晏子回答："齐桓公率领兵车三百乘，九次会盟诸侯，一统天下，是因为他左有鲍叔牙、右有管仲的辅佐。而现在您左右全是娼优，谄媚、邪恶的人在前，阿谀奉承的人在后，又怎么可能赶上齐桓公而成就霸业呢？"

这就从侧面告诉齐景公，齐桓公之所以能够称霸天下，是因为他能够任用贤才、信任贤才。如果你也想称霸天下的话，不是效法他有多少兵力，而应该效法他有任用贤人的智慧和度量。

尚贤使能关系到国家的成败。古代任才都是以德行、才能高低为取舍，而不是任人唯亲，或徇私枉法。

八、贤主贵士

评价一个人是不是贤明，要看他是不是嫉贤妒能，能不能推荐德才兼备的人。

用人特别强调“德才兼备，以德为先”。《孔子家语》说：“故弓调而后求劲焉，马服而后求良焉，士必悫而后求智能焉。不悫而多能，譬之豺狼，不可迩也。”弓必须调好之后，才能使它成为强劲的弓；马必须驯服之后，才能成为良马；士必须谨慎、诚实，才能让他再求智能。如果士没有诚敬之心，而多才多艺、能力很强，就像豺狼一样不可亲近。

《说苑》记载，周成王将要行成人礼，即行冠礼，周公让祝雍做一些祝词，并要求简明扼要。祝雍就说：“使王近于仁，远于佞，啬于时，惠于财，任贤使能。”意思是，希望大王能够亲近仁德的人，远离奸佞的人，珍惜时间，惠施财物，任用贤德的人和有能力的人。这里就提出“任贤使能”这个用人的标准。

那么，具体来说，应该任用什么样的人呢？

第一，任用孝廉之人。

自古以来，中国就把“孝廉”作为人才选拔的根本标准。

《孝经》说：“一个人不爱他的父母，而能够爱其他的人，这是和德行的本质相背离的；一个人不尊敬他的父母，而尊敬其他的人，这是和礼的本质相背离的。”

试想一下，一个人出门在外很久了，都不愿意回家看望自己的父母，这样的人，连父母的养育之恩都不能记在心上而想着去报答，他能够对领导忠心吗？如果他对领导很忠心、很听话，那也是因为有利可图。

“廉”，首先意味着不贪。一个人如果欲望过重，为了满足自己的欲望，他就会去做一些违法乱纪、以权谋私的事。

“廉”，除了不贪，还有廉正的意思。《潜夫论》有这样一句话：“夫贤者之为人臣，不损君以奉佞，不阿众以取容，不堕公以听私，不挠法以吐刚。其明能照奸，而义不比党。”贤德的人作为臣子，他不会一味地谄媚巴结君主来损害君主的威德，不会阿谀奉承众人而苟且容身，不会败坏公家的利益来任意处事，也不会歪曲法律而畏惧权贵。他的贤明能够明察奸邪，他的道义使他不结党营私。这才是廉正的臣子。

《后汉书》记载着一个关于祭遵的故事。祭遵是颍川人，曾经跟着光武帝出征黄河以北，并被任命为军市令。在光武帝的家族中，有个小儿犯了法，祭遵就按照法律，严格地把他处死了。光武帝听了这件事，非常生气，想命令人把祭遵收监。当时任主簿的陈副就进谏说：“您常常想让军纪严明，现在祭遵奉法不避权贵，就是想让军令严明，使法令得到实施。”光武帝听这话有道理，于是就赦免了祭遵，并且任命他为刺奸将军。光武帝还经常告诫将领：“应该小心祭遵，我们家族中的一个小儿犯了法尚且被他杀掉，那他也一定不会对你们这些将领有所偏向。”光武帝平定了黄河以北之后，又拜祭遵为征虏将军。

由此可见，贤明的君主用人，都是用那些严格执法、不徇私枉法的人。光武帝任用祭遵，给他很高的待遇，祭遵也严格要求自己，所受到的赏赐都分给手下的人，确实做得非常好。他过世的时候，光武帝亲自去送他，看到他曾经坐过的车马，痛哭流涕。他过世很久之后，光武帝还经常对群臣说："怎样能够找到像祭遵这样忠于职守、奉公守法的臣子呢？"光武帝也很了不起，因为他能够任用廉洁奉公的人。

第二，任用德化百姓之人。

《吕氏春秋》说，忠臣孝子是当君主、做父母的人都特别想得到的，荣华富贵也是做人臣、做人子的所希望的。但是君主得不到忠臣，父母得不到孝子，臣子、儿女也不能够得到自己的富贵显荣。这都是因为不懂得礼义所导致的，而不知道礼义是因为不学圣贤教诲所导致的。所以古代的圣王，没有人不尊师重道。这就告诉我们，一个人不尊师，无从了解大道，他的所作所为都是凭着自己的喜好及世俗的观念，那很可能会走冤枉路。

《荀子》记载："非我而当者，吾师也。"能够批评我，且批评得很恰当，这样的人就是我的老师。"是我而当者，吾友也。"他表扬我，但表扬得恰当，这是我的朋友。"谄谀我者，吾贼也。"我本没有真才实德，没有能力，而他为了让我高兴，谄媚我、奉承我，这样的人是我的敌人。所以我们要区分清楚，我们身边的人是师、是友，还是邪佞之人。

中国历史上，任用大臣都是任德不任力，首先看他的德行。晋文公在逃亡的时候，陶叔狐跟从他。晋文公回国之后，他三次封赏，都没封陶叔狐。陶叔狐就去见咎犯，说："我跟从君主逃亡已经十三年了，面色都变黑了，手足都长了老茧，可是现在君主回国，三次行赏都没有轮到我。是君主把我忘了呢，还是我有什么大的过失呢？"结果咎犯就把这句话告诉了晋文公。

晋文公说："我怎么会忘了这个人呢？能够用道使我精神专注，用义来说服我，使我的名声得以显扬，使我成为德才兼备的君主的人，我认为这样的人应该受到最高的奖赏；以礼来规范我，以义来劝谏我，使我不能够成为为非作歹的人，我认为这样的人应该受次一级的封赏；那些勇猛强壮的勇士，有难在前，他就冲锋在前，有难在后，他就断后，让我免于危难，我认为这样的人应该受到第三等的赏赐。陶叔狐没有听说过这样的道理吗？能够为人效死的人，不如保存这个人的生命；和人逃亡的人，不如保存这个人的国家。三次行赏之后，就应该轮到有劳苦功绩的人了，而有劳苦功绩的人，陶叔狐应该是第一位，我怎么敢把他忘了呢？"

后来周朝的内史听到了这句话，就说："晋文公要称霸了吧。"因为古代的圣王都是"先德后力"，优先重视的是德行，而不是劳力。晋文公可以称得上做到这一点了。

这就告诉我们，能够以德行教化百姓、言传身教的人，应该受到国家最高的重视，因为他可以使你的国家兴盛，而不至于有覆亡的危险。

第三，任用犯颜直谏之人。

这一点古书上讲得特别多，内容也非常丰富。

《韩诗外传》记载，晋平公到河里去游玩，很快乐，他就说："怎么样能得到贤士共享这种快乐呢？"划船的人就跪下来对他说："我们的君主不喜欢贤士罢了。珍珠产生于大江大海，玉器出于昆仑山，它们没有长脚，但是来到了我们的国家，原因是君主您喜欢它。现在有贤士，贤士长着脚，但是没有来到我们的国家，是因为您没有真正喜好贤士的意愿。怎么能担心没有贤士呢？"晋平公说："我的食客，门左有一千人，门右有一千人。早晨的食物不够吃，就派人晚上去征收赋税；

晚上的食物不够吃，就早晨派人到市场上征收租税。怎么还说我不喜欢贤士呢？”

划船的人就说：“鸿鹄一振翅就能飞翔千里，所依靠的是它翅膀上的六条强劲有力的茎羽，而背上的粗毛、腹下的细毛，增加一把不会让它飞得更高，减损一把也不会让它飞得更低，您现在的食客不过是背上的粗毛、腹下的细毛罢了。”意思是说，真正有用的、贤德的人少之又少。《诗经》说，谋划的人太多，事业就不能成就，说的就是这个道理。所以一个团体也好，一个企业也好，一个国家也好，并不是人越多就越好，真正有贤德的、有能力的人是最重要的。

《新序》记载，晋平公向叔向请教国家最大的忧患是什么。叔向回答说：“大臣重禄而不极谏，近臣畏罪而不敢言，下情不上通，此患之大者也。”大臣为了保存自己的禄位不敢犯颜直谏，身边的近臣因为怕犯罪不敢直言向君主禀报，结果下情不上达，这是国家最大的祸患。大臣重禄不进谏，是因为君主没有雅量，不愿意听人家的劝谏。所以这些大臣也会投其所好，说他喜欢听的话。古代圣明的君主，都知道这个道理，所以他们会引导属下去犯颜直谏。

《吕氏春秋》记载，赵简子把他的一个叫栾徼的臣子沉到河里去了。他说：“我曾经喜欢音乐、美色，栾徼就把这些呈现在我面前；我曾经喜欢宫室楼台，栾徼就为我建设好；我曾经喜欢良马和善御者，栾徼也给我送来了。而我现在喜欢贤士已经六年了，但是栾徼却没有给我进谏一个贤人。这是在助长我的过失，而减损我的美德。”

能够以道理来督察责罚他的臣子，这样的君主就可以和他们共同做善事，而不可以和他们做错事；就可以和他们一起做正直的事，而不可以跟他们一起做邪妄的事。赵简子这件事，表明了他有一个很大的特点，就是善于引导臣子去做正当的事。这就是“以理督责于其臣”。

《吕氏春秋》说："贤主所贵莫如士。所以贵士，直言也。"贤明的君主最重视的无过于士，之所以贵士，就是因为他们能够犯颜直谏。如果他们说的话非常直接，那么君主就能够看到自己邪曲不正的地方。然而君主的通病，就是他既想知道自己的过失，却又厌恶直言。这就如同把水的源头阻塞了却想得到水一样。如果我们想清楚地看到自己的过失，那就要任用那些可以犯颜直谏的人。

《吕氏春秋》里还记载着这样一个典故。楚文王得到了"茹黄狗，宛路箭"，这都是非常有名的狗和箭。他到云梦去田猎，三个月都不回来。他从丹地得到一个美女后，每天和这个美女在一起，一年都没有去听朝，不务朝政。后来，他的太保申就说："先王曾经卜卦，认为我作为太保是很吉祥的，现在您的罪理应受鞭刑。"

楚文王就说："能不能变换一个方法，不要用鞭刑责罚我呢？"太保申就说："我承继的是先王的法令，不敢废除。如果您不受这个鞭刑，我就等于是废弃了先王的法令。我宁愿获罪于您，也不愿意获罪于先王。"楚文王听了之后，就说："好吧。"于是，太保申把席子拉过来，让楚文王趴在上面，把五十根细细的荆条绑在一起，跪着把它放在了楚文王的背上。如此做了两次，说："大王您可以起来了。"楚文王就说："既然有鞭笞的名义，你就不如痛快淋漓地、名副其实地打我一顿好了。"

太保申就说："我听说，对于君子，能让他感到羞耻就可以了；对于小人，才要让他感到疼痛。如果让他感到羞耻，他都不改变自己的行为，那让他感到疼痛又有什么帮助呢？"太保申说完之后，就站起身走出去，请求楚文王把他处死。楚文王就说："这是我的过失，太保您有什么过失呢？"楚文王被这个太保的忠诚所感动，后来他就改变了自己的行为，把太保申重新召回来，杀了茹黄狗，折了宛路箭，把丹地的美女也放回去了，并且开始一心一意地治理楚国，最后他兼并了三十九个国家，使楚国的地盘非常广大。

楚文王后来能够有这样的功业，都是太保申犯颜直谏的功劳。

《昌言》里说，人主有五种情况不可以劝谏：第一是废除皇后、废除太子，第二是对自己的情欲很放纵、不节制，第三是专宠一个人，第四是宠幸那些阿谀奉承的人，第五是骄贵外戚。有这五种情况之一，都不能够犯颜直谏。言外之意，如果臣子犯颜直谏，可能会招致杀身之祸。但是太保申，虽然看到楚文王不节制情欲，而且宠爱一个人，仍不惜冒着生命危险去劝谏君主，可以说是忠义之士。

《易经》说："王臣蹇蹇，匪躬之故。"大王的臣子都忠厚老实、犯颜直谏，这不是为了自身。人臣之所以能够忠厚老实、犯颜直谏，去进谏他的君主，不是为了自身的安危，而是想匡正君主的过失。如果君主有过失，这就是危亡的征兆。见到君主有过失而不去劝谏，就是轻视君主陷于危亡的境地。轻视君主陷于危亡，忠臣是不忍心这样做的。这就告诉我们，如果我们周围有敢于犯颜直谏的部下，冒着大不韪的、大不敬的后果，还能够劝谏你，这个人就是最忠心的人。

第四，任用不嫉贤妒能之人。

人为什么嫉贤妒能呢？是因为有私心，他想的不是让这个团体更团结、做得更好，而是怕别人能力超过自己，受到领导的重用，使自己的利益受到损害。这种人气量很小，成就也不会很大。中国有句古话："观德于忍，观福于量。"看一个人有没有德行，就看他能不能忍，能不能忍辱；看这个人有没有福气，就看他有没有度量，因为量大福大。

《孔子家语》记载，子贡来向孔子请教，说："现在的人臣，谁能被称为贤德的臣子呢？"孔子就回答说："齐国有鲍叔牙，郑国有子皮，可以被称为贤者。"子贡就很好奇，他说："齐国没有管仲，郑国没有子产吗？”因为管仲协助齐桓公治理齐国，子产做郑国的宰相，都是很有才能的人，把齐国和郑国治理得井井有条。

孔子回答说：“你只知其一，不知其二。你说是出力的人还是进贤的人贤德呢？”子贡回答说：“当然是举荐贤德之士的人才能够称为贤明。”孔子说：“对啊。我听说鲍叔牙能够让管仲显达，子皮能够让子产显达，而没有听说管仲和子产有让比自己贤德的人显达的。”

因此，评价一个人是不是贤明，要看他是不是嫉贤妒能，能不能推荐那些德才兼备的人。

《说苑》有一个典故，很发人深省，也是管仲所讲的。有一个卖酒的人，他的酒器非常干净，他的酒旗悬挂得也很高，但是他的酒搁酸了也卖不出去。他就问邻居是什么缘故。邻居就说：“因为你们家有一只猛狗，别人带着酒器想来买酒的时候，这只狗就迎上去咬人，这就是你的酒卖不出去的原因。”其实，国家也同样有“猛狗”，“猛狗”就是国家里有权势的人，那些有道德、有学问的人想来辅佐国君，但这些有权势的人却迎上来诋毁、陷害，这就是国家的“猛狗”。

这就告诉我们，贤能之人之所以没有被采用，也是因为国君身边所任用的人都是那些嫉贤妒能的人。他们就像“猛狗”一样，生怕贤德的人来到国君的身边取代自己的位置，使自己的利益受到损害。正是因为古人能够认识到贤德之人对国家的安危成败至关重要，所以在制度上就有这样的规定，即“进贤者必有赏，进不肖者必有罪”，而不敢推荐人才的人，被称为“无能之人”。一旦这样的制度实行，臣子都愿意推荐贤者。

第五，任用隐恶扬善之人。

《体论》说：“君子掩人之过以长善，小人毁人之善以为功。”君子都是把别人的过恶加以掩饰，来长养自己的厚道善良。而小人却是毁谤别人的善行善举，而且自以为有功，夸耀自己的功劳。所以古人观人，也要观这个人的言语，看他所说的话是经常称颂别人、夸奖别人，还是经常毁谤别人、挑剔别人。

《格言别录》上有这样一句话："德盛者其心和平，见人皆可取，故口中所许可者多。"德行很高的人，心平气和，他见到每个人都有可取之处，都有比自己强的地方、值得学习的地方，所以他口里所赞叹的、肯定的人就很多。相反，"德薄者其心刻傲，见人皆可憎，故目中所鄙弃者众"。德行浅薄的人，他的心地是刻薄傲慢的，见到每一个人都有可厌恶的地方、不如自己的地方、可挑剔的地方，所以他眼中瞧不起的人就很多。所以我们通过看一个人是经常毁谤别人、挑剔别人，还是经常赞叹别人、称扬别人，就可知道这个人的善恶。

做领导的人应该都知道，"来说是非者，便是是非人"。一个有德行的人，他念念不忘的是整个集体能够团结一致，能够把事情办好，所以他不会到领导面前说别人的坏话。当然，在开会的时候，要指出问题的时候，大家都应该畅所欲言，能够把这个问题摆在桌面上。开会之后，就不要在私下里说三道四，否则就有失厚道。

这就是我们看人、用人的基本原则：第一，任用孝廉之人；第二，任用德化百姓之人；第三，任用犯颜直谏之人；第四，任用不嫉贤妒能之人；第五，任用隐恶扬善之人。这就是领导用人时要坚持的五个基本原则。

九、礼贤下士

> 做君主的侮辱他的臣子，有智慧的人就不会为他出谋划策，能言善辩的人就不会为他出使其他国家，勇敢善战的人也不会为他去作战。

人才对于治理国家、管理企业至关重要，但现在却常常听到有人感叹：当今社会得不到好的人才啊！其实不然。

《傅子》说道："夫圣人者，不世而出者也。贤能之士，何世无之？"圣人确实不是世世代代都有的，但是贤德之士、有能力的人，哪一个时代没有呢？既然有，为什么我们却得不到呢？《傅子》也有明确的论述：虞舜、周文王、周武王这些圣人，他们想实行王道，贤臣就会出现来辅佐他们；齐桓公想称霸天下，管仲这样的臣子就出现了；秦孝公想富国强兵，商鞅这样的法家人物就来辅助他了。所以说，"欲王则王佐至，欲霸则霸臣出，欲富国强兵则富国强兵之人往。求无不得，唱无不和，是以天下之不乏贤也，顾求与不求耳，何忧天下之无人乎？"天下并不缺乏人才，只看我们求与不求罢了。

《说苑》有一个典故：齐宣王坐着，淳于髡在旁边侍坐。齐宣王说："先生啊，谈论谈论我有什么喜好。"淳于髡说："古代的君王所喜欢的有四种，而您只喜欢其中的三种。”齐宣王说：“你可以详细地说给我听一听吗？”淳于髡说：“古代的人喜欢骏马，您也喜欢骏马；古代的人喜欢美味，您也喜欢美味；古代的人喜欢美色，您也喜欢美色。但是，古代的人喜欢贤士，大王您唯独不喜欢贤士。”

齐宣王是怎么回答的呢？齐宣王说：“国家没有贤士。如果有贤士的话，那我也喜欢他们。”淳于髡说：“古代有骅骝、骐骥这样的骏马（骅骝、骐骥都是非常好的马，是马中的精品），现在没有这样的骏马了，您就从众多的马中去选取，可见大王喜好骏马；古代有豹胎、象胎这样的美味，现在没有这样的美味了，但是您也从众多的美味中去选取，可见您也是喜好美味；古代有毛嫱、西施这样的美女，现在没有毛嫱、西施了，但是您也从众多的美女中去选取，可见大王也喜好美色。如果大王一定要等待尧舜禹汤时代那样的贤士出现才喜欢他们，那么尧舜禹汤时代那样的贤士也就不喜欢大王您了。”齐宣王听完之后，就默默无语了。

这个故事告诉我们，天下其实并不缺少贤士，德才兼备的人很多，只是领导者没有用心去求取罢了。

《中论》中有这样一段阐述：“凡亡国之君，其朝未尝无致治之臣也，其府未尝无先王之书也，然而不免乎亡者，何也？”即使是末代的使国家灭亡的君主，他的朝廷中也不是没有可以使天下大治的臣子，他的府库中也不是没有圣贤的典籍。但还是免不了灭亡，原因就在于“其贤不用，其法不行也”，有了贤德的人也不被君主重用，他的治国方法、策略也不被君主推行。

于是，“苟书法而不行其事，爵贤而不用其道，则法无异于路说，而贤无异于木主也”。即使把这些治国的理念方法都书写下来，记在典籍之中，但是统治者将它束之高阁，不去学习，任命了贤臣而又不采用他的意见和策略，那么，这些治国的方法就同路边的闲话没有区别，贤德之人也就像木制的神主一样不起作用。

所以天下并不是缺少贤臣，事实是，即使有了贤臣，往往也得不到重用，甚至统治者根本没有想方设法求取贤才。由此可见，尊敬贤才是非常重要的。

《孔子家语》记载，鲁哀公问孔子："当今的君主，您认为谁最贤明呢？"孔子说："我没有碰到过贤明的君主，如果非要说有一个贤明的君主的话，那就是卫灵公吧。"鲁哀公就问了："卫灵公是怎么做的呢？"

孔子说："卫灵公有一个弟弟，叫公子渠牟，他的智慧、信义可以治千乘兵车的中等国家，卫灵公对他很喜爱，并且非常重用。

"卫国有一个士人叫王林国，他若发现贤德的人，一定会举荐，如果贤德的人被罢黜了，他还要把自己的俸禄分给他，所以卫国就没有被埋没的读书人。卫灵公知道了此事，便对王林国非常尊敬。

"卫国有一个士大夫叫庆足，每逢多事之秋，他一定会出来帮助治理国家，而国泰民安的时候，他便从官位上退下来，让与那些贤德的人。因此卫灵公对他非常尊敬，供为上宾。

"卫国还有一个大夫叫史鳅，因为开始和卫灵公政见不和，便想离开卫国。结果卫灵公在郊外住了三日，反省自己，琴瑟不奏，一定要等史鳅回国之后，卫灵公方肯回朝，所以我认为卫灵公是一个贤德的人。"

这个故事告诉我们，真正贤德的君主，一定会任用贤德之士，并对他们非常尊敬。所以若想真正获取贤才，必须用礼敬、谦让的态度。

《孙卿子》指出："尊圣者王，贵贤者霸，敬贤者存，嫚贤者亡。古今一也。"尊敬圣贤的人，可以称王天下；以贤人为贵的，可以称霸天下；尊敬贤德的人，可以免于灭亡；怠慢、侮慢贤德的人，会终究走上灭亡的道路。这是古今通用的道理。

《韩子》记载了这样一个故事。周文王曾经去讨伐崇国，到了黄凤旧城的时候，他的袜带开了。他左右看了一看，发现没有一个人可为他系袜带，周文王便自己把袜带系上了。姜太公看了之后就问："君王您为什么自己系上这个袜带呢？"

周文王说："我听说，上等的君主，和他相处的人都是他的老师；中等的君主，所交往的人都是他的朋友；而下等的君主，所交往的人都是他指使的人。我虽然不贤德，但是和我相处的人都是先君的旧臣，所以没有人可以被我指使帮助我系袜带。"正是因为周文王的谦敬礼让，才使得众臣心悦诚服，最终推翻了商纣的统治。

《吕氏春秋》也说："贤主必自知士，故士尽力竭智，直言交争，而不辞其患。"贤明的君主，一定要自己去结交、知遇那些士人。若士人觉得你对他有知遇之恩，就会竭尽全力地回报你。如果你做错了事，他就敢犯颜直谏，不担心自己被处死。

春秋战国时，豫让在晋国做智瑶的家臣。智瑶被杀了，豫让费尽心机想要替他报仇。豫让的朋友问他："以前你侍奉过范氏，也侍奉过中行氏，但是他们被诸侯灭亡之后，你并不想着去为他们报仇。现在智氏被人灭了，为什么你一定要为他报仇呢？"豫让说："以前的范氏、中行氏，在我寒冷的时候不给我衣服穿，在我吃不饱饭的时候也不给我食物吃。他们是以一般士人的礼节来对待我，那我也以一般士人的回报来对待他们。但是到了智氏这儿就不一样了，我吃不饱饭他就给我食物，我穿不暖衣服他就给我衣服。在朝会的时候，他一定特别地尊敬我。他是以国士的待遇来礼遇我，所以我也要以国士的态度来对待他，因此一定要为他报仇。"

这个故事主要是告诉我们，即使像豫让这样被称为国家贤士的人，也要根据君主对他的态度来选择回报的方式。对于一般的人而言，就更是如此了。

所以贤明的君主，一定要自己去结交而且礼敬贤德之士，这样才会拥有真正的股肱之臣、国家良将。

关于这点，《说苑》也有记载。齐桓公为了称霸天下，想让管仲来帮他治理国家。管仲说："身份低贱的人不能统治身份高贵的人。"齐桓公就拜他为上卿。国家还是没有得到治理，齐桓公就询问原因，管仲说："贫穷的人不能指使富裕的人。"齐桓公听了之后，便把齐国市场上一年的租税都交给了管仲。但国家还是没有得到治理，齐桓公便又询问原因。管仲说："关系疏远的人不能够控制、管理关系亲密的人。"齐桓公听了之后，便把管仲立为"仲父"，以侍奉父亲的礼节来礼敬管仲。齐国终于得到了治理，而且最终称霸天下。

孔子听闻这件事情之后，便评论：即使是管仲这样的贤德之才，不得到这三种权力，也不能够使他的君主南面称霸天下。所以这个故事告诉我们，齐桓公之所以能够称霸天下，与他对待管仲的态度是息息相关的。

历史上这样的例子不胜枚举，不仅齐桓公因礼敬管仲而称霸天下，魏文侯也是因礼贤下士而称霸诸侯的代表之一。《说苑》记载，魏文侯从中山国急奔安邑，田子方在军队后面，途中魏文侯的儿子——太子击遇到了田子方，便下车快步走上前去。结果田子方还是坐在那儿，像原来一样一动不动，并且对太子说："你替我告诉君主，在朝歌等着我。"太子听了，脸上露出不悦的颜色，他对田子方说："不知道是贫穷的人待人傲慢呢，还是富贵的人待人傲慢？"

田子方回答说："当然是贫穷的人待人傲慢了，富贵的人怎么敢待人傲慢呢？如果是一个君主，待人傲慢就会导致亡国。如果大夫对人傲慢，便会丧失地位。如果贫穷的人傲慢，他也只是保持贫穷而已，对个人而言没有什么损失。”太子听后，赶上了魏文侯，将田子方与他的对话转告了魏文侯。

魏文侯感叹道：“如果不是你的缘故，我怎么能够听得到圣贤人的这一番话呢？因为我在仁德方面比不上子方，所以对他很礼敬，才和他成为朋友。自从我和子方成为朋友之后，君臣之间的关系越加亲密，百姓越加归附，从这里我取得了友爱贤士的功效。当我想攻打中山国的时候，因为我在作战、用兵方面比不上乐羊，所以我就对他非常礼敬，结果乐羊用了三年的时间就把中山国打下来献给我，那时我便取得了和武士交友的功效。如今，我之所以不能够稍有进步，就是因为我没有遇到以智慧傲慢我的人。如果我能够得到以智慧傲慢我的人，我的功绩怎么能够比不上古时的圣贤呢？”

所以魏文侯能够称霸天下，就是因为他对仁人贤士非常礼遇。田子方对他的太子这样傲慢，魏文侯不仅没有指责，而且还教导太子用仁爱之心去结交有德有才之士，所以魏文侯称霸天下是当之无愧的。

当然，田子方这样对待君上的方法，招致了其他人臣的批评。魏文侯有一个弟弟，叫季成，他对魏文侯说：“田子方虽然是一个贤德的人，但他并不是拥有国土的君主，而您经常对他以君主之礼相待。如果有比田子方更贤德的人出现，您又以什么样的礼遇来对待他呢？”

魏文侯回答说：“像田子方这样的人，不是你可以议论的。因为子方是有仁心的人，有仁心的人是国家的珍宝。有智慧的人理应被国家器重，知识广博通达的人应该被国家所尊崇。一个国家，拥有有仁心的人，群臣之间就不会相争；拥有有智慧的人，四邻的诸侯便不敢存窥视之心；拥有广博通达的人，人主的地位就越来越尊崇。所以像田子方这样的人，不是你所能够议论的。”

从这两个故事，就可以看到魏文侯的明智。他任用贤才，即使别人对他所任用的贤才有所微词，他也依然信任如故。这也是他最终成就霸业的一个重要原因。

在仨用贤才方面，能和魏文侯相媲美的就是赵简子。《新序》记载着赵简子一个类似的故事。赵简子走上一条狭长又弯曲的山路，群臣都下车光着膀子帮他推车，只有虎会不帮忙，他自己扛着戟，还唱着歌，也不去推车。赵简子看了就非常不高兴，便说："群臣都来帮助推车，而虎会你单单地扛着一个戟，还唱着歌，你身为人臣，侮辱了君主，该当何罪呢？"

虎会回答说："作为人臣的侮辱了君主，那罪过是死而又死。"那赵简子就问了："如何叫死而又死啊？"虎会说："首先罪臣自己被处死，然后他的妻子儿女也受到牵连。这叫死而又死。君主您已经听到了臣子侮辱君主的下场，您想听一听做人君的侮辱臣子的结果吗？"赵简子说："那是什么结果？"虎会说："做君主的侮辱他的臣子，有智慧的人就不会为他出谋划策，能言善辩的人就不会为他出使其他国家，勇敢善战的人也不会为他去作战。有智慧的人不为他出谋划策，国家就危险了；能言善辩的人不为他出使其他国家，那就不能够和别的国家交好；勇敢的人不为他去作战，边境就会受到侵犯。"

赵简子听了，觉得非常有道理，就拜虎会为上客，对他非常敬重。所以古代的君主之所以能够有这样的成就，也绝非偶然，与他们对待贤德之士的态度有很大的关系。

《说苑》记载着一个故事。田忌离开了齐国，奔往楚国。楚王就问他说："齐国和楚国常常想互相吞并，您对这件事有什么看法呢？"田忌就回答说："如果齐国任命申孺做将军，那楚国只要发五万的兵士，使上将军率领他们，就能够擒获敌军将领的首级而返。但是齐国如果使眄子做将军，楚国即便征发了所有的兵士，而且加上楚王您亲自做将军出征，也仅仅是免于不被擒获而已。”

结果，两军交战，开始的时候，齐国确实是派申孺做将军。楚国便征发了五万士兵，派上将军率领，果然就带着敌军将领的首级凯旋。之后，齐王换眄子做将军，结果楚国征发了所有的兵士，而且楚王亲自率领，最后确实是仅仅没有被敌军擒获而已。

楚王就问田忌：“先生您为什么很早就知道了这个结果呢？”田忌回答说：“申孺为人有这样一个特点，他侮慢、轻视贤德的人，又对不肖之人很轻贱。他这种态度，使得贤德的人和不肖之人都不愿意为他效力，因此得以灭亡。而眄子，他尊敬贤德的人，又爱那些不肖之人，所以贤德的人和不肖之人都会竭尽全力承担责任，因此楚王您大败而回。”

这个故事告诉我们，看一个将军能否打胜仗，只要考察他的德行就可以了。若他是贤德之士，对属下的态度毕恭毕敬，便会不战而胜。而如果将军好大喜功，刚愎自用，那么结果不言而喻。所以，“以礼敬人”在各个方面都特别重要。

《尸子》说：“下士者得贤，下敌者得友，下众者得誉。故度于往古，观于先王，非求贤务士，而能立功于天下，成名于后世者，未之尝有也。夫求士不遵其道，而能致士者，未之尝见也。”礼贤下士的人能够获得贤才，能够对敌人礼敬的人可以化敌为友，能够对众人礼敬的人可以获得众人的称誉。所以纵观历史的发展和古代圣王的治国经验，如果不依靠贤才，没有哪个先王可以立功于天下、成名于后世。而且君主若没有按照道来求取贤才的话，那么贤才也是招揽不到的。这说明，礼敬的态度非常重要。一个领导者对贤德之士有礼敬的态度，他才能够得到贤德之士的帮助，才能够成就事业。

这个道理在《说苑》也有说明。《说苑》记载，孔子对宓子贱说："你治理单父，大家都非常高兴、满意。能不能告诉我，你是怎么做到这一点的呢？"宓子贱回答："我对待百姓的父亲如同对待自己的父亲，对待百姓的儿子如同对待自己的儿子，体恤那些孤儿，而且百姓有丧事的时候，我都为他们感到哀痛。"

孔子说："你已经做得不错了，但是还不足够。"宓子贱便接着说："我像对待父亲一样对待的人有三个，像对待兄长一样对待的人有五个，结交的朋友有十一个。"孔子听了之后说："像对待父亲一样对待的有三个，可以教导百姓孝了；像对待兄长一样对待的有五个，可以教导百姓友悌了；结交的朋友有十一个，可以教导百姓好学了。但这也是中等的善事，中等的人会归附，还是不足够。"宓子贱听了之后便又说："在百姓之中，比我贤德的人有五个，我对待他们非常恭敬，他们教导我治理国家、百姓的方法。"

孔子说："想成就大事的人，秘诀就在于此了。以前尧舜都是非常谦恭地对待臣下，这样才招来贤德之士，帮助他们治理国家。所以能够举荐贤德的人，这才是百福的根本、神明的关键。可惜你治理的地方太小了，如果你所治理的地方大，你所取得的成就就可以与尧舜相继了。"

这个故事告诉我们，若想真正使百姓归附，礼贤下士、尊敬贤才是至关重要的。

十、女子显坤德

> 一个真正有德行、有智慧的女人，就像大地一样安静、祥和，效法坤道的自然无为，使万物自然而然地生长演化。

如果大地不稳定，会发生地震，给生灵造成很大的伤害。一个女子不安静、脾气不好，会给家里带来不安定的成分。

“地势坤，君子以厚德载物”，这句话出自《群书治要·周易》。

《周易》的乾、坤二卦，不仅仅指天地、阴阳、君臣，也指男女。乾卦为男，坤卦为女。在《易经·系辞》里就讲道：“乾道成男，坤道成女。”男子要效法乾道，女子要履行坤德。所以中国文化讲男道女德，这个道是道德的道。也就是男子要行天道，女子要显坤德。坤德是指大地的气势宽厚和顺，君子应该效法坤卦的精神，以深厚的德行容载天下万物。

那么，女子应该如何效法大地，学习大地这种宽厚的精神呢？

大地很厚重，所以才能够承载、接纳万物。也就是说，女子要有大地般深厚的德行，容载万物。具体而言，厚德载物这个“厚”，可以用十二个字概括：宽、容、忍、让、谦、卑、柔、顺、慈、良、贞、静，这是从坤卦学到的女德精神。

第一是宽。宽就是要心胸宽阔。也就是说，做女子的要有大地般开阔的心胸，不能斤斤计较，没完没了。一个人有宽厚之德，才能让人与人之间的相处轻松自然，而不是战战兢兢，很紧张，有压力。因为一个人如果事事都挑剔、事事都计较，就会让周围的人感觉到很不轻松、很不自然。

第二是容。“地之秽者多生物。”在大地愈是污秽肮脏的地方，植物反而长得愈茂盛。大地的这种容，是一种平等的容纳，对于人可以容纳，对于动物、植物可以容纳，而且即使是毒蛇猛兽这样的动物，也都可以平等地容纳。所以我们要学习“容”，就是学习大地的平等精神。这个平等心很不容易。普通人对亲人、自己喜欢的人，那是怎么说都说不够，怎么相处也不会烦。但是对于自己不喜欢的人，往往就不愿意说一句话，敬而远之。这都是平等心不够导致的。如果我们看这个喜欢，那个讨厌，这还是没有平等心的表现。

“容”除了表现为平等心之外，还要能够容人之过。我们知道人非圣贤，孰能无过，既然每一个人在修学的过程中都不是完美无缺的，都会有这样或者那样的过失，那我们就要能够容忍、理解、接纳，而不能够求全责备。当一个人犯过失的时候，你愈是能够容纳，就愈能引起别人的惭愧心，就愈能感化他。

第三是忍。这个忍，下边是一个心字，上面是一个刀刃的刃，这就告诉我们，当我们心上放了一把刀，用刀割你的心的时候，你还能够心平气和，这才谈得上真正的忍。所以我们讲忍耐、忍辱，表现出来就是脾气好，从来不发脾气，待人一团和气，满面春风。

第四是让。让就是不居功。为什么一个人能够做到让，特别是让贤，就是因为他无我，他不自私，他心心念念在公利上，念念为国家、大众所着想。如果在一个团队中工作，也是念念为这个团队的发展、前途着想，他一定会把德才兼备的人推举出来，让贤于人。

第五是谦。谦卦的卦象是地山谦。平时高山都是在平地之上的，但是在谦卦之中，高山宁愿居于平地之下，所以称为地山谦。谦卦告诉我们，自己虽然有功、有才能，但是不居功自傲，还处处让着别人，不以才智盖人。所谓“女子无才便是德”，并不是说女子什么都不会，她可以上得厅堂下得厨房，但她从不自以为自己很能干，自己再能干，也还是能够听从家人的安排，永远谦虚，永不自以为是。

第六是卑。中国古人讲男尊女卑，一般人听到男尊女卑，就认为这是贬低女性，其实这是完全误会了古人的意思。古人讲的“男尊女卑”，指的是男子要效法天，像天一样宽广无私，像天一样自强不息、统领万物。做女子的要效法大地，能够包容、承纳万物。所以她必须卑下，永远处在最低处。并不是说你处在低处了，你就受轻贱、就不重要了，万事万物都要依靠大地才得以生长，我们所用的资源也全来自大地，所以她更重要。我们再看海，正是因为它低，所以才能够海纳百川，有容乃大。不与人争，天下莫能与之争，这是古人教导女子要卑弱的真实含义。

中国历史上，最早的一部女德教育教材是《女诫》。《女诫》的开篇，就是讲“卑弱”。一般人看到“卑弱”这两个字，就以为女子生来就地位卑微。其实不是这个意思，《老子》云：“柔弱胜刚强。”古人教女子要效仿大地，效仿地德，永远处在最低处成就万物，但是自己又不居功。做女子的也要这样，有才而不显，有功而不居。

第七是柔。我们经常说女子柔顺如水。水有什么特点？“水善利万物而不争。”而且水随方就圆，把它放在方的容器里它就是方的，放在圆的容器里，它就呈现圆形的状态，恒顺众生。所以，柔让人不忍心伤害她，还会生起保护她、帮助她的心，这个就叫以柔克刚。如果男子是刚的，女子也是刚的，刚与刚相对，必然会产生矛盾。这个柔弱并不是软弱，像《老子》里边讲："柔弱胜刚强""天下莫柔弱于水，而攻坚强者莫之能胜"。

柔不仅仅是中国传统文化对女子的要求，其实任何一种文化之中，都在强调女子的温柔。譬如说，著名作家哈地曾经写道，在新西兰某处的墓地上有一块陈旧的墓碑，上面刻着一个女人的名字和这样一行字："她是多么温柔可爱。"

第八是顺。顺就是和顺、顺从、配合。也就是我们经常所说的"夫义妇听"，这个听就表现为顺从。在坤卦的《彖辞》中讲道："至哉坤元，万物资生，乃顺承天。"这里就讲到，做女子的应该顺从、成就自己的丈夫，这就需要有深厚的德行。女子要听从丈夫，前提是"夫义"。也就是丈夫要讲道义，如果丈夫不讲道义，女子就不能够一味地听从。

汉朝的班婕妤，就是一个很好的例子。班婕妤在汉成帝刚刚继位时被选入后宫，开始的时候做少使，深得汉成帝的宠爱，很快就被封为婕妤。有一次，汉成帝在后宫游玩，打算和班婕妤一同乘坐车子，班婕妤推辞说："臣妾观察自古以来的图画，发现圣明的君主身旁坐的都是有名的大臣，只有夏商周三代的亡国之君身边才有受宠的女子，现在陛下若是与我同乘一辆车，那不就是和那些亡国之君差不多了吗？"汉成帝觉得她说得很有道理，于是就不勉强她了。太后听了这件事，非常高兴地说："古时候楚国有一位樊姬，现在又有了班婕妤。"

第九是慈。这个慈上面是一个"兹"字，下面是一个"心"字，慈就是念兹在兹。我们经常说慈爱，爱是用心地感受对方的需要，用心地感受丈夫、儿女的需要，以至于达到念兹在兹的程度。所以女子有慈爱，就能让整个家庭氛围非常温暖，每一个成员都感受到被爱包围。

人的心态转变其实也是在一念之间。这一念可以让一个平凡人变得很伟大。其实家庭主妇为家庭所付出的一切，可以说是最有意义、最值得做的一件工作。这件责任重大的工作，唯有妇女才能承担，因为她所扮演的妻子、母亲、儿媳等角色至为重要。古人讲，齐家才能治国平天下。如果一个家庭不健全、不幸福，又如何能够代代相传？所以母亲的慈爱非常重要。

第十是良。善良能够帮助丈夫成就德行，《群书治要》中节录了很多有后妃之德的女子的故事。譬如，《群书治要·后汉书》中节录了一位明德马皇后的故事。这个马皇后是伏波将军马援的小女儿，她被立为皇后之后，更加谦和肃敬。她所穿的衣服常常是用厚缯做的衣服，就是粗布的衣服，裙子上连装饰的花边都没有。

在汉明帝去世之后，她做了太后，亲自撰写《显宗起居注》。在写这本书的时候，她删减了她的哥哥马防参与医药的事。汉章帝就问，说："黄门舅从早到晚供养侍奉将近一年的时间，既不给他褒奖，又不记载他的勤劳，是不是太过分了？"马皇后说："我不想让后世人知道，先帝多次亲近后宫的家人，所以不录。"汉章帝打算给舅舅们进封爵位，也没有被马皇后允许。马皇后不给自己的兄弟们进封，是考虑到整个国家的兴衰，不愿意给整个国家造成不良影响。

我们回顾历史会发现，凡是有作为的皇帝，背后一定有一个有女德的皇后在旁辅佐，共同成就一代盛世。

第十一是贞。中国人认为一个女子要守身如玉，一定要洁身自好、珍爱自己、尊重自己，这个就是贞洁自尊。作为女子，特别是作为姑娘，一定要懂得自爱，懂得珍惜自己的身体。

第十二是静。就是安静而不浮躁，能够很好地控制自己的情绪。大地很安静、很平稳。这个“安”字，上面是一个宝盖，代表家，下边是一个“女”字，女子在家，这个家就平安、幸福。

在《周易》坤卦的《文言》里，孔子讲道：“坤，至柔而动也刚，至静而德方，后得主而有常，含万物而化光。”坤卦六爻皆阴，它是至柔的，但是在变动的时候，却也显示出无比刚强。地体不动，极为安静，但能够生长万物。

一个真正有德行、有智慧的女人，就像大地一样安静、祥和，效法坤道的自然无为，使万物自然而然地生长演化。这个安静也体现在做女子的要谨言慎行，她的行为才能够方正，才能够为人所效法。

十一、积善之家必有余庆

> 一个人接受什么样的教育，就会养成什么样的人格。而家教，则完全是受中华传统美德的影响。

在二战前夕，有一批欧洲学者一直在研究，四大文明古国之中，为什么只有中华文明得以传承至今，绵延不衰？最后他们得出了一个结论，那就是中国人特别重视家庭教育。

中国人说“闺阃乃圣贤所出之地，母教为天下太平之源”。澳大利亚昆士兰大学的教授们曾经向一位长者请教：我们现在都在讲化解世界冲突，促进世界和平，您认为世界冲突的来源是哪里呢？这位老人家回答，世界冲突的根源在于家庭，在于父子之间的冲突，在于夫妇之间的冲突。

我们想，一个孩子成长在一个父母经常吵架的环境中，从小也就学会了吵架和对立思维。相反，一个孩子生长在诚敬谦和的氛围中，父母从来都不吵架，一直和睦相处、同甘共苦，遇到问题都是主动承担责任的，他走上社会也会诚敬谦和，不会想到用武力、用对立的方式解决问题。

“一分诚敬得一分利益，十分诚敬得十分利益。”2016年春，中央一频道在《新闻联播》之前曾经播放过一部动画片，讲的是郑义门。郑义门的家族从宋朝到清朝共出了173位大大小小的官员，都廉洁奉公，没有一个人贪赃枉法，就是因为有严格的郑氏家规。郑氏家规对怎么教育儿女、怎么与邻里相处、怎么做官都有清楚的规定。所以，家教对人的一生都有深远的影响，同时也告诉我们，家庭教育是教育的开始。

《习仲勋传》的最后一章就讲到了习家的家道和家风。书中有这样一些记载，我们分享一下。

齐心竭尽全力营造一个温馨的家庭环境，使习仲勋能够集中精力，一心一意地为党和人民工作。她从不干预习仲勋的政务，从不给他添麻烦，更没有因为是习仲勋的夫人而自恃高贵，出风头，生活上搞特殊化。受习仲勋影响，齐心多年来始终保持着简朴的生活习惯。20世纪50年代末，国务院机关周末晚上经常举办一些活动，在一次晚会上，有人看到齐心衣着简朴，议论说：“习副总理的夫人，怎么穿得那么土啊！”齐心回家说了这件事，习仲勋诙谐地笑着说：“土比洋好！”

习仲勋特别注意教育孩子从小养成节俭的生活习惯，他言传身教，从点滴做起。他经常用“谁知盘中餐，粒粒皆辛苦”教育孩子，吃饭时掉在桌上的米粒都要捡起来吃掉，一丁点也不浪费，吃到最后还要掰一块馒头，把碗碟上的菜汁擦干净。这种无声的教育，使孩子们都养成了不浪费一粒粮食的好习惯。孩子们的衣服和鞋袜，大都是哥哥姐姐穿过了再让弟弟妹妹穿。

你看，这种注重节俭的习惯，不就是中华优秀传统美德的体现吗？中国古人告诫我们：“由俭入奢易，由奢入俭难。”一个人从小养成了节俭的习惯，他知道一针一线、一粒米都来之不易，才能学会珍惜。小时候知道惜福还要培福，也就是要努力学习，让自己有能力报效祖国；

中年时用自己的所学所能来造福社会；老年时儿女都有孝悌观念，儿孙围绕膝下，享受天伦之乐，这是一种很幸福的人生轨迹。

《习仲勋传》还写道："习仲勋还非常注意保护环境，节约水电。经常教育家属和身边工作人员厉行节约，习家人的节俭行为出乎人的意料。习仲勋习惯用浴盆洗澡，每次洗完澡的水留着让孩子们再洗，然后还要用洗澡水洗衣服。家里厅堂的灯晚上一般很少打开，他要求房间里只要没人，一定要随手关灯。在外面散步时看见地上有烟头，都会俯身捡起，扔到垃圾桶里。在他的影响下，家人一直保持着随手关灯、节约用纸、拧紧水龙头、自觉维护公共卫生的良好习惯。不仅儿女们，就连孙辈们也继承了爷爷的这些好传统。"

习近平总书记号召在全国反对奢靡之风，并在讲话中引用唐朝著名诗人李商隐的一句诗："历览前贤国与家，成由勤俭破由奢。"提醒我们历朝历代，无一例外都因勤俭持家而兴盛，最后也都是因为骄奢淫逸而灭亡。

2001年10月15日，家人为习仲勋在深圳举办88岁寿宴，按照中国人的习惯88岁是"米寿"，是人生一个非常重要的日子。习家三代人及亲朋好友欢聚一堂为他祝寿，这也是习家人难得的一次大团聚，唯独缺席的是时任福建省省长的习近平。不是儿子不想参加父亲的寿宴，而是作为一省之长，他实在是公务繁忙、难以脱身，于是抱愧地给父亲写了一封拜寿信。

信是这样写的：

"自我呱呱落地以来，已随父母相伴48年，对父母的认知也和对父母的感情一样，久而弥深。希望从父亲这里继承和吸取的宝贵与高尚品质很多，给我最深印象的大约如下几点：一是学父亲做人。父亲受到广大人民群众和我党同志的普遍尊敬，首先是因为您为人坦诚、忠厚。您曾教诲我，您一辈子没有整过人和坚持真理不说假话，并一以贯之，这正像毛泽东说的，‘一个人做点好事并不难，难的是一辈子做好事，不做坏事。’

“二是学父亲做事。父亲的一生充满传奇色彩，为党和人民建功立业，我辈与父亲相比，太过平庸，汗颜不已。但更令我们感动的，是父亲从不居功，从不张扬，对自己的辉煌业绩视如烟云。这才是成大事者的风范，永远值得我辈学习和效仿。

“三是学父亲对信仰的执着追求。无论是白色恐怖的年代，还是极左路线时期；无论是受人诬陷，还是身处逆境，您的心中始终有一盏明亮的灯，永远坚持正确的前进方向。在社会上喊我们是‘狗崽子’的年代，我就坚信我的父亲是一个大英雄，是我们最值得自豪的父亲。历史已经证明，您是一个无愧于党、无愧于人民的坚强的无产阶级革命家。

“四是学父亲的赤子情怀。您是一个农民的儿子，您热爱中国人民，热爱革命战友，热爱家乡父老，热爱您的父母、妻子、儿女。您用自己博大的爱，影响着周围的人们。您像一头老黄牛，为中国人民默默地耕耘着。这也激励着我将自己的毕生精力投入到为人民群众服务的事业中，报效养育我的锦绣中华和父老乡亲。

“五是学父亲的俭朴生活。父亲的节俭几近苛刻，家教的严格，也是众所周知的。我们从小就是在父亲的这种教育下，养成勤俭持家习惯的。这是一个堪称楷模的老布尔什维克和共产党人的家风，这样的好家风应世代相传。”

习仲勋对儿子的影响确实是潜移默化、身教胜于言教。也就是在这样一种良好的家庭教育下，培养了一代领导人。习仲勋在最后的日子里对子女们说：“我没给你们留下什么财富，但给你们留了个好名声！”这就是习仲勋留给子孙后代的享之不尽的宝贵财富。他以光辉的榜样，教诲儿女们如何做一个纯粹的、有益于人民的人。

《习仲勋传》还记载着这样几个故事。

习仲勋向来对自己要求严格，对待别人却是难以想象的宽宏大度。在他身边工作过的一位秘书，在小说《刘志丹》事件中，经不住政治压力，违心地写过揭发习仲勋的材料。习仲勋复出后，这位秘书一直不好意思去见他。习仲勋从别人那里得知他住房有困难，长期得不到解决时，就指示有关部门很快给他解决了一套住房，这使这位秘书心里更感不安和惭愧。在他生病住院时，习仲勋还专程去看望，他感动得泪流满面，哽咽不已。习仲勋却安慰他说："你也是身不由己，我能理解，过去的事不要再提了，安心养病吧！"

还有一个大学青年教师在文革期间打过习仲勋，文革后，这个教师所在的学校派人找到习仲勋调查取证，习仲勋对来人说："当时都是年轻人，算了吧！"当外调人员要告诉打他的人的名字时，习仲勋摆摆手说："我不需要记住这个人。"在文革中审查过他的专案组工作人员，有的时候办案态度恶劣，习仲勋不计前嫌，对这些人一律既往不咎。

看到这些，让我们想到了明朝袁了凡所著的《了凡四训》里的一句话："人之无过咎而横被恶名者，子孙往往骤发。"说一个人他没有犯什么过失，也没有什么罪过，但是被人无端侮辱诽谤，给他加了很多的恶名，无缘无故地受冤枉，这时他还能够忍受，那么，他的子孙后代往往会突然就发达起来了。这是什么原因呢？《周易》告诉我们："积善之家，必有余庆；积不善之家，必有余殃。"这也是历史经验。

东汉时期，有一位官员叫杨震，他赴任东莱太守时路过昌邑县，昌邑县令王密是他曾经举荐的。王密听说自己的恩人路过，就趁着夜色带了十斤黄金送给杨震，杨震拒不接受。王密说："这件事没有人知道。"杨震说："这件事天知、神知、你知、我知，这叫四知财，怎么说没有人知道呢？”

在这种廉洁作风的影响下，杨震一家都非常廉洁，可以说是很清贫。到晚年时，有同事劝他说，你不为自己考虑，也要为子孙后代着想，留一点家产给他们。杨震说：“我留给我儿孙最好的财富，就是他们是一位廉洁官员的后代。”果不其然，他的后代子孙都受到杨震的影响，非常廉洁，而且连续四世都有儿孙做到“三公”的位置。所以，历史上说杨家是“四世三公”。

不仅如此，杨家还把他们家的堂号取名为“四知堂”，提醒凡是从这个匾额下走过的后代子孙，都要学习杨震不收“四知财”的精神，他的家风代代相传。前几年，杨家的后代到了缅甸，“四知堂”的堂号仍然存在，仍然在纪念杨家祖先廉洁的作风。杨家后人就是在这样的一种道德情操的熏陶之下成长起来的，也正是这样一种良好的家风，使他们家代代有贤人出现。

一个人接受什么样的教育，就会养成什么样的人格。而家教，则完全是受中华传统美德的影响。

十二、上老老而民兴孝

在上位的领导者，他能够尊敬老年人，整个国家的人民，才会兴起孝养之风；他能够尊敬尊长，国家才能兴起友悌之风；他能够体恤孤儿，照顾那些需要帮助的弱势群体，人们才不会产生背离之心。

中国古人，一年都有两次祭祀，慎终追远，民德归厚。原因何在？如果一个人连祖宗都能念念不忘，每年定时祭祀，对于眼前的父母，哪有不照顾的道理？孝很重要，怎么样才能够在全国推行孝道呢？

《大学》有一句话说：“上老老而民兴孝，上长长而民兴弟，上恤孤而民不倍。”在上位的领导者，他能够尊敬老年人，整个国家的人民，才会兴起孝养之风；他能够尊敬尊长，国家才能兴起友悌之风；他能够体恤孤儿，照顾那些需要帮助的弱势群体，人们才不会产生背离之心。这就强调，做领导者的要率先垂范，做出榜样。

我们看看《礼记·文王世子》中记录的周文王在做世子的时候，是如何照顾父亲的故事。

周文王在做世子的时候，每天都要三次去给父亲问安。早上天刚亮，鸡鸣头遍，他就起床穿好衣服，到父亲的房门外，询问内侍小臣父亲今天的身体状况。如果内侍小臣回答说“安”，周文王就会很高兴。

中午和晚上周文王都要重复一次早上的问安，细致的程度和早上一模一样，没有丝毫倦怠。如果内侍小臣告诉周文王父亲身体有不适，周文王听了之后脸上就会显出忧愁的颜色，在走路的时候都“行不正履”，和平时不一样。

每一次给父亲呈递饮食的时候，周文王都会亲自看一看饮食的冷热程度，不会让食物过冷或过热，以免伤害父亲的身体。在食物撤下去之前，他一定要问一问父亲吃得多还是少，吃得不够还是太饱等；还要问一问父亲喜欢吃的是什么，不喜欢吃的是什么，而且告诉厨师，凡是已经吃过的剩饭剩菜，就不能够再进奉给父亲了，“恐过时味变也”。直到厨师回答“善哉，应诺”，他才退下去。

可以看到，虽然周文王贵为世子（世子就是指当时的国王、诸侯的嫡子），可供使唤的人很多，他只要吩咐一下，下面的人就会尽心尽力地做好，但是他仍然要亲自去侍奉父母。

再看历史上开创“文景之治”的汉文帝，就是因为他是一个孝子，才能够使天下太平、国泰民安。汉文帝的生母薄太后生病三年，他照顾起生病的母亲来是目不交睫、衣不解带。每次给母亲进奉汤药的时候，他一定都要先试一试温度，才敢给母亲饮用。汉文帝贵为天子，富有四海，下面的奴仆非常多，只要吩咐一声，哪一个不会尽心尽力地去伺候他的母亲呢？但是他作为一个孝子，能够从内心散发出对母亲的细致关爱，事必躬亲，结果“上行而下效”，整个社会兴起了孝悌之风，实现了天下大治。

古代的那些圣王都是率先垂范，从身体力行之中给大众做孝亲的榜样。所以领导者率先垂范，能够力行孝道，并提倡孝道，这才是社会和谐、天下太平的根本。

提倡孝道，具体而言，要让大众知道有四种父母特别需要尽心竭力地去侍奉。

“一曰老。”在父母半衰的时候，也就是五六十岁的时候，他们还能照顾自己的饮食起居；到了老态龙钟的时候，拄着拐杖，走路怕跌倒，还经常生病，衣食不能自理，生病时间还会很长，需要躺在床上，生活起居都要儿女照顾。这时候，就特别需要大家尽心尽力地照顾父母。

“二曰病，缠绵恶疾。”父母有病，躺在床上几个月、几年，大小便都不能自理，一会儿尿在裤子上，一会儿便在床上，弄得被子衣服都很肮脏，儿女侍奉父母最难的就是在这个时候了，而父母需要儿女照顾也就是在这个时候了，中国人说：“久病床前无孝子。”实际上真正的孝子，就是父母亲有病，也能够一如既往地照顾父母。

“三曰鳏寡。”老而无夫叫“寡”，称为寡妇；老而无妇为“鳏”，称为鳏夫。“鳏夫、寡妇”到老的时候，虽然儿孙满堂，但是儿女们都在看电视，他们心里有事不知道向谁诉说，晚上睡觉的时候也非常孤单，辗转反侧，彻夜难眠。没有老伴的老人，更需要子女的关爱和照顾。

“四曰贫乏。”贫乏之人因为抚育儿女，心力都费尽了，又要为儿女置办嫁妆、婚礼，用尽钱财。结果年轻的儿女吃饱了，穿暖了，住着好的房子，老父母却在垂首踌躇，看到别人吃美味，就禁不住流下口水。这样的儿女也没有想一想，自己的身体是从哪里来的，还经常埋怨父母没有财富留给自己，实在令人寒心。

以上这四种老人，如果儿女对他们不好，他们的怨气会很重。所以，对这四种老人要更加竭心尽力地照顾。具体需要怎么做呢？

第一，养父母之身要尽力。儿女奉养父母，即使做不到让父母生活不匮乏，也要竭尽全力侍奉父母，这叫“竭其力”。

东汉时期有一个江革的故事。当时社会很动乱，出了很多盗贼，为了避难，江革就背着相依为命的母亲到处逃难。在逃难的过程中，多次遇到盗贼要掳走他，每每遇到这种情景，江革就哭泣说：“我有老母需要奉养！”盗贼被他的一片孝心感动，也就不忍心加害他。后来，江革背着母亲到了邳下，钱财都用光了，很是贫穷，他只好每天都光着上身、赤着脚，去给人家做苦工来奉养老母亲。母亲所需要的东西，他都一一地筹备齐全，不让她有任何欠缺。

现在的百姓有江革那样困难吗？但是我们对父母的奉养，可能还没做到像江革那样尽心尽力，让父母衣食无缺。

第二，养父母的德行要尽力。如果遇到一些父母不够慈爱，特别是有些继母，对待儿女非常苛刻，甚至虐待，儿女也应该竭尽全力来养父母之德。怎么样养父母之德？闵子骞给我们做出了很好的榜样。

孔子有一个弟子叫闵子骞，闵子骞的生母很早就过世了，父亲又娶了一个妻子，成为他的继母。继母后来生了两个儿子，对闵子骞就非常苛刻，好东西都留给了自己的儿子，活都让闵子骞去干。比如，在寒冷的冬天，她用棉絮给自己的两个儿子做的棉衣很温暖，给闵子骞做的棉衣却用芦花絮，一点也不保暖。

有一次，闵子骞和父亲外出，他在外面驾车子，因为天气太寒冷，车子没有驾好，父亲在盛怒之下拿着鞭子抽在了闵子骞的身上。结果一抽才知道，闵子骞所穿的棉衣是芦花做的，父亲十分生气，要把续弦休掉。这时，闵子骞立刻就跪下来给继母求情，说：“母在一子单，母去三子寒。”他用宽宏大量解除了继母的危机，最后感化了继母。

闵子骞之所以能够感化父母，靠的是自己的德行。他的心非常柔软，不和人对立，最终才能感化刻薄的继母，替她提升德行。

第三，养父母的智慧要尽力。特别是当父母有过失的时候，不能一味地顺从父母，而是要竭尽全力地劝导父母。

《孝经》上说，如果一个父亲有能够犯颜直谏的儿子，就能让自己不至于陷于不义。《德育古鉴》上说，顺亲于情而不知顺亲于理，算不上孝子。比如，有的父母非常固执，性格很不好，结果导致一家老少不得安宁，儿女还一味地顺从，不知道耐心地劝导，就很难让家庭幸福。有的父母脾气暴躁，非常自私，不能够为别人考虑，结果搅得邻里不安，这个时候儿女一味地顺从，会让邻里对父母更加不满。有的父母为非作歹，做儿女的不去劝告，还一味地顺从，结果和父母一起走上了违法犯罪的道路。

第四，养父母之心要竭尽全力。我们都知道有的人对父母的衣食供养非常充足，要什么就给什么，但是在养父母之心方面就做得不够了。《德育古鉴》说，有些人名为孝子，但是实际上并不是孝子。如一些有钱人，嫌父母年老多病，对别人说："父母不愿意和我们一起住。"就把父母送到养老院去了；有的害怕父母太偏执，就找一个原因，违逆了父母的意思，离父母而去，和父母分家了；有的厌弃父母耳聋眼花、腿脚不便、反应太慢，就不以和颜悦色的态度来侍奉父母。

孔子有一个弟子叫子路，子路好勇。有一次，子路对孔子说了这样一段话："以前我侍奉父母的时候，自己吃的是豆叶等非常简单的食物，却要到百里之外为父母背米，不论严寒还是酷暑都是如此。等父母过世之后，我到楚国出游，跟从的车子有上百辆，享受的俸禄也很多，吃的是山珍海味，但是，我却思欲食藜藿，为亲负米，不可得也。"孔子听了之后说："由也事亲，可谓生事尽力，死事尽思者也。"

十三、师尊则道隆

凡是尊师重道的时期都是政治清明，乃至盛世出现的时期；凡是轻师贱道的时期都是王朝走向衰败和灭亡的转折点。

中华传统文化以孝亲尊师为根本，因而要传承和弘扬中华文化，必须恢复师道尊严。只有重振师道尊严，以谦卑的心态仰承古圣先贤的智慧，方可真正实现21世纪的和平与发展。

“师者，所以传道授业解惑也。”所谓道，即圣贤相传之道。“师道”其所以“尊严”，是因为真正的明师皆不标榜自己，而只是“为往圣继绝学”。“传道者”传承古圣先贤道脉的这种无我的精神，正是为师者所以光载千秋、万众敬仰之原因。

《学记》云：“凡学之道，严师为难。师严然后道尊，道尊然后民知敬学。”尊师、敬学对于明德、传道、治国、平天下皆至关重要。

纵观当今之世界，无论贫富贵贱，大多身心不安。究其原因，人的烦恼及痛苦源于人对自身及所处环境的错误认识，从根本上讲，是不学圣贤教诲、迷失本性所致。通过学习圣贤教诲，可以明了宇宙人生的真相，回归本性，获得人生真正的幸福。

要想在全社会兴起道德教化的风气，必须尊师重道。也就是领导人必须率先垂范，把那些有德行的、懂道理的贤德之士选拔出来，甚至推为国师，对他们非常尊重。而这个国师受到各级领导者的尊重，全国上下也愿意听从他的教诲。这样，崇尚道德的风气才能够在全国普遍流行。

中国传统社会重义轻利，医生和老师这两种职业最受世人尊敬。因为医生救人身命，不言财利。老师成就慧命，使人明道。古人云："千金不卖道。"古代的老师不用学问谋利，如遇清寒而又真心向道的学生，不仅不收供养，还要补贴学生。正是为师者"谋道不谋食"的品质，备受社会尊重。

在中国古代，老师受到特别的尊重，从古礼之中就看得出来。孩子和父亲初次拜见老师的时候，父亲会带着很好的礼物表达对老师的恭敬。见了老师之后，父亲带着儿子先向孔子像行三跪九叩之礼，然后请老师上座，他再带着儿子对老师行三跪九叩之礼。

这个三跪九叩礼在古代就是最重的礼仪，用我们现在的话来说就相当于三鞠躬礼。这样做一部分是父亲对老师的尊重，还有一部分是做给孩子看的。因为孩子心中最敬畏的人就是自己的父亲，而他的父亲对老师如此敬重，他对老师的教导怎么能不信从呢？家长教孩子尊敬老师，老师教孩子孝敬父母，这样孩子就很容易受教了。现在很多人不明白这个道理，孩子在学校被老师批评，稍微说得重点，父母就去找校长告状，校长又去找老师。最后的结果是即使这个孩子有了错，老师也不敢指正，孩子怎么会不一错再错呢？

在古礼中，对老师的尊重还有一些表现，如《礼记·曲礼》记载，男子二十岁行成人礼，他的朋友、平辈要送给他一个字，从此以后，他的亲朋好友，还有同学、同事都要称他的字，表示对他的尊重。他去朝廷做官，皇帝也要称他的字，只有父母可以一直称他的名，此外就是老师可以一直称他的名。这就告诉我们，老师和父母的恩德是相等的，父母给我们身命，老师给我们慧命。

皇帝接见群臣时都是面南背北，以君臣之礼来接见。但是他在接见老师的时候，就不能以君臣之礼了，他必须以主宾之礼来接见。一个站在东面，一个站在西面。这就说明虽然皇帝贵为天子、富有四海，但是老师永远是老师。上行下效，皇帝都这样做，全国才兴起了尊师重教的风气。

在古代，父母过世，子女要穿孝服守丧三年。老师过世，学生要守心丧三年，虽然不用穿孝服，但是要在内心感念老师的恩德，念念不忘老师的教诲。所以，中国古代对老师的尊重，都是通过具体的礼仪来表现的。

古人云："经师易遇，人师难遭。"所谓人师，乃德行才识皆卓越者，可以"学为人师，行为世范"，不必在朝在位。在人类历史中，出现了不计其数的政治家、军事家、经济学家等，但是真正的人师却如珍如瑞。因为他们无论在诚意正心的修养上，还是在平治天下的智慧上，都堪为学人表率、足为后世取法。正是他们表里如一地为人演说圣贤之道，才令无数人重拾对圣贤教诲的信心，使圣贤文化薪火不灭、代代承传。

"人能弘道，非道弘人。"圣贤之道有赖于行道之师而光大。

《史记·仲尼弟子列传》记载，曾子名参，比孔子小四十六岁。孔子认为曾子能够通达孝道，又非常有恭敬之心，所以就传授他学业，并专门将《孝经》传授给他。

孟子尊孔子，"虽未得为孔子之徒也"，却"私淑诸人"以求其教诲，学为"亚圣"，甚至超过孔子的很多门生。其原因只为"至诚"二字。所谓“至诚如神”，唯有至诚之心，才能感通天地之道，感通夫子之教。可见，对老师的尊重既是对圣贤之道的尊重，更是传承圣贤学问所必需的。

《论语》中记载，季康子问政于孔子。孔子说：“子欲善，而民善矣。君子之德风，小人之德草，草上之风必偃。”同理，如果君主希望百姓尊师重道，就必须自己率先垂范。古代圣王都明白上行下效的道理，因此，“古之圣王，未有不尊师者也”。

汉明帝就是一位尊师的典范。据《资治通鉴》记载，汉明帝为太子时，曾向桓荣学习《尚书》，在他做皇帝后，仍以学生身份面对桓荣。汉明帝造访太常府时，以师生之礼与桓荣相见，并设几杖，召集百官和桓荣的弟子数百人一起向桓荣行弟子礼，并由他亲自执礼，带头听受老师讲学。

老师每有不适，汉明帝就派使者去慰问，而专门负责皇帝膳食和医疗的官员都络绎不绝地去服侍桓荣。汉明帝还亲自到老师家询问病情，进入老师所居住的街巷就下车步行，手捧经书走到老师跟前，轻抚老师垂泪哭泣。他还送与老师床具、衣物等用品，让老师更舒适地休养，久久不忍离去。从此以后，文武官员来探病，再不敢到门口才下车，而且都在桓荣床前下拜。桓荣去世，汉明帝亲自改换丧服送葬，并把老师安葬在尊贵的位置。

唐太宗之所以在隋末战乱后短期内就开创了“贞观之治”，使天下太平、万国来朝，与他尊师重道并赐予皇子、诸王学习《群书治要》密不可分；清朝“康乾盛世”的缔造，更与康熙、雍正、乾隆三代皇帝设立了礼请儒释道大德为“国师”、坚持讲经教学的制度相关。

天子之所以应尊师重道，因为天子的职责是践行圣道，而老师的职责是传承圣道。天子唯有从师而学，才能修德明道进而平治天下。

纵观中国数千年历史的兴衰，可以发现：凡是尊师重道的时期都是政治清明，乃至盛世出现的时期；凡是轻师贱道的时期都是王朝走向衰败和灭亡的转折点。正如《荀子·大略》云：“国将兴，必贵师而重傅；国将衰，必贱师而轻傅。”

在古代“天下之命，悬于太子”，能否尽早为太子选择明师教导，决定着国家的安危。这说明，国家是否有真正的后继人才，主要取决于是否有好老师的教导。所谓“天下有真教术，斯有真人材”，唯有身体力行圣贤教诲的君子圣贤成为传播社会正能量的主体，才能为国家的长治久安作出重要贡献。

师道，背后承载的是千年万世的圣贤智慧。尊师，就是尊重古圣先贤、列祖列宗。就中国传统文化而言，尊重师道，就是尊重当人的自性。

唯有尊师重道，我们才能回归纯净纯善的本性，把扭曲的人性导归正途；才能与天地万物和谐共存，化解当今人类社会的种种矛盾冲突，从而把世界带向一个安定和平的未来。

重振师道，无疑乃当今之要务；师道之隆，必然为天下之福祉！

十四、慎终追远

厚德是由行孝而来，而民风之所以不淳厚，根本原因就在于没有教民众孝道。所以要想使民风淳厚，必须从孝道这个根本入手。

曾子曰："慎终追远，民德归厚矣。"

圣贤施教，以孝为本。如果领导干部能够把慎终、追远这两件事做好了，人民会被他的德行所感化，民风自然归于淳厚而不刻薄。这就告诉我们，厚德是由行孝而来，而民风之所以不淳厚，根本原因就在于没有教民众孝道。所以要想使民风淳厚，必须从孝道这个根本入手。

孔安国注："慎终者，丧尽其哀。追远者，祭尽其敬。君能行此二者，民化其德，皆归于厚矣。"

"丧尽其哀"就是指父母过世的时候要谨慎地办理丧事。谨慎治丧有两点需要注意：第一是要以哀戚为本。《吕氏春秋》对于丧礼的来源有一段阐述，说孝子尊重父母和父母疼爱子女，这种情意甚于肌肤之痛。当父母、儿女过世，自己所敬重的、所疼爱的人死后如果被抛弃于沟壑，按人的感情都是不忍心的，所以才有了安葬死者的礼仪。"葬"就是藏起来的意思，这是孝顺父母的儿女应该慎重的。这就告诉我们，

“丧礼”是出自孝子敬爱父母的一片心，并不只是外在的礼仪，所以应该以哀戚为重。

第二是不可以厚葬。《吕氏春秋》说：“慎终，就是以生者的心为死者去考虑，而没有比不要惊动死者、坟墓被挖掘更重要的了。”要让死者不被惊动、坟墓不被挖掘，最重要的就是使掘墓者无利可获。举个例子，如果有人在墓前安放一块石碑，上面写着这样的话：“墓中有珠玉玩物、财物宝器甚多，不可不挖，挖了一定大富。”人们一定会讥笑他，觉得他很愚蠢，但是世间人实行厚葬的做法其实和这个人的做法是一样的。

尧、舜、禹等古圣先贤都以节俭的方式被安葬，并不仅仅是吝惜费用，也不仅仅是厌烦辛劳，更重要的是为死者考虑。古圣先王所憎恶的，就是让死者受辱，而有人挖掘坟墓就必定会使死者受辱。如果实行俭葬，他的坟墓就不会被挖掘，所以先王的安葬一定会从俭。口说敬爱、怜惜死者的人很多，但是真懂得敬爱、怜惜死者的人却很少。

“爱之反而害之，欲使其安稳，反而使其危及”，不就是说厚葬的行为吗？那为什么世间厚葬之风还屡禁不止呢？

《吕氏春秋》也给出了答案：现在世俗大乱，安葬越来越奢侈，这不是安葬的本意，不是替死者考虑，而是生者以此相互夸耀。然而世人不明白，厚葬本是“侈靡者以为荣，俭节者以为辱，不以便死为故，而徒以生者之诽誉为务，此非慈亲孝子之心也！”

历代那些开明的皇帝、皇后熟读史书，所以在过世的时候都命令或者立下遗诏要俭葬。

长孙皇后临终的时候，对唐太宗最后的嘱托是这样的：“臣妾的本家，有幸因为婚姻而成为外戚，既然不是因为有德行而被选应，就容易走到危险的地步。要想长久地保全，就千万不要赋予他们重要权力，只以外戚俸朝请就很庆幸了。妾活着既无益于时事，死后不可厚葬多费，而且埋葬就是隐藏，要让人看不到。自古以来的圣贤，都推崇节俭薄葬，只有无道之士才大建陵墓、劳费天下，被有见识的人所讥笑。只请求能够依靠山势而埋葬，不需要堆起坟头，不需要用棺椁，所必需的器物用具都使用木、瓦的，节俭薄葬送终就是不忘记臣妾。”

“追远者，祭尽其敬。”在丧葬之后，需依礼依时追念祭祀。追远的“远”字有两个含义，第一是指父母过世已经久远，第二是指祖父母以至历代祖先距今已远，皆需追祭以时，祭祀的时候毕恭毕敬。因此孔安国注云：“祭尽其敬，子子孙孙如是追远祭祀，视为不忘本。”

《礼记·祭统》对祭礼的来源做了这样的阐述：“夫祭者，非物自外至也，自中生出于心也，心怵而奉之以礼，是故唯贤者能尽祭之义。”这就告诉我们，祭祀是由内心发出的对父母祖先的感念之情，表现在行为上就是祭礼。既然祭礼是从内心所产生的，就要有恭敬之心。

《礼记·祭义》对祭时有明确的要求：“祭不欲数，数则烦，烦则不敬；祭不欲疏，疏则怠，怠则忘。”频频祭祀会让人厌烦，厌烦就会失去恭敬之心；祭祀太少会让人感觉怠慢，怠慢就会使人淡忘。所以在古代的祭礼中，对如何祭祀、什么时候祭祀，以及祭祀的次数、频繁程度都有明确的记载。

在古代，中国人是顺着天时季节的变化来举行祭祀的，一年有两次，春天举行“禘祭”，秋天举行“尝祭”。到春天雨露滋润大地之时，君子踏露而行，自然会有一种惊醒的感觉，思念故去的亲人，似乎他们也像春天一样重新回到了人间。在秋天的时候，霜露覆盖了大地，君子踏霜而行，自然有一种悲凉之感，这种悲凉之感不是因为寒冷，而是因为思念着故去的亲人。所以，春祭和秋祭的意义是：用快乐的心情把亲人迎回来，再用悲伤的心情将他们送走。

除了依时依礼之外，祭祀最重要的是表达出内心的诚敬之心，那就是毕恭毕敬。孔子在《论语》里也说："祭如在，祭神如神在。"如果祭祀父母祖先，要像父母祖先在面前一样恭敬；如果祭祀神明，则要像神明在面前一样，不敢有丝毫怠慢，这都是"祭尽其敬"的表现。

《礼记·祭义》对于祭祀之前、之中、之后应该如何做，都有明确的要求。比如，在祭祀之前，要进行斋戒，对内要调摄内心，使内心清净，把心从外物上收回来；对外要隔绝一切交际娱乐、房事等活动。斋戒时心思要集中于思念死者生前的起居、住所、音容笑貌、饮食习惯、志趣、爱好，这样专心斋戒三天，就能将要祭祀的先人活现在心中。

在古代，家家户户都有祠堂，祠堂里供奉的是祖先的牌位。每到春秋祭祀的时候，将全家人召集在一起，除了礼拜之外，最重要的就是讲述祖先的德行，以念念不忘父母祖先的功德。要常常思念、追怀父母祖先对国家民族的贡献，在祭祀时才更显示出诚敬之心、思慕之心。如果对自己家族的历史不了解，就表现不出恭敬之心，这也是一个人忘本的表现。

除了祭祀之外，"追远"还有一个重要方式，就是修家谱。在古代，每家都有自己的家谱，而这个家谱每年都要整理一次，叫修家谱。一年之中，有哪些人过世了，哪些人出生了；一个人一生的行迹，对国家、民族、人民的贡献，都要以简要的方式记载在家谱之中。有了家谱，我们就知道自己的远祖是从哪里来的，是什么原因到这个地方来定居的，一共传了多少代，历代祖先对这个地方、国家有什么贡献，等等，这才称得上是"追远"。

修家谱有什么好处呢？《礼记》说"不娶同姓"，修家谱就会发现，父母就是两个姓，往上推，父母的父母也是两个姓；以此类推，推到前面很多代之后，你就发现其实所有的姓都是一家人，不是炎帝的子孙，就是黄帝的子孙，所以我们称为炎黄子孙，中华民族确实是一家，全国一体的观念就有了。

家谱除了培养中国人一体的观念之外，就是要学习祖宗的德行。家谱上都记载着在哪朝哪代出了哪位有德行的祖先，以及他对国家、对人民的贡献。每到祭祀的时候，常常宣讲祖先的德行，这对后代子孙是一个警醒和教育。我们作为他的后代子孙，对自己的一言一行、一举一动都要小心谨慎，不能给祖先抹黑。

在历史上也可以看到，许多皇帝确实是按照圣贤的教诲在做。比如，《雍正皇帝圣谕图解》中有一个关于明仁宗的故事。明仁宗还在做太子时，有一次明成祖到了南京，退朝之后就召见东宫官杨士奇，问道："你辅佐太子已经很长时间了，对他了解得也很清楚了，这个太子的为人到底怎么样呢？"杨士奇就回答说："殿下仁孝恭敬非常人可比。"明成祖听了之后说："你能不能给我举出一些具体的事例来说明呢？"

杨士奇回答说："每逢祭祀的时候，太子一定会亲自检查所有的祭器，绝不假他人之手。比如，去年按照惯例要举行祭祀的时候，正好太子得了痛风病，医生告诉他要服药发汗才可以治愈。太子说：'如果吃药发汗，怎么可以亲自参加祭祀呢？'左右的人就说：'那可以让别人代替您参加祭祀啊！'殿下就回答说：'皇上把祭祀的使命交付给我，我又派遣别人来代替，这不是违背君父的命令吗？'所以他就带着病亲自去参加祭祀。祭祀完毕出了一身的汗，结果病就痊愈了。再比如，每每给皇帝进奉食物和其他物品时，太子一定会亲自检查，把封条封好，然后才派遣下人出发。"

明成祖听了之后就说："这些都是为人子应当做的事情。"杨士奇说："自古以来的大圣大贤，都只是把该做的事情做到了极致而已。"

也就是说，圣贤人也没有什么奇特之处，只是毕恭毕敬地、认真负责地完成自己的本分而已。

明仁宗“躬阅祭器”的故事给了我们很多启示：皇帝对于祭祀这样诚敬，就能够起到上行下效的作用。所以他当了皇帝之后，这个国家也被治理得很好。

《礼记》说：“是故君子之教也，外则教之以尊其君长，内则教之以孝于其亲。”《说文解字》解释教是“上所施，下所效”，所以身教胜于言教。我们要教属下孝道，教学生尊敬老师，但是如果自己的父母、老师都已经过世了，那该如何身教呢？《礼记·祭统》就讲了重点：“是故君子之教也，必由其本。”君子的教化一定要从根本上来教起，从孝道教起。那怎么教呢？“顺之至也，祭其是与？”能够把孝敬之心体现到极致的就是祭礼啊！为什么要实行祭礼呢？就是在上的人能够定时追念父母、祖先、老师，下面的人才从他的身上学到了孝道。

“故曰，祭者，教之本也已。”“祭而不敬，何以为也？”如果举行祭祀而心无恭敬之念，为什么还要去祭祀呢？这就给我们指出了重点，也就是说我们教导属下、学生，自己必须有恭敬之心。这个恭敬之心不是装出来的，不是为了教育而表现出来的，必须是发自内心的诚敬与感恩，才能够让人受到感化，从而上行下效。

通过举行祭祀教导人民心地厚道、不忘本，所以要想使国家太平、社会和谐，必须从孝道入手。要使人心厚道，就要提倡慎终追远，恢复祠堂、提倡祭祀，还要修治家谱、绍述祖德，倡导不忘本、知恩报恩、饮水思源。

十五、善制而后致治

> 好的制度当然重要，但并不是有了好的制度就一定能实现天下大治，还必须有好的辅佐人才来推行这个好的制度。

古代的道德教育之所以得力，恰恰是通过各种制度来保证推行的，而并非我们所认为的忽视了制度建设。道德教育不能是空洞的说教，国家管理者希望人民有什么样的德行、怎么做事，就要建立恰当的制度来鼓励人们这样去做。

尧舜时期，并没有施行肉刑，而仅施行象刑。所谓“象刑”，就是指象征性的刑罚。比如，一个人犯了错，就让他穿着和平常人不同式样、不同颜色的衣服或鞋子，表明这是耻辱的事，引起他的羞耻之心。唐虞时代没有施行肉刑，但人民都不犯法，动乱也就停止了。这就说明，古代的人是从制度的设计上来培养人们的向善好德之心的。

从法律制度上看，《孝经》上讲“五刑之属三千，罪莫大于不孝”。前面我们讲了孝很重要，必须从法律上加以保证。对于不孝的人，则要依法惩处，而且要严惩。

从教育制度上看，中国古代都有庠序，有太学。庠序就是在乡一级设立的学校，太学就是在国家设立的大学，他们的教育内容都是仁慈博爱。所以，古人从小接受的都是圣贤教育、道德教育，是长善救失的教育。

从考试制度方面来说，隋唐开始实行科举考试，考试的内容都是圣贤经典。

古人为什么会有政治抱负、报国情怀、浩然正气、献身精神呢？《大学》开篇就说，“大学之道，在明明德”。《论语》上也说：“士不可以不弘毅，任重而道远。仁以为己任，不亦重乎？死而后已，不亦远乎？”他们从小受到的都是这样的教育，而且参加科举考试也必须通达这些经典，所以必须去学习。

用人制度也特别合乎人情，像孔子所说，富与贵都是每一个人所向往的，谁不喜欢追求高贵的地位、不希望富裕起来呢？这是人之常情。所以古代的人设置制度，也是顺着人情来设置的。

《群书治要·傅子》记载，用人制度有这样一个原则，那就是“爵非德不授，禄非功不与”。没有德行的人不能当领导，没有为国建功的人不能享受俸禄。这样一个原则一设立，人们不是去追求富贵，而是追求德行，追求建功立业。这样就把人们的注意力转移到培养自己的德行、为国家多作贡献上了。这就是一个很好的选举制度。

汉代实行举孝廉的人才选拔机制，地方官负责把这个地方具有孝廉品质的孩子举荐出来，由国家培养，作为官吏的候补。因为这个孩子孝，就会对国家忠；因为他廉洁，就没有贪心。

为了使这个地方官能把真正具有孝廉品质的孩子举荐出来，而不是把自己的亲朋好友举荐出来，还有一个奖惩制度加以保证，那就是“进贤受上赏，蔽贤蒙显戮”。官员所推荐的人，确实为国家建功立业了，推荐者就会受到国家最高的赏赐；相反，官员手下的人才因嫉贤妒能被埋没了，他就会受到国家最高的惩罚。有这样的制度，地方官就会竭力把德才兼备的人推选出来。

《群书治要·刘廙政论》记载：为政者最重要的事就是使官吏清廉。但是为什么不是所有的官员都能做到清廉呢？虽然选了像许由、伯夷这样廉洁的官员，又设计了各种各样的刑罚，有贪必惩，有令必从，实际上却没有很好的效果。奸巧的事越来越多，欺诈的事情也越来越大。

这是因为：“知清之为清，而不知所以清之，故免而无耻也。”意思是，知道应该让官吏清廉，但是不知道应该采取什么样的办法让官吏清廉，官吏做了坏事，就想方设法免于法律的制裁，并以此为荣。

“日欲其清，而薄其禄，禄薄所以不得成其清。”想让官员清廉不贪污，但是他的俸禄却很微薄，微薄的俸禄不能够使官员保持清廉。官员的收入太少了，不能够维持有尊严的生活，特别是和别的阶层对比，收入差额很大，心里就不满了。

一个官员的俸禄很微薄，又掌握着很高的权力，批一个字就是好几百万甚至上亿的项目，他心理能平衡吗？“故知清而不知所以重其禄者，则欺而浊。”想让官员清廉，但是没有给他们提高俸禄，那么官员就会欺诈，官场的作风也会很污浊，很多贪污受贿的情形就会出现。古人把这称为“饿犬护肉”“渴马守水”，那怎么办呢？

高薪养廉还要具备一定的条件。

“知重其禄而不知所以少其吏者，则竭而不足。”官员位置很多，很多人都是人浮于事，在这种情况下还要增加他的俸禄，那么人民的负担就更重了，就会对高薪养廉产生不满。所以，高薪养廉的前提是“少其吏”。

“知少其吏而不知所以尽其力者，则事繁而职阙。”精简了官吏，职位减少了，却不知道如何让人竭尽全力地尽好本分，那么事情又变得繁多起来，职位又显得缺少。所以精简机构之外，还要提高官员的责任感，让他们能够竭忠尽智，这样高薪养廉才是可行的。

《群书治要·魏志》有这样一段话："夫除无事之位，损不急之禄，止浮食之费，并从容之官，使官必有职，职任其事，事必受禄，禄代其耕，乃往古之常式、当今之所宜也。"把无事的官位废除，不着急的俸禄减损，奢侈的花销停止，职务重叠的合并，职任其事的官员一定有他应尽的本分，做了事才能给他俸禄。这是自古以来普遍适用的规律，我们今天也可以借鉴。

如果职位繁多，职责混乱，就会人浮于事，官员职位很多，俸禄都很微薄，他们对自己的收入不满，可能就会贪污受贿、与民争利。只有人当于事，俸禄充足，官员腐败又会付出很大的代价，他才会珍惜职位并廉洁奉公，最终形成良性循环。

这是从激励制度上保证官员廉洁，并进而保持一定的职业操守。除了对官员的激励外，还有对平民百姓的激励。

《群书治要·韩诗外传》记载："古者必有命民。"命民，是指古代的君主下诏命封赏的平民百姓。为什么要封赏平民百姓呢？"民有能敬长怜孤、取舍好让、居事力者，命于其君。命然后得乘饰车并马；未得命者不得乘，乘皆有罚。"

"取舍好让"，在面对利益的时候，能够谦让为先、礼让于人，这样的人国家不能够让他吃亏。如果他越是谦让越是吃亏，那人人都会去争、去抢了。

"居事力者"，就是做事很负责任、尽心尽力地把事情做得圆满的人。这样的人受到封赏，就是告诉大家，我们应该向谁学习。

这个平民百姓虽然身份、地位卑贱，但是很有德行，他的一言一行、一举一动都对社会风气的好转起到了引领作用，给社会大众做出了好的表率。他尊敬年长之人，怜恤孤儿，这可以培养、激发人们的仁慈之心。如果人人都有恭敬心、同情心，社会的风气就会很好。这样的人能够给大家做这样的表率，对社会有这样的贡献，国家就会给他下诏封赏。

“故其民虽有余财侈物，而无礼义功德，则无所用其余财物。”这样做的结果就是，一个人即使有富余的财物，但是不讲礼义、没有对国家建功立业、没有德行，那他也没有办法使用他富余的财物。

为什么现在社会食品安全问题这么多？就是因为有些人见利忘义，为了追求财富而不择手段。我们现在都在说制度有问题、制度不完善，制度问题的根本何在？那就是没有设计一种合理的制度，鼓励人们向善、培养德行，使德才兼备的人受到尊重、提拔和重用。这正是我们的制度最应该考虑的地方。

“故其民皆兴仁义而贱财利。”“命民”的制度一实行，有德行的人受到皇帝的封赏，人们就不会再把财物看得很重，而是把德行仁义看得很重。“贱财利则不争；不争则强不凌弱、众不暴寡。是唐虞之所以象典刑，而民莫犯法；民莫犯法，而乱斯止矣。”

《群书治要·傅子》里有这样一句话：“明君必顺善制而后致治，非善制之能独治也，必须良佐有以行之也。”意思是明智的君主一定是顺着好的制度，才能够达到社会大治的结果。换一句话说，好的制度重不重要呢？当然重要，但并不是有了好的制度就一定能实现天下大治，还必须有好的辅佐人才来推行这个好的制度。从这个意义上说，德才兼备的人，是更加重要的，这个德才兼备的人，必须是靠道德教育培养起来的。好的制度可以把德才兼备的人，选拔在合适的位置上，让他发挥作用。

明大德

《中庸》讲，“小德川流，大德敦化，此天地之所以为大也”。故而天下至圣，上则效法天地一阴一阳之道，而知天地有大德曰生；下则立人道之极，尚仁重义而爱民使贤。大学之道在明明德，即明此大德也。《尚书》中称帝尧“光被四表，格与上下”，即在于他能够明此大德而推广开来，亲九族、平章百姓，以至于协和万邦，天下乂安。孔子谓“道不远人”，又说“君子素其位而行”。为政之要，莫不以此为最高的旨归。

一、一阴一阳之谓道

> 曾国藩为人处事、待人接物，非常小心谨慎，而且他做到了“推功于上，让利于下”。把事情做好了，功劳推给皇帝；利益不自己独贪独占，分给属下。这样一来，无论是上是下，都希望他有成就。

在《易经》里，古圣先贤观察天地自然变化的规律，总结了这样一句话：“一阴一阳之谓道。”

有日就有月，有寒就有暑，有春夏就有秋冬，有潮涨就有潮落。从这些自然界的现象来观察，都是一盈一虚、一消一长。而我们把这个道理用来观察人事的变化，又何尝不是如此呢？如人心的一忧一喜、人事的一治一乱等，都体现了“一阴一阳之谓道”的规律。

这种变化的人事，有智慧的人，自能留心观察出来。所以，古人用太极图来表示“一阴一阳之谓道”的规律。这个太极图半边是阴的，半边是阳的，中间还有一个界限，如果过了这个界限，就意味着阴阳失去了均衡。阴阳失去了均衡，就会引起变化。这就叫“阴极则阳生，阳极则阴生”，也就是物极必反，盛极必衰，此消彼长。

对于这个规律，体会最深刻的人，就是曾文正公曾国藩。我们知道，曾国藩是清政府汉人中地位最高、权位最重的一个人。但是他在朝二十多年，从来没有在省里为自己建造过一所房屋，买过一分田地。他曾经对军中的僚属宣誓说："不取军中一钱寄回家中。"而且说到做到，数十年如一日。

他在家书中曾写道："家败离不开一个'奢'字，人败离不开一个'逸'字，讨人厌离不开一个'骄'字。"一个家庭、家族、企业、政党、国家的破败，都是因为这里的每一个人过上了过分奢侈、过分浪费的生活，以至于入不敷出。

一个人一直都在走上坡路，突然开始走下坡路了，这个转折点何在呢？就在于他认为自己的奋斗已经差不多了，可以享受一下人生了，过上了过分安逸、不思进取、玩物丧志的生活。

一个人不讨人喜欢，都是他过分骄傲、自以为是，不把别人放在眼里造成的。《论语》说："四海之内皆兄弟也。"但是我们现在走到哪里，都体会不到"四海之内皆兄弟"的境界。现在的孩子也没有了"四海之内皆兄弟"的感受，和人相处一个星期、一个月，就出现了矛盾和纷争。原因是许多孩子在家的时候，都是以自我为中心，所有的家人都要为他服务、看他的眼色、满足他的需要，当诸多小公主、小皇帝走到一起的时候，不出现矛盾和纷争才怪呢！

《易经》一共有六十四卦，每一卦都有六爻，卦辞与六爻的爻辞有凶有吉。古人就是看卦爻辞的吉凶，来观察一个人的吉凶祸福，判断一个人的发展趋势。在所有的六十四卦之中，只有一卦是六爻皆吉的，那就是谦卦。谦卦的卦象是艮下坤上，即山在地下。高山都是在平地之上的，但是在谦卦之中，高山是宁愿居于平地之下的。

我们想一想，一个人才华横溢，又有权势，就像曾国藩这样，连皇帝都可能会对他有戒心，同事会对他有嫉妒之心就不奇怪了。那他就应该向曾国藩学习，曾国藩为人处世、待人接物，非常小心谨慎，而且他做到了“推功于上，让利于下”。把事情做好了，功劳推给皇帝；利益不自己独贪独占，分给属下。这样一来，无论是上是下，都希望他有成就。

中国人有一句话说：“谦卦六爻皆吉，恕字终身可行。”宽恕的这个“恕”字，是终身可以奉行的。《尚书》中也有这样一句话，“满招损，谦受益，时乃天道”，因为“爱人者，人恒爱之；敬人者，人恒敬之”。多一个朋友多一条路，多一个敌人多一堵墙。靠什么去赢得朋友呢？靠的就是自己的真诚恭敬。

《尚书·汤诰》说：“天道福善祸淫。”天道自然的规律，都是给善良的人带来福分，过分的人自招灾祸。这个“淫”，在古代是过分、放纵的意思，也就是任何事做到了极致、太过分了，都会物极必反，给自己招致灾害。

《易经》讲：“积善之家，必有余庆；积不善之家，必有余殃。”“善不积，不足以成名；恶不积，不足以灭身。”

《左传》说：“多行不义必自毙。”你拿了很多的钱去供斋、去布施，但是回来之后仍然贪污受贿、违法乱纪，这不就是多行不义吗？必然会给自己招致灾祸。

所以，我们学习传统文化，要从根本上学，要从经典中学，不要被迷信的做法所蒙蔽。

袁了凡是明朝的一个读书人，他的前半生仕途不是很顺利，也没有儿子。有一次他遇到了一个高人，这个高人要他反省自己的缺点，让他看一看自己究竟有什么过失，导致了自己仕途不顺，又没有儿子。听了提示，袁了凡就马上反省自己。在细细思考之后，他坦诚地说：“余福薄，又不能积功累行，以积厚福，兼不耐烦剧，不能容人，时或以才智盖人，直心直行，轻言妄谈。”

在反省自己为什么没有儿子的时候，他反省了六点：“地之秽者多生物，水之清者常无鱼。余好洁，宜无子者一。和气能育万物，余善怒，宜无子者二。爱为生生之本，忍为不育之根。余矜惜名节，常不能舍己救人，宜无子者三。多言耗气，宜无子者四。喜饮铄精，宜无子者五。好彻夜长坐，而不知葆元毓神，宜无子者六。”最后他还说了一句话：“其余过恶尚多，不能悉数。”除了这些过失以外，我还有很多很多的过失，不能一一加以列举了。

袁了凡先生的认识反映了古人的伦理观，对我们也有积极的启发。他的仕途在日后也变得比较顺利，还生了两个儿子。到了晚年，他就把自己一生改过的经历写给了自己的儿子，称为《袁了凡家庭四训》，简称《了凡四训》。

中国人说“富不过三代”，为什么富不过三代呢？第一代创业的人往往是白手起家，兢兢业业，艰苦奋斗，用自己的双手创立了事业。到了第二代条件好了，但是还能够耳闻目睹父辈创业的艰难，知道克勤克俭，使事业发展壮大。但是到了第三代，一出生就过上了衣来伸手、饭来张口的生活，没有体会到祖辈父辈创业的艰难，不知道克勤克俭、励精图治，甚至学会了骄奢淫逸、铺张浪费，久而久之，就把祖辈父辈辛苦创下的基业败光了。

古人特别有智慧，不会等人已经锒铛入狱了才去议论，而是事前就对你有所提醒、有所警戒。看到这个人的所作所为，就知道他以后的结果。对内兴起了迷恋女色之风，对外沉迷于打猎、游玩，没有节制；还喜欢饮酒，沉溺于靡靡之音；住的房屋又高又大，墙上还雕刻着花纹。这些情况只要有一种出现了，就没有不灭亡的。更何况现在有的领导干部，这六种情况都做了，那还有不灭亡的道理吗？这些都值得我们，尤其是领导干部的警觉。

二、圣人以天下为度

> **身为领导者，不能因为私人之间的仇怨产生的怒气，损害了国家的公义，要保持理智，顾全大局。**

中国的文字确实是智慧的符号，除了表音、表意，每个字还有各自深刻的含义。我们看“怒”字，上面是个奴隶的“奴”，下面是一个“心”，这个字告诉我们，当一个人发怒的时候，就是把自己的心变成了奴隶，不能掌控自己的情绪，所以才会发怒。

“夫圣人以天下为度者也，不以己私怒，伤天下之功。”这句话出自《群书治要·汉书（五）》。这里的“度”是打算、度量的意思；“功”通“公”，是公义的意思。这句话是在汉武帝时期，匈奴请求和亲，朝臣来商讨和亲大计时提出来的。

这句话告诉我们，要避免意气用事、任性而为。身为领导者，不能因为私人之间的仇怨产生的怒气，损害了国家的公义，要保持理智，顾全大局。试想当时汉武帝如果忍不住怒气，发动战争攻打匈奴，双方的百姓都会因此而处于水深火热之中，国家也必将因此不得安宁，浪费大量财力物力，疲惫不堪。

《黄帝内经》说："怒伤肝，喜伤心，思伤脾，恐伤肾。"一个人经常发怒、脾气不好，会有两个比较明显的特征：一是肝不好，因为怒伤肝；二是发质稀疏，人生气时血气会往头顶涌，头顶经常发热，不利于头发生长。

有人专门研究人的情绪、情感和健康之间的关系，得出了一个结论：人身体不好，特别是五脏六腑出现各种问题，都和恨、怨、恼、怒、烦这五种不良的情绪有关。要避免这些情绪，"恕"就很重要了。

孔子的弟子来请教他："有没有一个字我可以终身奉行的？"孔子说："有，这一个字就是'恕'。"

这个"恕"字，上面是一个"如"，下面是一个"心"。这个字告诉我们，"恕"就是要做到如其心，能够换位思考，将心比心，这样，就能够做到转怒为恕了。

《弟子规》说："将加人，先问己；己不欲，即速已。"任何事情我们要加给别人之前，应首先扪心自问，我希不希望别人以这样的方式、态度来对我？如果我不希望别人这样对我，那我就不能够以这样的方式去对待别人。"己所不欲，勿施于人。"《大学》中也说："所恶于上，毋以使下；所恶于下，毋以事上；所恶于右，毋以交于左；所恶于左，毋以交于右。"讲的就是恕道。

《孔子家语》中写道："君子有三恕。有君不能事，有臣而求其使，非恕也。有亲不能孝，有子而求其报，非恕也。有兄不能敬，有弟而求其顺，非恕也。"

我们不想别人怎么对待我们，我们就不能够以这样的态度去对待别人。如果我们从早到晚，每一言、每一行之前都能够想到这点，那我们的人际关系一定会有很大的提升。

什么叫"如心"呢？我们真如自性的心就叫"如心"。我不仅仅和自己是一体的，和他人是一体的，而且和万事万物都是一体的，这个心才叫“真如之心”。看到别人很悲伤，你也会感觉到很悲伤；看到别人很快乐，你也能够从心底感受到那种快乐。“同体大悲”，就是说你和万事万物是一体的。

现代人的这种和人感同身受的心，越来越为物欲所蒙蔽，基本上都没有了。我们感受不到身边人的痛苦，看到别人的苦痛，经常麻木不仁，不能换位思考、将心比心。只有“同体”的感受有了，才能生起对别人无私无求的帮助之心。

古人说：“天下熙熙，皆为利来；天下攘攘，皆为利往。”世间人每天“朝九晚五”地忙碌，工作很辛苦，都是名和利的力量在推动。但不能否认的是，还有很多人不为名、不为利，也在辛辛苦苦地努力工作，那背后推动的力量又是什么？就是“如心”。“同体”的感受能够让他们把别人的痛苦看成自己的痛苦，这种“同体大悲”之心促使他们为了大众的利益付出，无私无求，全心全意为人民服务。

克制怒气，除了恕，还有忍。古圣先贤告诉我们，忍有六个层次。

第一个层次是力忍。用力克制自己的怒气，不去打击报复别人。当然，如果仅仅停留在这一层次，终有一天会忍无可忍。所以，这个功夫要提升。

第二个层次是忘忍。心胸开阔，对别人的不好转头即忘，宰相肚子能撑船，不和别人计较。

第三个层次叫反忍。中国古人说：“行有不得，反求诸己。”别人事情做得不圆满、不够好，那一定是我给他的指导不够，给他的教导不足。如果一个人和别人相处都是彬彬有礼，唯独对我很傲慢、不尊敬，那一定是我有傲慢，才使得他对我也很傲慢。如果事事不去责怪别人、不去生气，反而能反省自己，心情就能变得很平静了。

第四个层次是观忍。过去的事都如梦幻泡影，过去了就不要再斤斤计较。如果记在心上，每想起一遍就把自己气个半死，这就是拿别人的错误来惩罚自己。

第五个层次叫喜忍。当别人毁谤我们、批评我们、讽刺我们的时候，我们不仅不要生气，还要高兴。你可以这样想：看这个人又来提升我的境界了，又来锻炼我的忍辱功夫了。如果没有那些斥责自己的人，怎能知道自己的功夫不够，还以为自己的修养达到很高的境界了。正是因为有人来批评、诽谤、讽刺我们，我们才知道，原来自己还不能做到如如不动，还是很在意别人的看法。

第六个层次，也是最后一个层次，是最高的忍辱功夫，叫慈忍。不仅不去对别人打击报复，反而想着帮助他、提升他、成就他。我们中国人非常有仁慈之心，说“一切可恨之人都有可怜之处”。我们相信“人之初，性本善”。只要人的良心被唤醒，都可以被称作一个善人。从而促使我们的每一个领导者、每一个人都想方设法地把这种良好的传统伦理道德教育送给更多的人，我们每个人都应当有这种责任感、使命感。

中国有一句话叫“火烧功德林”，比如，你以前对朋友特别讲义气，可以为朋友两肋插刀，为他做了很多事。但是有一次，你因为不高兴，发了一通火，说了几句伤害他的话，结果他就记住了那几句伤害他的话，把你以前对他的好都忘记了，这就叫“火烧功德林”。

经常发脾气的人，人际关系都不会很好，没有哪个人能够与他保持长时间的友谊。想医治爱生气的毛病的人，可以学学心理暗示的方式，即晚上站在镜子面前，对着镜子说：“我从今以后对任何事情都不再生气了。”早上对着镜子说：“我已经不生气了。”

当然，“江山易改，禀性难移”。你坚持了几天，遇到了那些令你不顺心的人和事，可能仍然会火冒三丈，但是请不要因此就丧失了信心。经过不断重复、不断练习，一定可以成功控制自己的情绪。最后即使在你面前发生了最令你愤怒的事，你都不会轻易发火了。

发怒是拿别人的错误惩罚自己，我们从来没有一次是因发怒把事情处理好的。所以，我们为什么不变得聪明一点，换一个方法来解决问题呢?

三、我无欲而民自朴

要从根本上杜绝奸邪欺诈的行为，就要从提倡节俭之风、遏制奢靡之风开始，这是国家和每一个家庭的当务之急。

我们知道现在搞市场经济，有很多人先富起来了。但是有一些先富起来的人没有学礼，不知道用钱去救济百姓，而是把钱用于奢侈浪费。买各种名牌，不知道钱该用在哪里，结果富不过三代，甚至富不过当代。

《群书治要·墨子》说："富贵者奢侈，孤寡者冻馁。欲无乱不可得。"贫富两极分化严重，必然导致天下大乱。所以墨子说："君诚欲天下治而恶其乱，当为食饮不可不节。"

《管子》中也论述到，奢靡之害确实非常严重。以前圣君制造车船，是为了方便百姓办事。而今天的君主制造车船就不同了，车船的完备、坚固、轻巧、便利都具备了，却仍向百姓横征暴敛，用彩色刺绣装饰车辆，用精雕细刻装饰舟船。于是女子去学习刺绣施彩，男子去学习雕刻，没有人再去从事纺织和耕种，百姓受冻、挨饿就屡见不鲜了。

君主制造的车船如此华美，左右亲近的臣子也都纷纷效仿。百姓饥寒交迫，才去作奸犯科。违法乱纪的事多了，刑罚就愈来愈苛刻；刑罚愈来愈苛刻，国家就会动乱。管仲进一步分析说，当一个国家有了奢侈浪费的风气时，花费就会非常多，“用费则民贫”。就像现在的很多发达国家，为了保持奢侈的生活方式，借债已经借到第二代、第三代。这种不合理现象的根源就是自私自利，为了满足自己的私欲，连子孙后代的利益都不考虑。

“民贫则奸智生，奸智生则邪巧作。”可见，“奸邪之所生，生于匮不足；匮不足之所生，生于侈。”要从根本上杜绝奸邪欺诈的行为，就要从提倡节俭之风、遏制奢靡之风开始，这是国家和每一个家庭的当务之急。

那么，如何才能杜绝奢靡之害？《后汉书》说：“上之化下，犹风之靡草。今上无去奢之俭，下有纵欲之弊。”政府忙着去盖办公大楼，愈盖愈奢华。老百姓外出打工回到家里，把自己家的房屋也盖得愈来愈高，而且还互相攀比，你们家盖了两层，我们家要盖三层，不能比别人低。在城市，房子的装修也愈来愈奢侈浪费，这都是没文化的表现。《史记》记载：“尧之王天下也，茅茨不翦，采椽不斲。”说明尧在治理天下的时候，他的房屋非常简陋，茅草盖的屋顶不加修剪，栎木做的椽子也没有砍削，没有过多的装饰，非常质朴、简陋。

《群书治要·汉书》记载：“自成康以来，几且千岁，欲为治者甚众，然而太平不复兴者，何也？以其舍法度，而任私意，奢侈行而仁义废也。”就是因为我们废弃了治国的常理、常法。这个法度是古人所讲的礼法，而且是恒常不变的礼法，就是我们所说的五伦、五常、四维、八德，不再讲仁义礼智信了；不再讲父子有亲、君臣有义、夫妇有别、长幼有序、朋友有信了，也不再讲礼义廉耻、忠孝仁爱、信义和平了。把这些都舍弃了，而凭着自己的私心、喜好来治理国家，“奢侈行而仁义废”，这就是国家不能够再恢复到太平盛世的重要原因。

我们观察历史上的文景之治、贞观之治等盛世的出现，都是因为皇帝能够带头力行节俭，也就是《老子》所说的“我无欲而民自朴”。

在汉文帝的时候，有人向汉文帝进贡了一匹千里马，汉文帝颁诏，说得还挺幽默，他说：“鸾旗车在前先行，随班的车在后紧跟着，吉日出行一天行五十里，军队行军一天行三十里，朕骑千里马，独自先到哪去？”于是他就将千里马归还，并且还付给献马的人行程的费用。又下诏书说：“朕不接受进贡，可下令四方之人不要再请求进献了。”皇帝躬身示范，珍奇美丽之物的赠送杜绝了，闲游、娱乐之风也禁绝了。后来汉文帝被谥号为“孝文”，因为他懂得怎么样能够把国家治理好。

《礼记》中有这样一句话：“国奢则示之以俭，国俭则示之以礼。”孔子谓：“礼，与其奢也，宁俭。”

这告诉我们，节俭是礼的根本。改革开放后人民越来越富裕，奢侈之风盛行，竞相穿名牌、坐高档轿车、住豪华别墅、吃山珍海味。面对这种情况，习近平同志上任伊始，制定中央八项规定，这就是示之以俭的表率，而且还从自己开始身体力行为社会大众做出节俭的榜样。

古人说：“暴殄天物，则必招天谴。好蠹民财，则必招民怨。纵欲败度，殃祸立至。”

明代就有这样一个例子，有一个人叫张牧之，家里世世代代都是对国家有贡献的人，拥有的资产不计其数。张牧之生活之豪华骄纵，连王侯都比不上。他的婢女都穿着锦衣绣服，奴仆也穿着绮罗，妻妾穿着用度就更加奢华了：拿绫罗绸缎来缠脚，拿帛来做抹布，丝毫都不觉得可惜。他们家有一个聚景园，春天牡丹花一开，用各种奇异的景观构成了一个五亩大的棚子，用彩丝做绳，聚集了姬妾一百余人来歌舞饮酒，还取名为“百花同春会”，每唱一曲就赠绢两匹。

有一个客人看了之后就劝告他说：“过去寇莱公身为宰相，让歌姬陪酒，给绫一匹，有识之士就讥讽他奢侈，为他作了一首诗：‘一曲清歌一束绫，美人犹自意嫌轻。哪知织女机窗下，几度投梭始得成。’寇莱公听了这首诗之后就很后悔。而明公您爵位还不及寇公，用度不应该太过分了。”张牧之听后大笑，傲慢地说：“莱公是个穷酸汉，他哪里能和我比呀！”没过几年，张牧之死了，家里被清算，妻妾都穿着破鞋，向人要一尺一寸的布丝儿都没人给她们。

这种暴殄天物最后得到灾殃的例子，历史上还有很多。

蔡京在执掌国政的时候，饮食用度非常奢侈，用人乳喂猪，用芝麻喂鹅鸭，用绿豆喂牛羊。还常用珍珠八宝煎汤做菜，煮沸过几次之后就扔掉换新的。每次宴请客人的一盘菜就值中等人家一家之产，蔡京不满足，觉得没什么可吃的。

上行而下效，蔡京的一个家人叫翟谦，士大夫们都称他为云峰先生，也是浪费无度，与蔡京差不多。有一次他在年底宴请朝臣，客人有五百多人，厨师进上汤来，有一个客人就随便说了一句：“鸭舌做汤既鲜美又补养。”翟谦看了看左右，微微示意了一下，他的下人马上就心领神会，没多久就为每人端上来一碗鸭舌汤，每个碗里都有三只鸭舌。客人看了之后都惊叹不止，和翟谦关系比较好的人就戏言说：“这还不够，能再添一些吗？”翟谦回答说：“既然有心请客，还怕大肚汉吗？”于是就派人快快添上，每人又添了一碗鸭舌汤。估计翟谦这一次请客，因为客人随便一句话，杀伤了3000多只生灵。

后来蔡京被贬斥流放，金人骚扰汴京之后，翟谦也贫无立锥之地，不得不沿街乞讨，最终饿死在街头。

虽然奢靡之风很严重，但是只要圣明的领导者带头力行节俭，这个风气仍然是可以改过来的。

四、德本财末

> 腐败账本：第一是政治账，自毁前程；第二是经济账，倾家荡产；第三是名誉账，身败名裂；第四是家庭账，妻离子散；第五是亲情账，众叛亲离；第六是自由账，身陷囹圄，失去自由；第七是健康账，身心憔悴；第八是历史账，遗臭万年。

现在的一些领导干部，本来可以一帆风顺、平步青云，受到人们的爱戴和尊敬，但却半途而废，锒铛入狱。追溯原因，其实都是在修身上出了问题，都是一个“贪”字没有放下。不是贪财就是贪色，不是贪名就是贪利。

《大学》说：“货悖而入者，亦悖而出。”意思是以不正当的手段得来的财货，一定会以不好的方式败散。曾国藩就是学了这些教诲，才能够做到“不取军中一钱寄回家中”。

古人认为，财并不是赚到你手、贪到你手，就是你的了，它实际上为“五家所共有”。

第一是官府。比如，我们这个钱是贪污受贿、违法乱纪、坑蒙拐骗得来的，结果东窗事发，自己锒铛入狱，所有的不义之财被没收充公，虽然你赚到手、贪到手了，但是还没等你享受呢，又如昙花一现给收了回去。这不是竹篮打水一场空吗？还让自己身败名裂，得不偿失。

第二和第三就是水灾和火灾。水灾和火灾也会把不义之财给冲走、夺走、焚烧掉。

第四是盗贼。中国古人有一句话说“盗亦有道”。盗贼也有道义，其中之一就是劫富。你的钱财来路不明，都是不义之财，又不做慈善，救济穷苦，反而自己过着花天酒地的生活，一掷千金。盗贼看了也会愤愤不平，专门偷盗、敲诈勒索为富不仁的人。

第五是防不胜防的不肖子孙。不贤德的败家子，也会把你的不义之财败散掉。

在中国古代，即使没有读过圣贤书的普通百姓，都知道财分两种。一种财叫吉财，就是我们通过勤劳致富，通过自己的聪明智慧，奉公守法获得的钱财，能给人带来吉祥如意、幸福美满。另一种财叫凶财，就是通过不正当手段，贪污受贿、坑蒙拐骗等获得的不义之财。它给我们带来的不是幸福如意，而是不尽的凶灾。

在道家的劝善书《太上感应篇》中做了这样一个比喻：“取非义之财者，譬如漏脯救饥，鸩酒止渴，非不暂饱，死亦及之。”漏脯，就是屋檐漏的雨水滴在干肉上，时间久了这个肉就有毒，吃了对人体有害。我们为什么要去取不义之财呢？很多人说我需要。当然是很需要，但是，取不义之财，就如同吃有毒的肉、喝有毒的酒来止息自己的饥渴，不仅达不到预期的目的，反而会给自己招来杀身之祸。

国民政府时期，曾国藩的外孙聂云台先生出任上海总商会的会长。因为他是曾国藩的外孙，又是商会的会长，所以他和清朝末年的那些权贵的后代子孙交往很多。亲眼目睹了他们败落的情形后，他非常感慨，就把这些故事案例都记录下来，写了一本书叫《保富法》。

这本书特别值得领导干部好好读一读。这本书提醒我们，赚钱容易，发财致富也不难，贪财也不难，但是要保持富贵达到三代以上，那可就难上加难了。他用历史和身边的案例给我们证明了“货悖而入者，亦悖而出”的规律。

现在，有人为那些腐败分子做了一个核算，证明腐败确实很不划算。腐败账本：第一是政治账，自毁前程；第二是经济账，倾家荡产；第三是名誉账，身败名裂；第四是家庭账，妻离子散；第五是亲情账，众叛亲离；第六是自由账，身陷囹圄，失去自由；第七是健康账，身心憔悴；第八是历史账，遗臭万年。在若干年之后，人们说到这个腐败分子仍然恨得咬牙切齿，甚至他的后代子孙都抬不起头来。所以你看，人生要懂得核算，不要去做那些得不偿失的事。

古人提醒我们，“立名于一世，失之仅顷刻。”很多领导干部从小学到初中，到高中，到大学，到研究生，到工作岗位，这一路走来，付出了很多艰辛的努力，过五关斩六将，走到今天的位置，何尝容易啊？终于有一个好的位置，可以让父母安心，让家人为我们骄傲，可以在这个位置上，为人民服务，为国家作贡献了。但是在诱惑面前，如果把持不住自己，做出错误的选择，那么之前所有的努力都会前功尽弃，付诸东流。所以，古人提醒我们，面对财色名利的诱惑，应该“战战兢兢、如临深渊、如履薄冰”，如“十目所视，十手所指”，这样才不至于利令智昏、欲令智迷。

古人告诉我们要“见利思义”“见得思义”。在利益面前，我们首先要考虑它是否符合道义，如果不符合道义，人家送给你，你也不能要。对财色名利有一点过分贪恋，都会让自己步入危险的境地。

习近平总书记在一次讲话中强调领导干部要读一点历史。为什么要读一点历史呢？我们学习历史，就是要学习和汲取中华民族传承下来的宝贵思想财富，从中获得精神鼓舞，升华思想境界，陶冶道德情操，完善优良品格，培养浩然正气，做到自重、自醒、自警、自立。历史上有很多故事，对我们现在的领导干部，仍然是非常有启发的。

比如，春秋战国时期，鲁国的宰相公仪休，廉洁奉公，不与民争利，对下属要求也很严格。但他有一个嗜好，就是特别喜欢吃鱼。有人投其所好，送给他一些上好的鱼，但是他看了看，就派人送了回去。

这个送鱼的人感到奇怪，说我知道您爱吃鱼，所以特意选了一些上好的鱼送给您，为什么您不接受，又给送回来了呢？公仪休的回答非常耐人寻味，他说："正是因为我爱吃鱼，所以我今天才不能接受你的鱼。我爱吃鱼，我是宰相，我也买得起，我自己去买不就好了吗？如果我今天接受了你的鱼，养成了爱贪爱占的毛病，结果越贪越多，有一天因为贪污受贿被关进了监狱，请问，那时我还能吃得到鱼吗？还有人再送给我鱼吗？"

《大学》说："德者本也，财者末也。"一个人好的财富、名声、地位，那都是枝叶花果，根本在哪儿呢？根本在一个人内在的德行。所以古人说"厚德载物"。没有深厚的德行，给你再高的位子、再多的财富，必然给你招来灾祸，因为你承载不动。

《大学》还说："财散则民聚，财聚则民散。"钱赚到手了，把它散出去，换得的是民心，人心都会向着你。如果把钱赚来了，都聚集在自己的手中，民心就会背离。

范蠡三聚财三散财的故事非常值得我们学习。范蠡本来是越王勾践手下的一名谋士，他曾经协助勾践打败吴国，收复失地。但是，在庆功的时候范蠡发现，勾践是可以共患难、不可以同富贵的人。于是，范蠡带着西施趁着月色逃离了越国，到了当时的齐国。从此之后，他隐姓埋名，开始做生意，很快就赚了一笔钱。钱赚来之后，他没有用来过骄奢淫逸的生活，反而把这些钱都散了出去，帮助穷亲戚、旧邻居和那些需要帮助的人。然后又开始从小本生意做起，又赚了一笔钱。他又像上次一样把钱又都散了出去，之后又开始赚钱，如此往复做了三次。所以历史上有“三聚财三散财”之说。

范蠡这个故事说明了“舍得”的道理。舍得舍得，不舍就不得，小舍就小得，大舍就大得。所以古人告诉我们，要学范蠡，懂得散财，把赚得的钱，不用来竞奢斗富、骄奢淫逸，而是去帮助那些需要帮助的人。

现在世界500强企业，平均寿命是40年到50年，中国大企业的寿命是7年至8年，小企业的寿命就更短，是2年至9年。所以，在企业界有一句话“江山代有人才出，各领风骚三两年”。

为什么包括世界500强在内的企业，都不能够持续发展呢？原因之一是没有按照经典来做事。《大学》告诉我们：“有德此有人，有人此有土，有土此有财，有财此有用。”要做事业，首先应该具备什么条件呢？很多人说是钱。钱是需要的，但是如果一个人有钱而无德的话，百万亿万的家产也会被他很快败散掉。

“德者本也，财者末也。”做一件事之前，首先要具备深厚的德行。自己有德行，所感召的人才是好的人才，才是和你志同道合的人才，不是争名夺利、为了名利而来的。这样他才是和你一样有德的人，没有德的人在你这儿也待不了，因为“同声相应、同气相求”。

“有人此有土”，自己有德行，感召来的人也是一样有德行的人。这些人志同道合，同心协力，就会有土。土，在农业社会就是增长财富的资源。

在现代社会，包括我们的市场营销能力，包括我们的人力资源、各种技术等。人多了，人才多了，他们就有各种各样的资源和能力。那么大家众志成城，把自己的能力都发挥出来了，各种资源也得到充分的利用，自然会创造财富。这叫“有土此有财”。

财富创造完之后，用在“德日进，过日少”上至关重要。所以，回馈员工，让员工的付出得到肯定，让他觉得在这样一个企业工作，非常荣耀，非常有发展前途。还要回馈消费者，让消费者用最少的付出获得最好的服务、最有质量的产品，他才会做你的回头客。还要回馈社会，要取之于社会，用之于社会，要向国家纳税，要搞慈善事业，等等。这样的话，这个企业的社会荣誉感，社会地位就会越来越高。每一个员工在这样的企业工作，都感觉到与有荣焉。这样就会形成良性循环，企业就会逐渐发展壮大，并立于不败之地。这叫“有财此有用”。

五、以德报怨

> 要感激伤害你的人，如果没有人曾经伤害过我们，我们就像温室里的花，经不起任何风吹雨打。正是有人伤害了我们，当我们恢复时，我们的心智就得到了磨炼。

很多人说，我修养很好，对谁都满面笑容。其实可能是因为身边都是恭维我们、赞叹我们，甚至谄媚巴结我们的人。如果有一个不认识你的人，不知道你是领导，走到你的面前指着你鼻子骂，对你无理取闹，你还能对他微笑，耐心地了解情况，这才体现了一个领导干部的真正修养。

《群书治要·贾子》记载，梁国有个大夫名叫宋就，在与楚国接壤的边境地区做县令。梁、楚两国边亭都种着瓜。梁国边亭勤劳，多次灌溉瓜田，瓜长势很好；楚国边亭偷懒，很少浇灌瓜田，瓜长得很差。楚国边防县令对自家瓜长势太差感到恼火，楚国边亭也嫉恨梁国边亭比自己出色，因而夜间偷盗、破坏梁国边亭的瓜，致使很多瓜枯死了。

宋就却派人偷偷地到楚国边亭，夜间仔细灌溉楚国的瓜田，所以楚国的瓜长势逐渐变好。楚国边亭对此感到奇怪并秘密观察，发现原来是梁国边亭帮他浇灌瓜田。楚王听说这件事情后，对梁国私下让步表示高兴，于是用重金表示感谢，并请求与梁国彼此交好。

所以梁楚两国友好往来，是从宋就开始的。老话说：“将败而为功，因祸而得福。”老子说：“以德报怨。”就是说的这类事情啊！

有一位大德，在《生活在感恩的世界里》一文中写道：“感激斥责你的人，因为他助长了你的定慧。”

“感激伤害你的人，因为他磨炼了你的心智。”很多人会说，怎么会感激伤害你的人呢？对伤害过自己的人，恨不得他有灾祸发生我才高兴。但是这位大德却教导我们，要感激伤害你的人，如果没有人曾经伤害过我们，我们就像温室里的花，经不起任何风吹雨打。正是有人伤害了我们，当我们恢复时，我们的心智就得到了磨炼。

“感激欺骗你的人，因为他增长了你的见识。”正是因为有人欺骗了我们，才使我们知道，天下有好人，还有骗术高超的人，他增长了我们的见识。重要的是，不要因为别人欺骗了我们，我们转而也去欺骗别人。“己所不欲，勿施于人。”也不能因为别人欺骗了我们，我们就丧失了对别人的信任。别人做得对不对，并不是最重要的，最重要的是自己一定要做对。

“感激遗弃你的人，因为他教你学会了自立。”正是因为有人把我们遗弃了，我们从小便学会了自尊、自爱、自强、自立，要靠自己的双手去打拼天下。所以有很多成功人士，在他们童年的时候，都有一段鲜为人知的磨砺，他们对这一段经历给予了很高的评价。相反，我们看到很多生活在优裕环境中的孩子，过着衣来伸手、饭来张口的生活，没有体会到生活的不容易，结果怎么样呢？游手好闲、吃喝玩乐、骄奢淫逸，最后成为纨绔子弟，成为啃老族、败家子。所以，很难说究竟哪一个环境好，就看我们如何运用这个环境，来成就自己和孩子的人生。

“感激绊倒你的人，因为他强化了你的能力。”正是因为有人把我们绊倒了，当我们重新站立起来的时候，我们的能力就得到了强化、得到了提升。

有人也说，虽然我们不能掌控风的方向，但是我们能够调整风帆。在生活中，我们无法预料会遇到自然界和社会中什么样的不良刺激、不良遭遇，但是我们在面对这些不良遭遇的时候，可以对外部的不良刺激，做出良好的积极的反应，调整自己的心态。

比如，北京经常有交通堵塞的情况，有的人遇到堵车，就会不停地抱怨，嘴里还骂着："真倒霉，我今天一出门就遇上了堵车。"这种抱怨的情绪，不仅改变不了交通拥堵的事实，反而会使自己的心情越来越焦急、越来越烦躁。有的人恰恰相反，他想反正交通已经拥堵了，自己又忙碌了一天，正好趁着堵车机会，放松一下紧张的神经，播放一首舒缓的古典音乐，再跟乘客聊聊天，这样就调节了气氛，时间也过得很快。面对同样交通拥堵的不良刺激，因为他们选择了不同的态度，情绪受到的影响也就不同。

有这样一个问题：你愿意选择快乐，还是愿意选择痛苦与烦恼呢？我想任何一个正常的人都会不假思索地回答：我愿意快乐。

"一切都是最好的安排"，这是心理催眠师最喜欢讲的一个故事，因为在他们看来，人的潜意识是十分强大的，而且是没有判断能力的，只要你输入正确的指令和程序，它就会听从和工作。

这个故事是这样的：有个国王喜欢打猎，以及与宰相微服私访。宰相最常挂在嘴边的一句话就是"一切都是最好的安排"。

一天，国王到森林打猎，一箭射倒一只花豹。国王下马检视花豹。谁想到，花豹使出最后的力气，扑向国王，将国王的小指咬掉了一截。国王叫宰相来饮酒解愁，谁知宰相却微笑着说："大王啊，想开一点，一切都是最好的安排！"国王听了很愤怒，"如果寡人把你关进监狱，这也是最好的安排？”宰相微笑说：“如果是这样，我也深信这是最好的安排。’国王大怒，派人将宰相押入监狱。

一个月后，国王养好伤，独自出游。他来到一处偏远的山林，忽然从山上冲下一队土著人，把他五花大绑，带回部落！山上的原始部落每逢月圆之日就会下山寻找祭祀满月女神的牺牲品，土著人准备将国王烧死。正当国王绝望之时，祭司忽然大惊失色，他发现国王的小指头少了小半截，并不是个完美的祭品，收到这样的祭品满月女神会发怒，于是土著人将国王放了。

国王欣喜若狂，回宫后叫人释放宰相，摆酒宴请，国王向宰相敬酒说：“你说的真是一点也不错，果然，一切都是最好的安排！如果不是被花豹咬一口，今天连命都没了。”国王忽然想到什么，问宰相：“可是你无缘无故在监狱里待了一个多月，这又怎么说呢？”宰相慢条斯理地喝下一口酒，才说：“如果我不是在监狱里，那么陪伴您微服私巡的人一定是我，当土著人发现国王您不适合祭祀，那岂不是就轮到我了？”国王忍不住哈哈大笑，说：“果然没错，一切都是最好的安排！”

这个故事告诉我们：当我们遇到不如意的事，这一切也是最好的安排！不要懊恼，不要沮丧，更不要只看一时。把眼光放远，把人生视野加大，不要自怨自艾，更不要怨天尤人，永远乐观、奋斗，相信天无绝人之路。

其实，只要我们仔细回想生活中的每件事，也都可以对自己说“一切都是最好的安排”。当你身边有人发出求救信号，如情绪低落、大发脾气，或行为异常，那就给他讲讲这个故事，心理疏导远比一些预防举措更加有效。

法兰克是一个犹太裔的心理学家，在二战的时候，被关进了纳粹死亡集中营。他的遭遇非常悲惨，父母、兄弟，还有妻子，全被关进了纳粹死亡集中营，而且都被折磨至死，唯一剩下的亲人，只有自己的妹妹。他每天在纳粹死亡集中营里接受严刑拷打，朝不保夕。

有一天，法兰克独自在囚室里，突然顿悟了一个道理，那就是在任何一种特定的环境下，人还有一种最后的自由，这种自由，就是选择自己的态度。

从外部环境上看，他被关进了纳粹死亡集中营，失去了人身自由，但是他发现自己的心理意识，也就是他怎么想，却是德国纳粹无法干涉的。于是他就凭着想象和记忆，不断地磨炼自己的意志，直到心灵自由，终于超越了纳粹的禁锢。而他的这一种超越，也感召了其他狱友，甚至狱卒。他协助狱友们在苦难中寻找到生命的价值，寻回生命的自尊。

法兰克的故事告诉我们，人的反应和外部刺激是一种刺激、意识和反应的关系。正是在意识这个中间环节，人可以充分发挥想象力。人的独立意识、良知可以对外界的不良刺激做出积极回应，这就是积极思维。

圣雄甘地说，若非拱手让人，任何人都无法剥夺我们的自尊。所以，在生活中让人受害最深的，并不是那些不良遭遇，而是我们允许这些不良遭遇影响我们的思维、干扰我们的情绪。

法国大文豪巴尔扎克也说："世界上的事情永远不是绝对的，结果完全因人而异。苦难对于天才是一块垫脚石，对于能干的人是一笔财富。但是对于弱者，却是万丈深渊。"

六、心存仁恕

> 凡是古代深明大义的人，都知道“上天有好生之德”。那么我们从政，一定要顺应天道，要以仁恕之心待民，不能过于苛刻。

凡是古代深明大义的人，都知道“上天有好生之德”。那么我们从政，一定要顺应天道，要以仁恕之心待民，不能过于苛刻。作为百姓的父母官，所谓“民之父母”，本应爱民如子，如果把人民放在了自己的对立面，把能够逮捕多少人、杀戮多少人作为自己的功绩去称颂，毫无怜悯之心，这是与天道不相符的，结果一定不好。相反，一个人即使身为执掌刑罚的司法官员，只要他有仁爱之心，也会受到人民的爱戴。

《孔子家语》中记载着这样一个故事。孔子的弟子季羔在卫国当司法的狱官，他亲自判处一个人刑罚，给犯人实施了断足之刑，也就是砍掉犯人的双足。后来卫国有了动乱，季羔逃跑。被他砍掉双足的这个人恰好正在守护城门，他就对季羔说：“这墙上有一个缺口。”季羔说：“君子不跳墙。”他又对季羔说：“里边有一个洞。”季羔说：“君子不钻洞。”这个人又说：“这里边有一间房屋可以藏身。”季羔就进去了。当那些追他的人都走了，季羔要离开的时候，就对这个被实施了断足之刑的人说：“我不能够亏损君主的法律，所以亲自把你的双足给砍掉了。现在我遇到了危难，这正是你报怨的时候，但是你却帮助我逃跑，是什么原因呢？”

这个人就说：“砍断我的双足是因为我犯下了罪过，是无可奈何的事。以前我看到您要用法律治我罪行的时候，是先判了别人的罪然后才判我的罪，是希望我能够得到减免，这个我看出来了。在我被判刑，将要被行刑的时候，您面带忧愁，有一种伤痛之心见于颜色，这一点我也观察到了。您这样做并不是对我有什么偏袒，而是像您这样的君子，自然就有这种表现，看到人民犯罪有一种哀怜之心——你看，这个人因为没有受教育，被处以刖足之刑，这多可怜、多值得同情！这就是我爱戴您、帮助您的原因。”

孔子听了这件事后就说：“善哉为吏！其用法一也，思仁恕则树德，加严暴则树怨。公以行，其子羔乎！”意思是说，子羔做官吏真是不错！虽然都是在依法办事，但是心存仁恕树立的就是德行，太过严厉苛暴树立的就是怨气。既能够公正，又有德行，有这种关爱百姓的心，子羔做到了！

同样是做司法工作的人，存心却不一样。有的是虐民，用残酷的刑罚对待百姓，树立自己的威严，且以此为荣耀；有的却是心存怜悯之心，而百姓对他们的回报也是截然不同的。

中国人所受的教育是看到别人做坏事就非常痛恨，与他对立。事实上，通过感化的方式来帮助人反而是更好的方式。

有一个《母亲的借据》故事，给我们讲了这样一个道理。

母亲在中学教政治，爱教训人，爱板着脸讲大道理，不仅学生怕她念紧箍咒，连家长也怵她。十五年前的一天，我和母亲从亲戚家借了钱后回家，为省下坐车的钱我们选择走小路。我们急匆匆地走着，谁都不说一句话。在过一个小桥时，我右脚的鞋子掉了下来。借着穿鞋的工夫我看了看四周，发现天已全黑，耳边再次响起亲戚的话："年底治安乱，今晚别赶回去了。"但母亲谢绝了亲戚的好意，借到钱我们很高兴地从亲戚家出来。母亲还笑着说："想吃巧克力吗？我明天给你姐俩称半斤。"

事情发生时我们离家还有半个小时的路程。一声凶巴巴的"站住，别动"，两个男人像山一样堵住了我们的路。我哆哆嗦嗦地拽着母亲的手。母亲捏捏我的手心，轻轻说："不怕，有妈妈！"

那是两个男人，每人手里拿着一根很粗的棍子，夜色中我看不清他们的表情，我想他们脸上肯定杀气腾腾。我知道我们该跑，可我也清楚，一大一小两个女人无论如何都跑不过两个身强力壮的男人。我急得要命，母亲却低头望了望我，她神色平静、面色从容。母亲很有定力，遇到这样的事还是很冷静。

可怕的沉默之后，右边的男人说话了："我只想要钱！"他似乎并不比我们轻松，我捕捉到他话音里的颤抖。母亲没吭声。男人继续说道："我们真不想伤害你们！我们也没办法，辛辛苦苦打工一年老板带钱跑了，我们必须拿钱回家过年。你们城里人好歹比我们容易些。"说话的人语气倒老实，可他的棍子凶神恶煞般地戳在那里。我很清楚，此时稍有不慎，我们就会受到伤害。

对峙片刻，母亲忽然叹着气，从口袋里拿出蓝色手绢，手绢里包裹的是刚刚借来的二百元钱。我记得那是四张崭新的票子，每张面额五十元。男人看到钱，自然地伸出他空着的手。"慢！"母亲把钱往怀里一缩，她说："这钱不能让你们抢走！"那人的手停在半空。

母亲说："如果今天你们抢了我的钱，不管数额多少，你们都是犯了罪的。我知道你们有难言之隐，可法律不管那么多。不光法律会判你们的罪，就是你们自己内心深处一辈子也不会原谅自己的罪。”

这个时候母亲竟讲起课来，这实在出乎我的意料。她仍然不慌不忙地说：“我现在写张借条，不管你们多久还钱，五年也好，十年、二十年也好，甚至你们没钱还也好，只要记住今天你们没有抢，你们是借我的钱，我希望你们以后也不要再抢别人的钱。”

说完话，母亲从口袋里摸出纸笔，在黑暗中凭感觉写了张借据。她把钱和借据一起放到那个人的手里，说：“上面有我的名字和地址，至于你们的名字，回去后你们自己填吧！”这样匪夷所思的事情歹徒大概从来没有遇到过。他们愣了片刻，互相看了看，什么也没说，就拿上钱和借据跑了。

余下的路程，我一句话都没说，我失望极了：母亲居然向两个手拿棍棒的劫匪写下世间最愚蠢的借据！那个春节，尽管母亲还是给我们买了巧克力，可是我心里很难过，关于那张愚蠢的借据我始终无法释怀。我想这绝对不是母亲平日嘴里所说的勇敢。

两年后的一天，母亲从学校下班回家，她手里拿着一张汇款单，上面的数额是一千块钱，汇款人的名字却是陌生的。附言栏上这样写着：“谢谢您没让我们走错路！”

曾被我认为“非常愚蠢”的母亲写下的那张借据改变了两个人的命运！就是因为他们听了母亲的劝告，虽然在窘迫之下拿走了母亲的钱，但是也引起了他们的忏悔心，最后有钱的时候还加倍地偿还了。

中国有句话说：“人之初，性本善。”还有句话说：“愧之，则小人可使为君子；激之，则君子可使为小人。”这位母亲用的就是“愧之”的方法，让他们生起了惭愧心，结果小人也变成了君子。作为官员，如果能够有一片仁慈之心，能够爱民如子，相信有很多人会被感化。

《孔子家语》中记载着这样一个故事。孔子在鲁国做大司寇的时候，有父子两个人因为争讼来告状，孔子把他们关在了同一间牢狱，三个月也没有进行判决。后来，父亲提出撤诉，孔子就把他们释放了，没有再进行追究。

鲁国的大夫季孙听到了这件事，很不高兴。他说："我曾经听您说过，孝是治国的根本。现在杀一个不孝之人可以警戒全国的百姓，但是您不把他杀掉，还把他给放了，这是什么缘故呢？"

孔子说："上失其道，而杀其下，非理也。不教以孝，而听其狱，是杀不辜也。三军大败，不可斩也；狱犴不治，不可刑也。上教之不行，罪不在民故也。夫慢令谨诛，贼也；征敛无时，暴也；不诫责成，虐也。政无此三者，然后刑可即也。"

孔子告诉我们，先要给民众教化，如果民众没有接受教育做了邪曲不正的事，那是应该给予宽恕的。宽恕了他之后，一定要给他伦理道德的教育，让他知道做人的本分。

我们翻开四书五经，没有看到有哪一句话是教导百姓的，都是在劝导和教育领导者和君主的。百姓受到教化，实际上是从领导者的一言一行、一举一动学到的。而作为君主，则要心存仁恕。

七、境缘无好丑

> 看一个人的前途，从三个方面来看就知道了，即看他是不是知恩图报，是不是有恭敬心，是不是有悲悯同情心。

现在很多人对传统文化很感兴趣，特别是一些领导干部。但是，很多人学习传统文化走入了迷信，喜欢找人看一看风水、调一调办公室的座位朝向。风水不能说没有道理，但这些都是枝节，真正的好风水在哪里呢？这就需要我们熟读经典，才不会上当受骗。

《群书治要》记载，鲁国的国君来向孔子请教："我听说向东扩展房屋是一件不吉祥的事，这到底可信还是不可信？"孔子没有正面回答他，而是说："我听说天下有五种不吉祥的事，但向东扩展房屋并不包括在其中。"那到底是哪五种不吉祥的事呢？不妨看看下面的答案。

第一，"夫损人而自益，身之不祥。"就是我们说的损人利己。其实损害别人的利益根本不能让自己受益，帮助别人才会真正让自己受益。你损害别人，别人会怀恨在心，等机会打击报复，会给自己招至杀身之祸。

第二，"弃老而取幼，家之不祥。"我们现在很多人不管老人，不赡养、不照顾，甚至打爹骂娘，把所有的关爱都放在了孩子的身上。结果把小孩子惯成了小公主、小皇帝，这个家没有了后继的人才，就一定会破败了。

第三，“释贤而用不肖，国之不祥。”疏远贤德的人，任用的都是不贤德的人，这是国家的不吉祥。

第四，“老者不教，幼者不学，俗之不祥。”年老的人不愿意去教，年幼的人没有虚心好学的心，这是社会风气的不吉祥。

第五，“圣人伏匿，愚者擅权，天下不祥。”中国古代的读书人其实都有报国的志向，崇尚“穷则独善其身，达则兼济天下”，那为什么会隐居呢？因为政治很昏暗，官场很腐败，真正有德行、有才学的人不被认可，都被排挤走了，有才华也施展不出，那圣人就只好隐居了。

这就告诉我们：“福田靠心耕，一切福田不离方寸。”方寸就是指人的一颗心。古人说：“福人居福地，福地福人居。”这个地方即使风水很好，一个没有德行的人去住上一段时间，好的风水也被他破坏了。所以，看风水是不重要的，重要的是提升自己的道德修养，应该先把自己变成一个有德行的人。

古人告诉我们耕田种田是回报最丰厚的。也就是说，我们看一个人的前途，从三个方面来看就知道了，即看他是不是知恩图报，是不是有恭敬心，是不是有悲悯同情心。人生的“福田”有三种。

首先，我们看看恩田。如果一个人知恩图报、饮水思源，他就是在给自己培福，他的前途就是光明的。

中国人特别强调要孝敬父母，原因何在呢？因为父母养育儿女的恩德是无人可以相比的，父母对儿女的付出是无私无求，而且是无微不至的。这么大的养育之恩，当然首先应该记在心上去报答。所以《孝经》里说：“不爱其亲而爱他人者，谓之悖德；不敬其亲而敬他人者，谓之悖礼。”

如逢年过节我们都想着送礼，但是我们给谁的礼物想得最周全呢？我们对谁的礼物特别用心去准备，生怕别人不高兴、不满意，不符合别人的需要呢？是给领导、生意合作伙伴的礼物，是给跟我们有利益关系的人的礼物。

那我们从恩义的角度来看，对我们恩德最大的是父母，我们应该对给父母的礼物最用心。我们大学放假回家的时候，首先想到给父母买礼物，然后给兄弟姐妹买礼物。那时我们很单纯，没有受社会上的功利思想的污染，做这些是自然而然的。

但是随着我们的成长，受社会功利主义的影响越来越深，逢年过节，我们想着去送礼，用心周到地给领导、生意合作伙伴准备礼物，但是却忽略了父母，这就是悖德悖礼的现象。

第二，我们看一看敬田，就是对别人有恭敬心。《论语》里有句话说“四海之内皆兄弟也”，这是结果，原因在哪里？“君子敬而无失，与人恭而有礼，四海之内皆兄弟也。”这是孔子的弟子子夏所说的。我们看现在的年轻人，和人相处一个月，不是自己不喜欢别人了，就是别人不喜欢自己了，产生了很多矛盾。原因就在于，在家的时候，都是小公主、小皇帝，所有的家人都要看到他的需要、在意他的感受。所以当诸多的小公主、小皇帝走到一起的时候，如果不出现矛盾纷争，那就不正常了。

现在有些孩子肩不能挑担、手不能提篮，没有责任感，也不能够承担责任。自己还好高骛远、妄自尊大，其实什么都干不了。总是看不到别人的需要，不会为对方着想。这样的人，走到哪里都不会受人欢迎。

孔子一生所奉行的是“温良恭俭让”，他做到了温和、善良、恭敬、俭朴、礼让。道家的创始人老子，也提出了“处柔守慈”的处事原则。一个人有恭敬心，有仁爱之心，那就会“爱人者人恒爱之，敬人者人恒敬之”，无论走到哪里都会事事如意。

第三，看一看悲田。悲田就是对人要有恻隐之心，要有同情心。这个悲就是拔人于苦的意思，看到别人处于痛苦之中，他发自内心地同情，而且会做一些事情来帮助别人摆脱痛苦。孟子说：“恻隐之心，仁之端也。”

从被新加坡人视为“国宝”的许哲女士身上，我们看到了一个有同情心的人，过着一种多么幸福快乐的生活。许哲女士小时候，看到母亲所做的一件事，奠定了她一生为人处世、待人接物的原则，那就是要去帮助别人。有一天，母亲做了一桌很丰盛的饭菜，当全家人正要吃饭的时候，门外响起了敲门声。母亲放下碗筷，把门打开一看，是一群衣衫褴褛、面有饥色的人。这些人好像好几天都没有吃饭了，苦苦地哀求，要讨一点饭菜吃。看到这样的情景，母亲二话不说，转过身把桌子上所有的饭菜都端出来给这些人吃了。

当母亲看到这些人脸上露出了笑容，能够吃一顿饱饭的那种满足感，内心极为欣慰。这给许哲女士留下了很深的印象。从此她就下定决心，自己一生要去做帮助别人的事。后来，她到了美洲的巴拉圭，无私无求地照顾那里的人，使他们获得健康；帮助那里的人，让他们不花一分钱就能得到教育。

她的母亲九十多岁时，给她打了一个电话，说：“你要照顾别人、帮助别人，在哪儿都可以。现在我年纪也大了，也需要你的照顾了。”她接到母亲给她打的这个电话之后，就回到了新加坡，一直照顾她的母亲直到她母亲过世，而她的母亲活了一百多岁。所以，确实是“积善之家，必有余庆”。

她回到新加坡之后，在很多人的支持下，办起了几十所养老院。

每所养老院办好以后，她就默默地退了出来，把这些养老院交给别人去打理。她在私底下还默默地照顾了很多八九十岁的老人，这些人生活贫苦，也没有人照顾。

她身体健康，还经常去给他们送食物和其他物品，照顾他们的生活。她自己的衣服很多年来没有买过新的，都是从垃圾箱里捡回来洗干净就穿。她这样做，一方面是出于节俭；另一方面，她也是从照顾对象的心理出发，为他们着想。因为她所照顾的这些人都是很贫苦的人，如果她自己穿得很好，比如，穿了一件旗袍，又戴了一条金项链，然后说，我给你们送食物来了，这些接受的人都会觉得心理上有距离，像是被人施舍一样，感情就会疏远。她即使是去帮助别人，也是从被帮助人的心理感受出发，考虑到他们的需要。

有记者问她："你长寿的秘诀是什么？为什么活到一百多岁还能够身体健康、无忧无虑呢？"她说："我最大的快乐，就是看到我所关心、帮助的人，他们脸上露出了笑容，我也为这种笑容所感染，所以整天很开心，没有烦恼。"许哲女士的这种感受说明了帮助别人其实是在帮助自己。我们往往是通过帮助别人，释放了自己的压力，而且是在帮助别人的过程中，获得了自己的快乐和成长。

有两个词语特别值得我们学习。第一是助人为乐。助人不是为了快乐，而帮助别人本身就是一件很快乐的事。第二是知足常乐。如果一个人不知足，他永远都快乐不起来。所以俗话说："人生解知足，烦恼一时除。"这两点做好了，人生就会幸福美满。

八、君子忧道不忧贫

当我们从“我能得到什么”的观念转向“我能给予什么”的思维方式时，不仅会减轻烦恼、焦虑和压力，而且会取得意想不到的积极效果。

一个人，总是想到自己，为了获得自己的利益而去工作、去竞争、去努力，久而久之，就会有压力。因为无论如何努力，并非总是能够得到使自己满意的结果。经常关注自己的利益，还会产生一些不良情绪，如焦躁、恐惧、忧郁、患得患失等。为了避免这样的压力，我们应该把注意力从自己的身上移开，转而去关心、帮助别人。这个方法，我亲自体验过，非常有效。

1997年我硕士毕业，被分到中央党校工作。那时候我才20多岁，但是要面对的学员却是来自全国各地的高素质、高水平的领导干部。我要给他们讲课，还要讲出效果，这对于从来没有上过讲台的我来说，压力相当大。果然，上讲台之前，我就已经惴惴不安，吃不好饭，睡不好觉了。

幸运的是，我当时讲的第一堂课就是领导心理调适。受到讲课内容的启示，我把注意力从自己身上移开，不去考虑讲课效果，也不考虑自己的面子。想着这一堂课能够给学员带来什么，对他们以后的工作和生活带来怎样的启发，甚至是转变。想到这些，我备课非常充分，而且注意力不在自己的身上，压力也自然减少了。所以，我们往往是通过帮助别人，而化解了自己的压力，并且获得个人成长。

一个人如果过分关注自己的利益，就会有烦恼和压力。当我们从“我能得到什么”的观念转向“我能给予什么”的思维方式时，不仅会减轻烦恼、焦虑和压力，而且会取得意想不到的积极效果。因此，我们要放弃对一切人、事、物控制的念头，放弃对一切人、事、物占有的念头。

简而言之，只有放弃自私自利、名闻利养的观念，才能真正摆脱这些无形的束缚，得到心灵的解脱和自由，做到“心纯净，行纯善”。

禅语说：不争，元气不伤；不畏，慧灼闪光；不怒，百神和畅；不忧，心地清凉；不求，不卑不亢；不执，可圆可方；不愁，快乐健康！的确，只有那些真正放下自我的人，才能活得轻松自在。

关于助人为乐，中国传统哲学早就给出了解释。在中国古人看来，人性本善，人性中有一种先天向善好德的潜能。为了说明这种人性本善的道理，孟子给我们讲了一个“孺子入井”的例子。

当一个不懂事、牙牙学语的小孩子，慢慢地朝着井边爬过去，眼看着就要掉进井里。大家看到了都会不由自主地产生一种“怵惕恻隐”之心，也就是恐惧心、同情心、怜悯心，都想着赶快跑过去把小孩从危险的井边抱回来。孟子问：我们这样做是为了讨好这个孩子的父母吗？是为了在同乡中博得好的名声吗？是因为我们厌恶这个孩子发出的哭声吗？

显然都不是。这种不由自主的恻隐之心，表明了人性中有一种先天向善的能力，而人只要充分发挥这种能力，就可以达到高尚的境界了。

《中庸》中说："率性之谓道。"这个"率"，就是让我们顺循着而不是违逆自己的本性去做，这样就可以与道相通了。

孟子说，虽然人性本善，但是人也会去作恶。然而人之所以去作恶，并不是因为本性不善，而是因为人不注意保护自己本有的良心，受到外界的不良影响和熏染，久而久之就把自己本有的良心丢失了。

为了说明这个道理，孟子举了一个牛山的例子。牛山是一座山的名字，它本来是一个风景优美、草木茂盛的地方，但是因为地处大国的郊外，经常有人到那里滥砍滥伐、放牧牛羊，久而久之就使牛山变成了光秃秃的不毛之地。后来人就以为牛山本来就不生草木，可这哪里又是牛山的本性呢？

实际上，每一个人都有先天向善好德的潜能，我们只要注意保护自己的良心，并且把放逸的心找回来，就可以达到高尚道德的境界了。因此，孟子说："学问之道无他，求其放心而已矣。"孟子感叹：一个人把小鸡小狗弄丢了，尚且着急地把它找回来，可是把自己的良心这么重要的东西给弄丢了，却不着急把它找回来，这是多么让人感到悲哀的一件事情啊！这样的人正如那些低劣的园艺师，放着贵重的梧桐树不管，反而费心照顾矮小的荆棘，这难道不是分不清孰轻孰重吗？

在中国古人看来，人如果做了坏事就会感到惴惴不安，说明他是一个心理健康的人，也是一个道德高尚的人。也就是说，一个人能够做到"仰不愧于天，俯不怍于人"，才是一个真正心理健康的人。

明朝有一个读书人叫王阳明，他继承了孟子的人都有"良知良能"的学说，提出了"致良知"的观点。

有一次，王阳明和朋友外出，不幸遇到了一群盗贼，当盗贼知道他就是王阳明时，就问："你说人都有良知良能，那你看一看，我们这群盗贼也有良知良能吗？"王阳明毫不犹豫地回答说："当然有。"这群盗贼说："你光说有也不行啊，你得证明给我们看，我们才相信。"王阳明不慌不忙地说："你们按照我说的去做，我就可以证明给你们看。"于是他就让这群盗贼把自己身上的衣服一层一层地脱了下来。直到脱得还剩最后一条裤子的时候，王阳明说："继续脱啊。"结果这群盗贼说："不行，这个不能再脱了。"王阳明说："知耻就是你们的良心啊。"

有一些全球著名的推销员、顶尖的企业家，当别人问他们事业成功的秘籍是什么时，他们无一例外地回答了两个字："利他。"

如果我们总是想着怎么把别人口袋里的钱挪到自己的口袋里，别人一定会把口袋捂得紧紧的，处处提防着你。如果我们用自己的产品和服务帮人解决困难，给别人家的生活和工作带来便利，那谁不会喜欢你的产品和服务呢？所以，事业成功的秘籍正是"利他"思想，而不是"自利"思想。

现在人压力很大，都过着一种"忙、盲、茫"的生活。这三个字很有味道。"忙"是忙碌的忙，它是一个竖心旁加一个亡。这个字告诉我们，忙就是我们的心灵都不觉悟、不敏锐了，以至于看不到周围人真正的需要。因此演变成了"盲"。虽然事业很成功，甚至赚了很多钱，结果换来的却是家人的埋怨和不理解，最后自己就"茫"了。心想我这么忙碌，不就是为了这个家吗？为什么他们都不理解我呢？最后反而成了孤家寡人。原因就在于，我们的付出、我们的忙碌都是自私自利的，是为了自己的名利在奔忙，而忽视了家人真正的需要和感受。虽然赚了很多钱，还是没有得到家人的理解。

中国古人把钱这个字写得特别有味道。"钱"左边是一个金，右边是两个戈。金和两个戈是什么意思呢？如果你盲目追求金钱，不择手段地追求，没有智慧，可能就为了金钱不惜拿着两把刀、两把枪去互相残杀，这就是没有智慧的选择。

为了避免这种“忙、盲、茫”的生活，需要我们把心沉静下来，观察一下周围人的需要。这样我们才能避免人生越走越空虚，压力越来越大。

有些人认为知足常乐是一种消极的人生观，不可取。实际上恰恰相反，知足常乐里面蕴藏着真正的人生智慧。

“人生解知足，烦恼一时除。”如果理解了“知足”这两个字，人生所有的烦恼，就一下子都没有了，都解除了。古人说：“别人骑马我骑驴，仔细思量我不如；等我回头看，还有挑脚汉。”这告诉我们，人生幸福与否，和物质财富没有必然的联系。

我们读《论语》就能够明白，孔子的弟子颜回“一箪食，一瓢饮，在陋巷，人不堪其忧，回也不改其乐”，为什么颜回能够做到不改其乐呢？原因是“君子忧道不忧贫”，他的内心充满法喜，对于物质生活没有太多的要求。

“孔颜之乐”一般人体会不到。就像站在二楼的人去批评站在二十层楼的人，他们体会不到圣贤人的境界，还希望把圣贤都拉回二楼，说你们所看到的就是我看到的境界。

“小人长戚戚”，小人最大的特点，就是一心只考虑自己的利益，甚至为了自己的利益，尔虞我诈，钩心斗角，想方设法谋害别人。这样的人患得患失，往往处于郁郁寡欢的忧凄状态。

我们看孔子的一生，他周游列国，想把自己的学说推广于天下，让天下百姓过上幸福安乐的生活。但是这些国君，或者认识不到他思想的深刻，或者以小人之心度君子之腹，有嫉妒之心。结果孔子提倡的道很少被国君所用。但是，孔子从来没有流露出任何怨天尤人的情绪。在《论语》的开篇写道：“学而时习之，不亦说乎？有朋自远方来，不亦乐乎？人不知而不愠，不亦君子乎？”

我们学习传统文化，对我们人生最大的益处，就是可以做到俯仰无愧，一生欢欣喜悦，心理坦然。

孟子说人生有三乐：“父母俱存，兄弟无故，一乐也；仰不愧于天，俯不怍于人，二乐也；得天下英才而教育之，三乐也。”

为什么古人一开口就是喜悦和欢乐？而我们现在的人，一开口就怨天尤人，就是是非人我，这是因为我们所读的书不一样，所接受的教育不同。

古人说：“得道者多助，失道者寡助。”“顺天者昌，逆天者亡。”学习传统文化，都是教导我们要顺着“道”去做，这样才能够身心安乐，事业成功，处于一种欢欣喜悦的状态。这个“道”，就是指宇宙人生的真相。

九、官人无私

做君王的人，授予官职应该摒除私心，只将贤德与否作为考察官员、提拔官员的标准；勤于政事，多次去探望有功劳的人；只对有功劳的人赏赐，对那些有罪恶的人一定惩罚。这样才能政治平稳、人民安定，大家各得其所。

若想得到人才，必须公平地对待下属。因为只有为政者公正地对待贤人，贤人才会近者来归、远者来附。

《昌言》上说："王者官人无私，唯贤是亲。勤恤政事，屡省功臣。赏赐期于功劳，刑罚归乎罪恶。政平民安，各得其所。则天地将自从我而正矣，休祥将自应我而集矣，恶物将自舍我而亡矣。"做君王的人，授予官职应该摒除私心，只将贤德与否作为考察官员、提拔官员的标准；勤于政事，多次去探望有功劳的人；只对有功劳的人赏赐，对那些有罪恶的人一定惩罚。这样才能政治平稳、人民安定，大家各得其所。天地就会因我而自然地正常了，吉瑞的事情也会因我而汇集了，恶的事情也会舍我而去了。这些都是因为"官人无私，唯贤是亲"所得到的成果。

《新序》记载着这样一个典故。晋平公路过九原的时候感叹说："这个地方埋藏了我多少忠臣呢？如果这些人能够起死复生的话，我应该带谁回去呢？”叔向就说：“那一定是赵武吧。”晋平公说：“你是偏向你的老师吧。”叔向说：“让我谈一谈赵武的为人吧。赵武站立起来，好像都撑不起自己的衣服；说话的时候，好像不善言谈，都说不出口。但是他亲自举荐的贫寒之士，竟有四十六人，这是因为他没有私心。因此我以为他贤德。”这说明，为官者一定要公正地对待贤人，公平地进行选拔，这样才可称得上贤臣。

《韩子》中记载着一则故事，来说明举荐贤才要以才德而不是以关系亲疏为标准。解狐和邢伯柳有怨仇，一天，赵简子问解狐：“谁可以做上党的地方官呢？”解狐就回答说：“邢伯柳可以。”赵简子就问：“这个人不是你的仇敌吗？”解狐回答说：“我听说忠臣举荐贤才不回避自己的仇人，废黜不肖之人也不偏袒自己的亲近。”赵简子一听，就很称赞，然后就任命邢伯柳为上党的地方官。邢伯柳知道解狐推荐了他，就去见解狐表示感谢。解狐说：“举子，公也；怨子，私也。往矣！怨子如异日。”举荐你是出于公心，你能胜任这一个官职，我怨恨你是因为我们之间有私仇，你回去吧，我还像从前一样地怨恨你。解狐虽然没有做到“恩欲报，怨欲忘。报怨短，报恩长”，但是他有公心，这一点也是非常难能可贵的。现代很多人都做不到这一点。

《孔子家语》中记载着子路来请教孔子的一段话。子路问：“贤明的君主治国首先应该重视什么呢？”孔子就说：“尊敬贤德的人，轻贱不贤德的人。”子路又问：“那我听说，晋国的中行氏，他也尊敬贤德的人，轻贱不肖之人，为什么他还灭亡了呢？”孔子说：“中行氏尊敬贤德的人，却不能任用他们；轻贱不肖的人，却不能够罢免他们。所以贤德的人知道中行氏不重用自己，就有怨恨之心；不肖之人知道他一定轻视自己，就对他有仇恨之心。怨仇这两种情绪并存于国家，而邻国的敌兵又在郊外作战，中行氏还想不灭亡，怎么可能呢？”

所以，有贤德的人一定要重用，不贤德的人一定要罢免。如果像中行氏这样，有了贤德的人不能够重用，不肖之人不能够罢免，那么事业就很难兴盛，甚至容易导致灭亡。

《典语》中记载："敬一贤则众贤悦，诛一恶则众恶惧。"尊敬一个贤德的人，很多贤德的人都高兴了。诛杀一个恶人，那么所有的恶人也就畏惧了。这个道理说明，赏罚要分明，不能够是非不清、黑白不分。

此外，《六韬》上也描述了七种贤者不被重用的情况。

第一种，"主弱亲强，贤者不用。"君主很弱小，反而他的亲属都很强势，那么权力就无法集中在君主手中，即使出现贤德的人，也不能够被任用。

第二种，"主不明，正者少，邪者众，贤者不用。"君主不够明智，而正直的人少，邪曲不正的人很多，那么贤德的人也不会被重用。

第三种，"贼臣在外，奸臣在内，贤者不用。"贼臣在外诽谤，奸臣在内进献谗言，贤德的人也不被重用。

第四种，"法政阿宗族，贤者不用。"法律政策都是偏向于自己的亲朋好友，这样的话，贤者就得不到重用。

第五种，"以欺为忠，贤者不用。"把欺骗自己的人当成忠臣，贤者就不会被重用。

第六种，"忠谏者死，贤者不用。"贤臣发现你有错误，犯颜直谏，但是君主喜欢巴结谄媚，厌恶忠言逆耳，不仅不会奖赏贤臣，反而会置其于危险的境地，贤者也得不到重用。

《傅子》中记载了夏桀王和商纣王两人的例子。夏桀王整天荒淫无度，喝酒取乐，不务朝政。臣子关龙逄（也叫关龙逢）进谏，站在他的身边不走。夏桀很生气，把关龙逄关了起来，很快就处死了他。因为夏桀任用的都是奸佞之臣，而不用这种可以犯颜直谏的臣子，结果夏朝很快就灭亡了。

商纣王也是如此。《史记》记载，商纣王整天喝酒享乐，沉迷于靡靡之音，还喜欢和女子饮酒取乐。他任用的“三公”，一个是鄂侯，一个是九侯，还有一个是西伯昌。九侯有一个女儿长得很美丽，九侯就把她进献给商纣王。但是九侯的女儿不喜欢过度的淫欲，商纣王很生气，就把她杀死了，还把九侯也杀了，并且做成了肉酱。鄂侯看到这一点，就去劝谏他，言语非常激烈，用非常严厉的话语来指正他。结果商纣王很生气，把鄂侯也杀死了，还把他做成了肉干。周文王，就是当时的西伯昌，听到了这件事，不免叹气。商纣王知道了，就把他关在了羑里。后来，西伯昌的几个臣子就给商纣王进献了一些美女、宝马，还有金银珠宝，商纣王才将西伯昌放了出来。

商纣王身边有三个贤臣——微子、比干和箕子。微子三番五次地去进谏，商纣王不听，最后微子就逃走了。比干犯颜直谏，商纣王很生气，就说，听说圣人的心和别人的心不一样，我要看一看比干的心是不是和别人的心不一样。就将比干杀了，而且剖视其心。箕子看到商纣王这样荒淫无道，非常害怕，就装作癫狂，沦为了奴隶。但是，商纣王还是不放过他，把他关了起来。没有人再敢劝谏，商朝很快也就灭亡了。周武王吊民伐罪，商纣王最后穿着宝玉的衣服投入火中，自杀而亡。这个典故告诉我们，但凡荒淫无道、不愿意听臣子、部下进谏的君主、领导者，下场都不好。

第七种，“货财上流，贤者不用。”财货都流到上面去了，即表明君主贪财好利，那么贤者也不能得到重用。

上述七条告诉我们，贤德的人世世代代都不缺乏，只是领导者没有加以重用。所以我们要待人公平，“尊贤去不肖”，同时也必须有智慧，分得清哪些是贤德的人，哪些是不肖之人，只有这样，才能真正做到公平待人。

《桓子新论》中记载了淳于髡的故事。淳于髡到了邻居家，看到灶台的烟囱非常直，而柴火就堆在灶台旁边，他就提醒邻居家的人说，这样恐怕会发生火灾。他建议邻居，把烟囱做得弯曲一些，将柴火远离灶台。但是邻居没有听从。后来果然发生了火灾，烧到了旁边堆放的柴火，把邻居家的房屋烧着了。火灾发生后，邻里都赶来救火。火被扑灭之后，邻居家便开始杀羊摆酒，犒劳这些救火的人。之后，邻居便把烟囱变得弯曲了，把柴火也搬离了灶台。但是，他仍然不肯请淳于髡来饮酒吃饭。

所以有智慧的人就讥讽他："教人曲突远薪，固无恩泽，焦头烂额，反为上客。"这就说明，人若没有智慧，便分不清孰轻孰重，便会舍近求远、本末倒置。

《贾子》记载，君王给人授官分为六个等级。第一叫"师"，第二叫"友"，第三叫"大臣"，第四叫"左右"，第五叫"侍御"，第六叫"厮役"。

"师"的智慧是源源不断的，他的行为可以作为世人的表率，对世人的要求是有问必答、有求必应。他到一个封地，就可以让这个封地受人尊重，加重这个封地的分量；他进入一个国家，就可以让这个国家受人尊重，加重这个国家在人们心目中的分量。这样的人叫作"师"。

"友"的智慧足以磨砺人，行为足以辅助人，明于进贤之道，敢于退黜不肖之徒，对内能够匡正君主的过失，对外能够称扬君主的美名，这样的人是第二等人。

"大臣"的智慧足以帮为政者谋划国事，他的行为足以作为人民的表率，他的仁德足以使上下相处愉悦，国家的法律他谨然遵守，君主有难他会为君主效死，他忠于职守，不徇私枉法，即使是君主，也不能够托他办一些私事。这是第三等人。

“左右”可以修养自己的身心，端正自己的行为，在乡里不会做对不起乡里的事，他的所言所行不会让朝廷有惭愧之心，他不怕冒死去劝谏君主。这是第四等人。

“侍御”可以既不贪财也不淫色，侍君没有二心，君主有过失，虽然不敢犯颜直谏，但是忧愁的颜色表露在脸上。这是第五等人。

“厮役”是专指谄媚、巴结、奉承君主的人，这是最末一等人。

“故与师为国者，帝；与友为国者，王；与大臣为国者，霸；与左右为国者，强；与侍御为国者，若存若亡；与厮役为国者，亡可立而待。”意思是说，若能够与师一起来治理国家，可以称帝；和友一起来治理国家，可以称王；和大臣一起治理国家，能够称霸；和左右一起治国，能够很强盛；与侍御一起治理国家，存亡就难说了；但是和厮役一起治理国家，灭亡是顷刻间的事情。所以圣明的领导者都是和老师相处，这样才能使人民富裕、国家安定。

《尸子》中记载这样一个故事。范献子在河里游玩，大夫都在左右侍奉。范献子问：“谁知道栾氏的后人？”大夫们没有人能回答。这时清涓就放下了楫，问范献子：“您为什么要问栾氏的后代呢？”范献子就说：“自从我灭了栾氏以后，留下的年老的人还没有死，年少的人已经成壮年了，我怕他们复仇，所以才问这件事。”清涓说：“君主您如果修明晋国的政治，内得大夫之心，外不失去百姓，那么即使是栾氏之子，又能够对您怎样呢？如果您不修明晋国的政治，内不得大夫之心，外又失去了百姓，那么这个船中所坐的人都是栾氏的后人。”范献子听了，说：“你说得太好了。”第二天上朝的时候，他就命令赏赐清涓良田万亩，但是清涓推辞不受。范献子说：“我是用这万亩的良田，来换你的这一番善言。即便如此，这些也远比不上你的一番话。这样看来，我还是占了便宜的。”从这里我们不难看出，古人对于贤德的人是何等尊重。

《尸子》记载：作为臣子，如果举荐贤才给君主，意味着将自己置于被冷落的危险之中。君主如果不赏赐他，他就不会再这样做。所以，进荐贤臣的人应该受上赏，得到最高的地位。古时的宰相并不是最有能力的人，但都是能够进荐贤才的人。只有这样，贤才才会源源不断地出现，国家才会日益昌盛。

关于进贤，历史上有个著名的故事，就是鲍叔牙向齐桓公举荐管仲的典故。齐桓公从莒国返回到齐国之后，就想让鲍叔牙做宰相。但是鲍叔牙推辞说：“君主您对我有特别的恩惠，使我不受冻馁，这已经是您的赏赐了，但是要谈到治理国家，并不是我的能力所及，这一件事必须用管夷吾（管仲）才能做好。”

接着他分析了自己不如管仲的五个方面：“管仲对待百姓很宽容，这是我不如他的地方；治国不失根本，这也是我不如他的地方；他的忠信可结交于诸侯，这也是我不如他的地方；他制定的礼仪，可以让四方的诸侯都效法，这也是我所不如的；他能够披盔戴甲、手执鼓槌、立于军门来鼓舞将士的士气，这还是我所不如的。所以您一定要重用管仲。”

鲍叔牙的一番言论将齐桓公劝说得心悦诚服。但齐桓公说：“管夷吾曾经亲自射过寡人，射中了我的衣带钩，几乎把我给射死，现在我任用他，岂不是引狼入室？”鲍叔牙说：“当时管仲是为了他的君主。如果您能够宽恕他，让他返回齐国，他对待您也会非常忠心，也会像对待他以前的君主那样。”于是齐桓公听从了鲍叔牙的力荐，亲自迎接管仲，和他一起在庙堂上行礼，并且向他请教治国之方，所以齐国才能在众多的诸侯国中称霸。

《尸子》说："有大善者必问孰进之，有大过者必云孰任之，而行赏罚焉，且以观贤不肖也。"臣子若有大的功绩，就要追问是谁推荐他的，一同给予赏赐；而臣子有了大的过失，也一定要追问是谁举荐了此人，并且对举荐人进行连带的处罚。

所以，对于为政者而言，一定要秉承"进贤者为上赏，蔽贤者为上戮"的原则，这样才会使得国家野无遗贤，昌盛发达。

十、君臣有义

领导者要尽领导的责任，被领导者要有被领导者应尽的本分，他们各自尽到自己的职责，也就是以“义”来相处。这个“义”和适宜的“宜”在古代是相通的。

说到最先进的管理，有的人想到美国，有的人想到日本，有的人想到欧洲。很少有人知道，其实最先进的管理在中国。

改革开放之后，一些企业家盲目向西方学习，万里迢迢坐飞机到美国，要向通用公司学管理。通用公司的人很谦虚，他说我们这一套管理都是从日本丰田公司那里学来的，你们不如到日本去学，学得更加直接。结果这一群企业家又万里迢迢飞到了日本。可是他们来到了丰田公司的大门口，还没有进门，就看到在门口赫然写着几个大字，他们还都认得，写的是“己所不欲，勿施于人”。二战之后，在日本凡是稍有成就的企业家，可以说无不熟读《论语》。

看到“君臣有义”，大家不要以为是封建专制社会才有的，在我们现代社会，依然有“君臣”关系，那就是领导者与被领导者之间的关系。领导者要尽领导的责任，被领导者要有被领导者应尽的本分，他们各自尽到自己的职责，也就是以“义”来相处。这个“义”和适宜的

“宜”在古代是相通的。“义者，宜也。”

领导者应该是什么样子？古人用一个字来概括，那就是“仁”。这个仁字，从人从二，告诉我们的是两个人相处之道，想到我们自己，就要想到对方，能够换位思考，将心比心。所以领导者，不能因为自己身处领导的位置，就对属下呼来唤去，甚至不把他们当人看，这样做就错了。

被领导者应该是什么样子？他需要对领导交代的工作任务尽心尽力地去完成，这就是“忠”。“尽己之谓忠”，领导者交给自己的工作任务，竭尽全力地完成，这就尽到了忠心。所以，领导者仁慈关爱下属，下属竭尽全力完成领导交给自己的任务，大家各尽本分，领导者与被领导者之间就是互相感恩、互助合作的关系。

中国历史上著名的儒将曹彬之所以百战百胜，是因为他爱士兵像爱自己的孩子一样，特别能够体会到士兵的需要。有一次他的一个手下犯了过失，按军规要重打二十大板，结果曹彬就对属下说：“二十大板先不要打，等明年开春的时候再打他。”属下们都很奇怪，说：“为什么要等到明年开春才打呢？”曹彬就说：“因为他刚刚结婚，如果这时候我就打他二十军棍，他的母亲就会认为这个媳妇是扫把星，因为刚刚娶她过门，我的儿子就挨了二十军棍。那么她可能一生都不会幸福，所以先不要打他，等明年再打。”曹彬有仁爱之心，即使处罚部下都考虑得很全面，连部下妻子一生的幸福都要顾及，所以这个手下即使挨了惩罚，对将军仍然感恩戴德。

松下幸之助之所以成为“经营之神”，也是因为他把儒家文化中的这一句话落实到企业管理之中。松下幸之助是怎么做的呢？

松下幸之助的一位厂长，有一天没来上班，恰恰在这个时候企业发生了火灾，烧毁了大片厂房，企业受到了很大的损失。知道这件事情之后，松下幸之助没有马上找厂长兴师问罪，而是先去调查厂长没来上班的原因。结果一调查才知道，厂长的母亲得了重病，住进了医院。厂长是一个孝子，去照顾母亲了，所以没来上班。知道这件事之后，松下幸之助马上就带着礼物去医院探望这位厂长的母亲，并且安慰厂长说："你的母亲得了重病，住进了医院，可是这一件事我却没有关心到。你就全心全意把母亲照顾好，不必担心火灾的事情，等你的母亲出院之后再说。"后来，厂长的母亲康复了，他又回到了企业，松下幸之助只是给他调换了一个岗位，仍然委以重任。

松下幸之助知道厂长是一位认真负责、竭忠尽智的员工，这一次是有不得已的苦衷，母亲住进了医院，去照顾母亲是天经地义、人之常情。松下幸之助对属下做到了仁至义尽，属下会怎么回馈他呢？我们想一想，如果我们遇到了这样一位领导，对我们这样的期望、信任、关怀，我想任何一个正常人，都会竭尽全力完成领导交代的工作，让他放心。

"君仁臣忠"的理念，用《孟子》的一句话来说就是"君之视臣如手足，则臣之视君如腹心"。领导者把被领导者视为手足一样加以呵护，那么被领导者会加倍回馈，把领导者当成自己的心腹一样加以关爱和珍惜。

相反，"君之视臣如犬马，则臣之视君如国人。"领导者把人雇佣来了，就把他当牛做马地使唤，下了班之后，被雇佣来的人遇到领导者，都是一低头装没看见就过去了，就像看到了陌生人一样，没有什么亲近感。

更有甚者，"君之视臣如草芥，则臣之视君如寇仇。"领导者把被领导者的生命看得像泥土和小草一样不值钱，随意践踏，就像很多煤老板，把矿工雇佣来了，连最起码的生命安全都不能给予保证，只想着榨干他的最后一滴血汗，结果怎么样呢？这个员工说起老板，就像敌人一样痛恨，说我们那个老板简直就是个吸血鬼，甚至连吸血鬼都不如。

一个好的领导者，对于员工的态度是“作之君，作之亲，作之师”。不仅仅要领导他、管理他，还要像亲人、像父母关爱儿女一样关爱属下。

现在我们看到很多父母，不管为儿女付出了多少，儿女都认为是天经地义的，毫无感恩之心。为什么会这样？因为做父母的没有起到师的作用，没有教导子女正确的为人处事、待人接物的态度。

人的感恩之心还是要从培养孝心着手。如果一个人连父母的养育之恩都不能记在心上，念念想着去报答，那么他对于老板的关爱，对于陌生人的资助，又怎么可能会感恩戴德呢？所以君、亲、师这三个角色都扮演好了，才是一个合格的受人爱戴的领导者。

“君仁臣忠”的理念，让松下幸之助成为“经营之神”。而且，他把儒家的孝敬观念渗透到管理之中，把中国古人所说的“得人心者得天下”渗透到管理之中。

松下电器商学院是为松下集团培养销售经理的一年制商业大学，自1970年创办以来，为松下公司培养了三千多名专业人才。有一篇文章，叫《松下电器商学院的一天》，可以从中看出学员在松下电器商学院的一天是怎么度过的。

6：10，全员集合，点名之后各个学员面向故乡遥拜父母，心中默念：“夫孝，德之本也。身体发肤，受之父母，不敢毁伤，孝之始也；立身行道，扬名于后世，以显父母，孝之终也。”

7：10，早饭，每顿饭前，全体学员正襟危坐，双手合十，口诵五观之偈。一偈：此膳耗费多少劳力。二偈：自己是否具有享受此膳之功德。三偈：以清心寡欲为宗。四偈：作为健全身心之良药，享用此膳。

五偈：为走人之正道享用此膳。饭后还要双手合十，诵念：愿此功德，广播天下，吾与众生，共成道业。

我们现代人看了这样的仪式，可能会觉得是形式主义，甚至还有一些宗教色彩。但是，松下公司却把它加以吸收，运用在企业的管理培训之中。

7：50，商业道德课，学习《大学》《论语》《孟子》和《孝经》，树立经商之道在于德的思想。

晚上10：17点名，全体学员面对着父母的照片、挂相，干吗呢？感谢父母的养育之恩。

晚上10：20，全体学员正襟冥想，总结一天的收获。

这是松下电器商学院一天的培训内容，大部分都是感谢父母的养育之恩，这就是把"孝"的教育渗透在生活的点点滴滴。

日本的另一位企业家稻盛和夫，被称为"经营之圣"，他的管理被誉为"21世纪的管理"，他的书非常畅销，很多年轻人都非常喜欢看。中央电视台采访他的时候，他却说："我不过是把中国传统伦理道德的理念运用到管理之中了，这是因为我年轻的时候，学习了孔子、孟子这些圣贤人的著作，才成就了今天的我。"稻盛和夫在短短一年多的时间内，拯救了濒临破产的日航，而且在一年之后使日本航空公司成为所有航空公司之中效益最好的一个。他创下了三个世界500强企业，靠的就是儒家经典、孔孟智慧。

东南亚发生金融危机的时候，许多企业老板拿不出钱来支付工资，许多地方的企业发生了员工罢工、游行示威的事件，大量企业纷纷破产。而韩国的员工不仅没有罢工，反而把平时的积蓄、存款都拿了出来交给他们的老板说："老板呀，这几十年来，我们之所以有稳定的收入养家糊口，衣食无忧，都得益于您对我们的关爱。现在企业遇到了困难，我们愿意和您同舟共济，共渡难关。这些钱您先拿去用，等企业经营状况好转之后再说，您不必担心。”

看到这感人的一幕，是不是觉得既感到熟悉，又十分陌生？熟悉的是我们看到了中国传统文化的影子，比如我们看国民政府时期所拍的电影，主人家道衰落了，仆人不仅没有毅然离去，反而是坚定地跟着这个主人，不离不弃，始终同甘共苦、荣辱与共。这种忠义，这种情义，这种恩义，让我们深深地感动和熟悉。

陌生的是假设国内的企业遇到发不出工资的情况，员工会不会做出像韩国员工这样感人的举动？我们都没有把握、没有信心。原因就在于我们在“文革”时期对传统文化的过度批判，使我们对传统文化的误解也达到了顶端。所以，一谈到传统文化，就扣之以封建、落后、糟粕、愚昧的帽子，还说这是统治者愚昧人民的精神鸦片。

在四大文明古国中，唯有中华文化屹立在世界的东方长达五千年而不衰，绵延至今。但是当我们说起自己的文化，有些人却是不屑一顾，甚至把它批得体无完肤才过瘾。正是因为这样一种对传统文化的错误态度，导致我们一度丧失了对自己文化的自信心。

我们很多人都是做企业的，我们不妨拿管理企业来做个比喻。一个企业有两百年的历史，另一个企业有五千年的历史，我们当然选择向五千年的老字号去学管理。因为一个企业经过五千年的发展，仍然经久不衰，肯定有它强大的生命力。但是，我们经历了对传统文化的误解和批判之后，导致了我们这样一个有着五千年文明历史的国家，要向一个只有两百年历史的国家去学管理。当然，一个有两百年历史的国家也一定有它的成功之处，但毕竟没有五千年文明历史的国家更经得起历史的考验，更经得起风吹雨打。

在美国金融危机过后，很多企业家就茫然了。我们以前做企业，都是向美国的雷曼兄弟学习。现在他们都倒闭了，我们还应该向谁去学习呢？我们也看到有一些开明的企业家，他们把目光投向了具有五千年文明历史的中华文化，运用中华文化创下了很多中国式管理的成功案例。

譬如，苏州固锝电子股份有限公司的董事长吴念博先生，从2009年把传统文化教育引入到企业文化中，经过了这四五年时间，把企业建设成为一个幸福、和谐的企业。员工每谈起吴念博的时候，都热泪盈眶，感动得直掉泪。

这说明吴念博确实把员工的利益、员工的幸福放在心上，不仅仅注重提高他们的经济收入，而且还教他们孝敬父母、教育孩子、夫妻恩爱，让每一个人都在企业中得到成长和提升。在这种情况下，员工对企业感恩还来不及，还需要拿着“人权”去讨价还价吗?

当这些成功案例出现在大江南北的时候，才让我们稍稍恢复了一些对中华文化的信心。

十一、同志相从

观察一个领导者的朋友和所使用的人，就能知道这个人的德行，因为“同声相应，同气相求”。志同道合的人，有同样品德、志趣的人，自然会结交到一起。

古人非常重视观人，其主要目的是知人善任，只有对这个人认识透彻，才能够委以重任，用之不疑。对人委以重任不是一件简单的事，要对这些人进行详细的调查，然后才能够委以重任。观人有很多具体的方法，我们概括为八个方面。

第一，观言，即观察一个人的言语。

《周易》上有这样一段话，对我们通过观察人的言语来看这个人的性情很有帮助。“将叛者其辞惭，中心疑者其辞枝，吉人之辞寡，躁人之辞多，诬善之人其辞游，失其守者其辞屈。”将要背叛的人，他的言辞就显示出惭愧不安；心中有疑虑的人，他的言辞表现出来就是散漫枝节；吉祥善良的人，他的言辞很少，所以中国有句古话说“吉人寡言语”。一个人心浮气躁，内心很烦躁，表现在外面就是爱说话，言辞很多。诬陷好人的人，他的言语表现出来会游移不定；失去操守的人，他的言辞就会屈曲不直，因为他做了坏事，失去了品格，所以他就有理屈词穷的那种感觉。

《了凡四训》上有句话，说一个人有很多的过恶时，“见君子而赧然消沮”，就是看到有德行的人、德行很高的人，他就感到非常惭愧和扭捏。因为他做了很多错事，内心惭愧，表现在外面，就是言辞屈曲不直。这是在告诉我们，应通过观察一个人的言语来了解一个人的品性。

第二，观事，就是要看他所做的具体的事情。

《新序》记载着一个“观事”的故事。子路治理蒲县三年了，孔子路过这个地方，刚进入蒲县县境，他就说子路治理得不错，做到了恭敬、诚信。到了这个城镇里，他又说子路治理得不错，说他尽忠职守，与民讲信用，而且宽容对待百姓。到了县衙时，就是办公的场所，孔子又说子路治理得不错，说他能够明察秋毫以审断案件。子贡听后，手执马缰就问：“夫子还没看见子路，就三次称他治理得不错，可不可以告诉我原因？”

孔子说，我进到蒲县县境时，看到荒地都得以开垦，田野都修治得很整齐，沟渠都挖得很深，这是因子路他恭敬而诚实，所以民众才愿意尽力地耕种田地。到了城镇时，看到房屋的墙都很高大，树木长得很茂盛，这是因为子路对待民众忠信而宽厚，所以人民做事就不敢苟且。到了县衙，发现衙门里非常清闲，这是因为子路平时判案的时候能够明察善断，所以人民就不会轻易来申诉打扰。

这就告诉我们，通过一个人所做的事，可以看出一个人的恭敬心。《弟子规》上说：“字不敬，心先病。”当自己心不恭敬时，你看看自己所写的字，非常潦草，别人都认不清楚。有个朋友送给我一份清代状元的考卷的复制品，我打开这个考卷看了一下，非常感叹。因为这个状元所写的考卷一笔一画，全是小楷字，没有丝毫潦草。乍看起来，就像现在的字帖一样，像印刷字体一样，大小匀称，笔画都非常清楚。看了这个考卷，我们突然意识到现代人心浮气躁，已经达到了一定的程度。

第三，观行，观事不如观行。

《说苑》给我们指出“六正”“六邪”，以帮助我们观察一个人的行为。

“六邪”，即观察臣子六种邪曲不正的行为。

“一曰安官贪禄，不务公事，与世沉浮，左右观望。如此者，具臣也。”一个人安享官位，贪图俸禄，但是不致力于公事，心思根本不在公事之上，随波逐流，做事左右观望，这样的人是具位充数之臣，即“具臣”。

“二曰主所言皆曰善，主所为皆曰可，隐而求主之所好而进之，以快主之耳目，偷合苟容，与主为乐，不顾其后害。如此者，谀臣也。”对君主说的话都说好，对君主所作所为都认可，暗地里还去探求君主的喜好，并把他喜好的东西进奉给他，以愉悦君主的耳目，一味苟且地迎合君主的意思以求荣身，与君主整天寻欢作乐，不顾及他的后患，这样的人是“谀臣”，即阿谀奉承的臣子。

《新序》上记载着这样一个故事。楚恭王生了大病，知道自己快不行了，就把令尹召过来，对他说：“常侍管苏和我相处时常常用道义来劝导我，我和他在一起就感到不安心，不见他也不会思念他。虽然如此，他对我很有帮助，他的功劳不小，一定要重用他，给他很高的爵位。申侯伯和我相处，他常放纵我的欲望，我的行为肆无忌惮都不劝谏。我喜欢的，他就让我去做，甚至劝我去做；我喜好的，他就先我去尝试。我和他在一起非常欢乐，看不到他就会有点忧戚，很想念他。虽然如此，他对我却没有帮助，他的过失不小，一定赶快把他打发走。”令尹听后说“好”。第二天，楚恭王过世了。令尹就拜管苏为上卿，委以重任，而把这个申侯伯逐出了楚国。这就告诉我们，阿谀奉承的臣子可能一时讨我们喜欢，但对我们的德行没有帮助。因此，要和那些能够劝我们以道义的人、能够规劝我们走正道的人相处。

“三曰中实险诐，外貌小谨，巧言令色，又心疾贤，所欲进则明其美、隐其恶，所欲退则明其过、匿其美，使主赏罚不当，号令不行。如此者，奸臣也。”他的心中实际上是险诈邪僻，但外表却谨小慎微、花言巧语，致饰于伪善，其实内心嫉贤妒能。对于他要举荐的人，就宣扬其美德，隐藏其过恶；对于他要罢退的人，就宣扬其过恶，隐匿其美德。使君主赏罚不当，号令不能够施行。这样的人被称为“奸臣”。

“四曰智足以饰非，辩足以行说，内离骨肉之亲，外妒乱朝廷。如此者，谗臣也。”他的智慧足以文过饰非，他的口才足以到处游说，在宫内可以离间君主的骨肉亲情，在宫外因为他的妒忌使得朝廷混乱，这样的臣子被称为“谗臣”。

“五曰专权擅势，以为轻重；私门成党，以富其家；擅矫主命，以自显贵。如此者，贼臣也。”他独揽大权，自己说了算；巴结权贵，结党营私，为的是使自家富裕；擅自篡改君主的命令，为的是使自己显达、富贵，这样的人是“贼臣”。

“六曰谄主以邪，坠主于不义，朋党比周，以蔽主明，使白黑无别，是非无闻，使主恶布于境内，闻于四邻。如此者，亡国之臣也。”用邪曲不正的道理谄媚君主，陷君主于不义；结党营私、排除异己，蒙蔽君主的视线，使君主黑白混淆、是非不分；使君主的恶名传布于国内，闻于四邻。这样的臣子被称为“亡国之臣”。如果一个国家任用的是亡国之臣，像赵高、易牙等这样的臣子，就会使国家陷于危亡。

因此，看一个臣子的行为，可以通过这六种邪曲不正的方面来观察。

第四，观友，就是观察他结交的朋友。

《韩诗外传》说：“欲观其亡，必由其下。故同明者相见，同听者相闻，同志者相从。”有同样敏锐眼光的人，能够互相发现；有同样敏锐听力的人，能够互相倾听；志同道合的人，才会相互跟从。

所以说，“非贤者莫能用贤，故辅佐左右所任使，有存亡之机、得失之要也，可无慎乎！”不是贤德的人，他就不能够用贤，因为他发现不了贤德的人，即使有贤德的人在他身边，他也认识不到。因此，君主任用的辅佐之臣，关系到君主存亡的征兆、得失的关键，怎么能够不谨慎呢？观察一个领导者的朋友和所使用的人，就能知道这个人的德行，因为“同声相应，同气相求”。志同道合的人，有同样品德、志趣的人，自然会结交到一起。

第五，观德，就是观一个人的德行。

《说苑》告诉我们，观一个人的德行，首先看他是不是谦虚。如果一个人，有了功名，有了成就，有了事业、地位，但还很谦虚，能够自卑而尊人，这个人是有发展的人。“贵为天子，富有四海，德不谦者，失天下，亡其身，桀纣是也，可不慎乎！”一个人贵为天子，富有四海，但没有谦虚的德行，结果导致失去天下，丧失性命，这就是桀纣的所作所为，怎么能不谨慎？“故《易》有一道，大足以守天下，中足以守国家，小足以守其身”。其中的“道”是什么呢？“谦之谓也。”

《易经》上有个道理，大可以守护天下，中足以守护国家，小可以守护自身，这个“道”就是谦虚。

古语说：“观德于忍，观福于量。”看一个人有没有德行，就看他能不能忍。“忍”字意味深长，它的内容也很全面。要忍什么呢？比如说，利益出现的时候，你能够忍住不去贪，见利思义，如果不符合道义，你能够忍住不去获取，这就是有德行的表现。当看到美色出现，你能忍住不去贪爱，不去放纵自己的行为，这也是有德行的表现。

有人毁谤你，对你不理解，批评你，怨恨你，你能忍住不去和他争辩，不去打击报复他，不和他一样去搞对立，这也是有德行的表现。贫穷时，你能够忍住贫寒的生活，奋发图强，然后用自己的双手创造天下。

到事事如意时，处处受人恭维时，你能忍住不起欢喜心，不去贪恋。这也是一个人有德行的表现。所以顺境淘汰人和逆境淘汰人，都非常严厉。并不是说你事事如意时，就没什么可提升的了。顺境可以消磨人的意志，让人放纵自己的情欲，寻欢作乐，享受人生。如果你能够面对这些享乐，不去贪恋，这也是有德行的表现。因此，一个人有没有德行，就看他在难忍时能不能忍。

“观福于量”，看一个人有没有福气，以后有没有发展，就看他是不是心量很大、心胸宽广，中国人说“量大福大”。《了凡四训》上讲，袁了凡先生年轻时仕途不顺利，他后来反省到就是因为自己不能容人，认为别人做了很多对不起自己的事，不能宽容别人、宽恕别人，这是量不够大。

所以古人说“一切法得成于忍”，就看你在难忍处能不能忍。

第六，观佞，识别奸佞之人。

《韩子》中说：“凡奸臣者，皆欲顺人主之心，以取信幸之势者也。是以主有所善，臣从而誉之；主有所憎，臣因而毁之。”凡是奸臣，都愿意顺着君主的心思去做，为的是取得君主的信任和宠幸。君主认为好的事，他就会跟着去赞叹；君主所憎恶的事，他就跟着去诋毁。

《新序》中有个故事，反映出奸佞之臣的一个显著特点。齐国有个田巴先生，他内在修行得很好，名声也远扬在外。齐王听说田巴先生很贤明，就召他进朝，问怎么样治理政治。田巴先生穿了件新制的衣服，把须发都修饰得很好，然后戴上帽子，束好腰带，回过头来问他的宠妾怎么样。他的宠妾说“佼”，意思是美极了，很好。他要出门的时候，就问他的侍从怎么样。这个侍从也说“佼”。他路过淄水时，面对着淄水看自己的影子，发现自己其实长得非常丑陋。这件事启发了他。

去见齐王时，齐王问他怎么治理政治，他说：“治理政治，最重要的在于正身，正身的根本在于左右的群臣。今天大王召见臣的时候，我穿了件新衣服，把头发、胡须都修整一新。将要出门的时候，就问我的宠妾，宠妾因为爱臣的缘故，就阿谀奉承地说很漂亮。将出门了，又问我的侍从，侍从因为畏惧我的原因，也说很漂亮。后来，我路过淄河的时候，观察水中的倒影，才知道自己实际上很丑陋。因此，现在齐王身边的臣子、宠妾，阿谀奉承大王的人可不止两个吧？如果齐王您能够面临淄水，查看自己的过恶，有过失就能马上改正，这样齐国就能够得到治理了。”

田巴先生非常有智慧，他早晨要去见齐王的时候遇到了这件事，就借题发挥，以此来劝谏齐王任用能够犯颜直谏的人，指正自己的过失，而不要任用那些阿谀奉承的人。

第七，观心，即观察一个人有无仁爱、同情之心。

现在有很多的观心术，那这个“心”怎么能够观察到呢？中国古人有一句话，叫“相由心生”，还有一句话，叫“言为心声”。

观察人心时，重要的是观察这个人是不是有仁爱、同情之心。《韩诗外传》上就记载着这样一个故事。田子方外出时，看到道旁有一匹老马，他长叹了一声，就问车夫这是什么马。车夫回答说，这是公家养的畜生，现在老迈了不能再使用，所以把它放出来了。田子方说，年轻的时候用尽了它的力气，到年老力衰了就把它给抛弃，仁者是不应该这样做的。所以他就花钱把这匹马赎了回来。穷困的士人听了这件事之后，就知道谁是他们可以归附的人了，显然应该归附的是像田子方这样有仁心的人。他对有功劳的畜生都不会到老的时候把它抛弃，更何况是对人呢！

《韩子》上也记载着一个很有意思的故事。乐羊在魏国做将领，他去攻打中山国，这是一个小诸侯国。而乐羊的儿子恰恰在中山国，结果这个中山国的国君就把他的儿子烹杀了，还送给他吃掉。乐羊居然就吃了。魏文侯听了，就对堵师赞说："乐羊为了我，居然把他儿子的肉都吃了。"堵师赞就说："他都能够吃他儿子的肉，那谁的肉他不能吃呢？"后来，乐羊攻下了中山国，魏文侯对他的功劳进行赏赐，但却怀疑他的用心，怀疑他没有仁爱之心。

还有一个故事。孟孙出去打猎，捕获了一只幼鹿，让秦西巴把它带回去。但这只幼鹿的母亲跟在后边呼号着，久久不肯离去。秦西巴看了之后不忍心，就把幼鹿送还给了这只母鹿。孟孙听说秦西巴居然把他捕到的猎物给送回去了，就非常生气，把他逐出了。但是没过三个月，孟孙又把他召了回来，让他当自己儿子的师傅。孟孙的车夫就说："您以前怪罪秦西巴，把他给驱逐了，现在又让他当您儿子的师傅，这是什么原因呢？"孟孙说："秦西巴都不忍心伤害一只幼鹿，他又怎么忍心伤害我的儿子？"

所以《韩子》一书得出结论说，"巧诈不如拙诚"。与其巧于欺诈，不如守拙存诚。乐羊因为有功，虽然受了赏，却被魏文侯怀疑他的存心。秦西巴虽然获罪，但却愈加被孟孙信任。这两个故事告诉我们，要从根本上去观察一个人，就要观察他有没有仁爱之心。

第八，观诚，即全面考察。

这里"诚"并不是"诚恳"的"诚"，而是说要全面省察、综合考虑，才能够得出结论。

《晏子》上讲，齐景公向晏子请教求贤之道，晏子说："通则视其所举，穷则视其所不为，富则视其所分，贫则视其所不取。"这个人通达、得志时，看看他举荐的是贤德之人、结党营私的人，还是自己的亲属。穷困潦倒时，就看看他不去做的事，人穷志不短。虽然一个人很穷困，但是不符合道义的利益也不应该去获取。

“富则视其所分”，他富裕时，就看他是不是会与人分享，惠施财富。孔子也说，一个人即使有周公的才华，但他又骄傲，又吝啬，那其余的方面都不值一提。一个人富裕了，不仅不吝啬，而且还能惠施财富，这个人才有可取之处。

“贫则视其所不取”，这个人很贫困，但是他不苟取，也要看这个是不是符合道义。范仲淹小时候家境非常贫寒，在一个寺院读书。一个偶然的机会，他在寺院中发现了一坛金子。那时，他的生活非常贫困，但他知道这金子不属于自己，于是又把金子埋到树底下。后来，他考中科举，做了宰相，在一人之下、万人之上。这个故事也告诉我们，一个人命里该有的，你丢都丢不掉。范仲淹当了宰相后，这个寺院的方丈想重修寺院，就来向他化缘，因为他以前在这个寺院读过书，现在又当了宰相。范仲淹说，其实你们寺院里就有财宝，就告诉方丈埋在树底下的金子。像范仲淹这样在贫穷的时候还能够不苟取、不苟得，才是可取之人。

在《六韬》上，对于观人也做了一段论述，“问之以言，以观其辞”，你要对他提出问题，看他的回答是不是有理有据。“穷之以辞，以观其变”，你还要对他追根寻底地提问，看他有没有应变的能力。“与之间谍，以观其诚”，你还要暗地里考察，他是不是够忠诚。“明白显问，以观其德”，这件事明明知道结果如何，但是你明知故问，看看他的德行如何，是不是有隐瞒。“使之以财，以观其廉”，让他有得财或者支配财物的机会，看看他有没有贪心、够不够廉洁。

“试之以色，以观其贞”，还要用女色来考验他，看看他面对女色的诱惑是不是能够如如不动。“告之以难，以观其勇”，告诉他这件事很困难，看看他有没有勇气去承担。

最后，“醉之以酒，以观其态”，还要把他灌醉，看看他酒后是否失言、是否失态。我们现在很多领导干部，平时都是文质彬彬、温文尔雅的，说话慢声细语的，但是喝醉酒之后就丑态百出，让人一看就失去了恭敬心。

经过这层层的考察之后，这个人都没有问题，才可以把他用到重要的领导位置上。

若要正确地观人，首先要自己修身有成，这是“同声相应，同气相求”的道理。《中庸》也说：“取人以身，修身以道，修道以人。”

十二、和谐共荣好战必亡

> 竞争向上发展就是斗争，为了获得自己的利益尔虞我诈、钩心斗角，不惜想方设法去谋算别人。而斗争向前发展就是战争，战争再向前发展就是世界末日。

《盐铁论》说："地广而不德者国危，兵强而凌敌者身亡。"土地广阔，但不实行德政，国家就有危险；倚仗兵力强大欺凌别的国家，自己也会灭亡。《群书治要·司马法》有一句话，我们的习主席也引用过："国虽大，好战必亡。"

西方的民主选举制度，就隐藏着"好战"的基因，我们可以从五个层面逐一深入，透视所谓的民主选举制度之弊。

第一个弊端：以言取人。民主制主要是通过候选人的演讲来选举领导人的，这样的程序会导致古人所说的"以言取人"的倾向。

《论语》中有很多关于言语的经典之谈。譬如，"巧言令色，鲜矣仁。"一个人花言巧语，致力于言辞的好听，而伪装出和善的面目，一味地去取悦别人，这样的人很少有仁德之心。君子欲讷于言而敏于行，有言者不必有德，所以我们不仅要听其言，还要观其行。

《群书治要·中论》上也有一段关于言语和德行的论述，能言善辩的人，他的心智足以洞察到细小的环节，他的言辞也非常巧妙、很会修饰，他的伶牙俐齿足以应对急切的追问，他的反驳也足以让世俗之人断除疑惑。但是他喜欢言谈，不知疲倦，喋喋不休。

然而在世间，那些可以按类归纳推理、明辨事物的人是很少的，而愚钝的、容易被蒙蔽的、不通达的人是多数，谁知道他说得正不正确？虽然他的口才很好，甚至还有很高的学历，讲话头头是道，一般的世俗之人很容易相信他的话，但是他所说的可能是有违大道的。“此其所以无用而不见废也，至贱而不见遗也。”

“德难为而言易饰也。”德行很难成就，但是言语却很容易粉饰。譬如，我们嫉妒心很强，很容易看人不满意，很容易傲慢，要想克服这一习气都得十年、二十年的工夫。但是我们只要学一学演讲术，很容易就可以上台去演讲。

古人看到了这些问题，就告诉我们不要因为一个人言语讲得很动听，就对他委以重任。不过西方的民主选举，确实是通过演说来了解一个人。

第二个弊端是结党营私。民主制依靠的是多数人的意愿来选举的。

《论语》说：“众恶之，必察焉；众好之，必察焉。”如果大家都厌恶他，一定要去观察，为什么他被人厌恶，不能够轻易相信众人的意思。也有人被众人所喜好，大家对他全是赞叹之词，也不要轻易相信，也要考察一下，他为什么被人赞叹？

子贡曾经向孔子提过这样一个问题：“乡人皆好之，何如？”孔子说：“未可也。”子贡又问：“乡人皆恶之，何如？”如果全乡的人都厌恶他，可不可以判定这个人就是个恶人呢？孔子说：“未可也。”“不如乡人之善者好之，其不善者恶之。”不如全乡里善良的人都喜欢他，不善良的人都厌恶他，这样才能够判断出这个人的善恶。

《群书治要·史记》记载，齐威王刚即位的时候，九年之间，诸侯都来讨伐他，致使国家得不到治理。于是，齐威王就叫来即墨的大夫，对他说："自从你到即墨之后，我每一天都能听到毁谤你的言语。但是我派人去即墨视察，发现田野都得以开辟，人民都丰衣足食，官府也没有积压的公事，齐国东部地区因此得以安宁，这是你不会讨好我的左右以求得赞誉的缘故。"于是，他封了一万户的食邑给即墨大夫。

接着，他又召来了阿地的大夫，对他说："自从派你去驻守阿城，每一天都能够听到赞誉你的声音。但是我派人到阿地去视察，田野没有得到开辟，人民过着贫苦的生活。赵国攻打甄地的时候，你不能出兵去救援；卫国取得薛陵的时候，你居然连这件事都不知道。这是因为你善于以重金巴结我的左右以求取声誉所导致的。"所以当天他就烹杀了阿地的大夫，而且把曾经赞誉阿地大夫的人也一起烹杀了。这样一来，齐国上下都感到很恐惧，人人都不敢文过饰非，做事务求真实，尽自己的本分，最终齐国得到了治理。诸侯听到这件事，再也不敢轻易和齐国打仗了。

这则故事告诉我们，即使有很多人称赞一个人好，也要考察一下这些人是不是受了他的贿赂，所以才帮他说好话。即使这个人受到很多人的毁谤，也要考察一下，是不是这些人都贪污受贿，只有这一个人廉洁自守，不愿意同流合污。

《六韬》上讲："君以世俗之所誉者为贤智，以世俗之所毁者为不肖，则多党者进，少党者退，是以群邪比周而蔽贤，忠臣死于无罪，邪臣以虚誉取爵位，是以世乱愈甚，故其国不免于危亡。"如果君主以世俗大众所称赞的人为贤德的、有智慧的人，将世俗大众所毁谤的人称为不肖之徒，会导致党徒多的人、喜欢结党营私的人，往往被举荐出来担任了领导；而不愿意结党营私的人就会被罢退。这些邪曲不正的人结党营私、排除异己，真正贤德的人被蒙蔽、埋没了。忠臣还可能因为“莫须有”的罪名被处死，邪曲不正的臣子以虚有的声誉取得了领导的位置。这个世间的乱象就会愈来愈严重，国家也就免不了要危亡。

民主制依靠众人的意思，依靠一人一票的选举，往往可能把那些喜欢结党营私的人选举出来。特别是候选人，为了提高自己的知名度，让更多的选民了解和支持自己，必须依赖于大的财团进行宣传。一旦当选之后，就必须考虑回报他们，照顾到他们的利益，所以基本上是被大的财团所掌控，而财团的性质就是唯利是图。

西方民主选举的第三个弊端是遗漏人才。民主制鼓励的是竞选，这种选举方式往往会导致最上等的人才被遗漏。

《晏子春秋》上记载，齐景公向晏子问求贤之道，晏子把人才分为三个等级：“夫上，难进而易退也；其次，易进而易退也；其下，易进而难退也。”最上等的人才，是很难举荐的，而且他轻易就会退位而去；次一等的贤才，他很容易出来当官，同时也很容易罢官而去；最下等的人才，是最容易被举荐出来，但是也最难以被罢退。

真正有德行的人，与人无争，与世无求，没有私心，没有功利之心。就像古人所说的，“进则兼济天下，退则独善其身”。是进是退完全看缘分，有缘分、有条件，有德行的人就出来用自己的所学为人民作贡献。条件不成熟，就退而独善其身，不断地提升自己的品德。所以古人说“人到无求品自高”。

像诸葛亮这样的人才，刘备要三顾茅庐。诸葛亮看到刘备很有诚意，才愿意出来辅助他。像诸葛亮这样的人出来做官的目的不是为了升官发财、满足自己的私欲，而是想帮助刘备这样的君主治理天下，让天下的百姓过上幸福美满的生活。

现在提倡竞选，那就不能避免竞聘者急功近利、为利而来的现象。

从这个角度来看，竞选、竞争上岗往往选不出像诸葛亮、颜回这样最上等的人才，这样的人才是不愿意出来竞争的。愿意出来竞争的，大体都是有一些私心的。古人任用贤才有一个办法，就是任用那个最谦虚、最礼让的人，重在让而不在于争。

第四个弊端是引发对立。民主制的选举带动的是竞争的风气。

竞争向上发展就是斗争，为了获得自己的利益尔虞我诈、钩心斗角，不惜想方设法去谋算别人。竞选的过程中有一个最大的特点，就是自赞毁他，称叹自己，抨击别人。而斗争向前发展就是战争，战争再向前发展就是世界末日。

家和万事兴，一个国家也像一个家庭一样，如果大家不是互相欣赏、互相激励，而是互相竞争、尽拆别人的台、说别人的不是，上行下效，上边的人怎么做，下边的人就怎么效仿。结果整个社会都是竞争的风气，国家怎么能够治理好呢？

第五个弊端是对国家大事谋划不当。

民主选举要尊重广大选民的意愿，但是如果广大选民的理性或道德水平不够，或者没有相应的专业知识，或者考虑不够长远、急功近利、自私自利，就会导致对国家大事谋划不当。

例如，美国由于采取高福利、高保障的政策，造成财务透支，直接导致了高消费、高浪费现象快速蔓延。为了保持高消费的生活水平，就必须借债过日子。结果到了2011年的时候，美国的国债达到了14.29万亿美元的历史新高，触及国会所允许的上限了。为什么借了这么多的国债，而问题却还是解决不了？

那是因为西方的制度是民主选举。为了争取选民、获得选票，任何政党都不愿意采取增加税收、降低福利的改革办法，害怕影响到选民的利益，选民就不投他们的票了。正是因为美国采取了错误的治国理念，为了满足人运分的欲望，不得不借债过日子，所以美国人一出生就背着债。那么有人就建议用战争的方式解决国债问题，也得到很多人的附和响应，但这更是死路一条。

我们的先人早就知道“国虽大，好战必亡”的道理。自古以来，中华民族就积极开展对外交往通商，而不是对外侵略扩张；执着于保家卫国的爱国主义，而不是开疆拓土的殖民主义。2100多年前，中国人就开通了丝绸之路，推动东西方平等开展文明交流，留下了互利合作的足迹，沿途各国人民均受益匪浅。600多年前，中国的郑和率领当时世界上最强大的船队7次远航西太平洋和印度洋，到访了30多个国家和地区，没有占领一寸土地，播撒了和平友谊的种子，留下的是同沿途人民友好交往和文明传播的佳话。

十三、正身一听

> 教人要先正己，只有去除自私自利、名闻利养、五欲六尘、贪嗔痴慢，才能够把人带好、把人教好。

当今社会，高薪养才蔚然成风。现在招聘人才，都是用高薪聘请。但是高薪真的可以聘请到贤才吗？据统计，1980年，全美国收入最多的CEO，每年的年薪是数百万美元。到了2000年，全美国收入最多的CEO，年薪高达七千六百万美元。前后比较，可以说是增长了几十倍甚至上百倍。但从企业的稳定发展来看，当今的企业反而没有以前的企业更具优势。这个事例说明，企业发展的好坏与员工福利待遇的高低并没有决定性的关系。对企业的发展起到至关重要作用的，实质上是企业员工的德行修养。假如员工没有德行，无论怎样的企业，最后还是会像安然公司一样破产，负债累累。因此，给高薪并不一定能够聘请到人才。

那么，如何才能顺利地得到人才呢？

第一，以善感人。

《新语》说："夫善道存乎心，无远而不至也。恶行著乎己，无近而不去也。"就是说，如果你的所言所行都是按着善道来做的，那么即使很远地方的人，也都会被你感召而来；如果你恶行昭著，即使是身边很亲近的人，也会离你而去。

“周公躬行礼义，郊祀后稷，越裳奉贡而至，麟凤白雉草泽而应。”周公亲身实践礼义，以郊祀之礼隆重地祭祀他的先祖后稷，所以感动得远在南海边的越裳国的使者都带着贡品来朝拜，麒麟、凤凰、白雉这些祥瑞之物都在草泽中应现。相反，“殷纣无道，微子弃骨肉而亡。”商纣王荒淫无道，不听大臣的劝谏，整天不务正业、荒于朝政，结果他的庶兄微子就弃他而逃亡了。所以，“行善者则百姓悦，行恶者则子孙怨。是以明者可以致远，否者以失近。”如果行善，百姓就对他爱戴；行恶，子孙就对他怨恨。所以明智的人可以招致远方的贤才，而以身行恶的人连身边的人都会失去。

当今社会，很多经济基础雄厚的人一顿饭就一掷千金，桌子上琳琅满目，山珍海味一应俱全，这其实是没有智慧的表现。所以越是有钱的人越需要有智慧，有智慧才知道应该将钱用在哪里。钱要用在“德日进，过日少”上，就是使自己的德行不断地提升，过失一天一天减少。这样企业才能赢得好的社会声誉，才会有良性的发展。所以聘请人才关键在于考察人才的德行修养，一味地进行金钱诱惑，最终只会得不偿失。

上述表明，高薪所聘请到的人才，不一定是有德行的人才。如果这些人是因为钱财而来，那么终有一天也会因为钱财而走。例如，我们现在的企业，跳槽的现象很严重，只要别的企业提出更高的薪酬条件，那么人才便会义无反顾地跳槽。所以用什么方法求取贤才，就是领导者必须思考的问题。

《三略》中有这样的阐述：“有清白之志者，不可以爵禄得；有守节之志者，不可以威刑胁。”如果这个人很清高，他的志向很纯洁，那你就不能够用高官厚禄来获得他；如果这个人坚守节操，很有志向，那么便不能够靠威刑来胁迫他，因为有节操的人宁愿一死，也不接受威刑胁迫。“故明君求臣，必视其所以为人者而致焉。”因此，明智的君主求取臣子，一定要看这个人的志向，之后才会招致他。“致清白之士，修其礼。”对于那些很清高、道德很纯洁的士人，领导者就必须修明自己的礼义，要有礼敬之心。“致守节之士，修其道。”若要想招致坚守节操的人，领导者就要修明自己的道义。“而后士可致，而名可保。”这样的话，贤士才能够被招来，自己的名声才可以保全。

《傅子》记载：“举贤之本，莫大乎正身而壹其听。”若想得到贤才，就要修正自身，按照圣贤人的教诲去做。“身不正，听不壹，则贤者不至。”如果自己的修身不端正，听的不是圣贤教诲，反而是世俗的言论，那么贤德的人就不会来了，即使来了也不会被你所重用，因为志不同、道不合，便会错失贤才。像周厉王任用荣夷公，就是因为他们都有贪财牟利、残暴不仁的嗜好，两人在一起，沆瀣一气，排除异己，最后导致了国破家亡。所以举贤的根本，还是在于修正自己的身心，一心听从圣贤的教诲。

《中论》也明确指出：“故人君苟修其道义，昭其德音。慎其威仪，审其教令。刑无颇僻，惠泽播流。百官乐职，万民得所。则贤者仰之如天地，爱之如亲戚，乐之如埙篪，歆之如兰芳。故其归我也，犹决壅导滞，注之大壑，何不至之有乎？”如果君主、领导者修明自己的道义，彰显自己美好的声誉，谨慎自己的言行、威仪，慎重地颁布他的教化和政令，刑法没有偏颇邪僻之处，恩泽广泛地流布，百官都安于自己的本分，以尽职尽责为乐，万民各得其所，百姓安居乐业，那么贤德的人敬仰他就像敬仰天地一样，爱戴他就像爱戴自己的父母亲属一样，快乐得就像听到了埙篪（“埙”是陶制的乐器，“篪”是竹制的乐器，两种乐器配合，能够奏出美妙的音乐），愉悦得就像闻到兰草的芬芳。所以贤德的人归附，就像是除去了水流的壅塞那样通畅。如果这样做了，有贤德的人哪会不来归附呢？

《孔子家语》记载：“为政在于得人，取人以身，修身以道，修道以仁。”为政的首要任务就是获取贤才，获取贤才靠修养自身，修身要依道而行，而行道要以仁爱为根本。“仁者，人也，亲亲为大。”仁，是人之为人的根本，要从“亲亲”发端，也就是首先要孝敬父母、友爱兄弟。若一个人连父母都不爱，那么爱祖国、爱人民、爱他人都无从谈起。“义者，宜也，尊贤为大。”所谓的“义”，就是做适宜的事。要想做事适宜，关键就在于尊重贤才、依靠贤才，这样才能垂拱而治、毫无差错。

这其实与《易经》中所说的“同声相应，同气相求”是一个道理。所以，若我们身边没有德才兼备的人，那么我们就应该反省一下自己德行有哪些欠缺，做到“行有不得，反求诸己”。若自己德行没有缺失，优秀的人才就会蜂拥而至。

这个道理适用于当今社会的一切问题。我们现在做慈善事业，困难的原因并非世人吝啬，而是担心自己的捐助会落入奸诈小人之手，因此大家做慈善事业就有顾虑了。

归根结底，还是慈善事业的倡导者和从事者个人修养还不达标，没有起到感召他人的效果。所以任何事情都需要用善良的德行去感召，“以善感人”是解决社会问题的有效方法。

第二，以富安人。

《墨子》中有这样一段话：现在王公贵族治理国家，都想使国家富裕、人口众多、刑政都能够得民心，但是却达不到这个效果，就是因为治理国家的人不能够以尚贤使能的原则来办理政治，他们没有认识到国家贤良之士越多，国家的风气就越淳厚。

所以领导者的任务，就是要得到众多的贤才。而如何才能得到众多的贤才呢？道理很简单，如果想让国家善于驾车、善于射箭的人越来越多，就要让他们富裕起来，并且尊敬他们，使他们得到良好的声誉。这样国家善于射箭的、善于驾车的人，才会越来越多。因此，若想国泰民安，对于国家的贤人更要使他们富裕起来，使人们尊敬他们，让他们得到很高的位置、得到好的声誉，这样国家的贤德之士才会越来越多。

所以古代的圣王治理政事、治理国家，有这样一句话：不要让不义的人富裕，不要让不义的人尊贵，不要亲爱不义之人，也不要接近不义之人。

这就告诉我们，虽然高薪不能够聘请到人才，但是对于真正的人才，首要任务就是让他们富裕，并给予他们施展才华的舞台，发挥他们的才能，尊敬他们，给他们好的声誉。

《韩诗外传》记载着这样一个故事。宋燕在齐国做宰相，结果被驱逐了。回来之后，他便召集门尉陈饶等二十六人，说：“诸位大夫，有哪些人愿意和我一起去其他诸侯国呢？”陈饶等人都伏在地上，没有人回答。宋燕就说：“唉，太可悲了，为什么士大夫容易获得，但却难以使用呢？”陈饶回答说：“并不是士大夫容易获得而难以使用，是您不能够正确地安抚他们。”宋燕说：“你这话怎么说？”

陈饶说：“您给士人的薪俸，是三斗的黍稷，他们都不能够养家糊口，但是您家的野鸭、大雁却有吃不完的粮食。这是您的第一个过失。您家的果园种满了梨子、栗子，后宫的妇女用这些果子互相投掷，但是士人却没有尝到过一颗。这是您的第二大过失。您家的绫罗绸缎，华丽地装饰在厅堂之上，随风而破败，但是士人却不能够用它们做自己衣服的绲边。这是您的第三个过失。钱财是君主您所轻视的，而生命是士人所重视的。您不能付出您所轻视的东西，却希望士人能够付出他们所重视的东西，这就好比您做的是铅刀（用铅纸做的刀，刀质非常软，不锋利），却希望它有干将（古代的名剑）的用途，这不也是很难吗？”宋燕一听，便知道自己做错了。

所以，尊敬贤才，“富之”是基本要求。

第三，以诚动人。

《体论》记载：“君臣有义矣，不诚则不能相临。”君臣之间应该以道义相处，没有真诚之心，就不能互相面对，君主也不能去统治这些臣子。

对此，《尸子》中列举了周文王和齐桓公的例子：周文王去求见太公的时候，一天五次往返；“桓公之奉管仲也，列城有数”，齐桓公对待管仲极为慷慨，赐予他数座城池作为封赏。周文王之所以能够得人心，齐桓公之所以能够称霸天下，就是因为他们任用贤才，利用贤才弥补他们的不足，得到了天下的尊重和认可。

《中论》说：“故明主之得贤也，得其心也，非谓得其躯也。”明智的君主得到贤才，是得到他的心，不是得到他的身。如果“身在曹营心在汉”，对你也没有太多的帮助。所以对待下属，关键要做到用真诚心来感动。

古时的君主对臣子以诚相待。《体论》中记载了古代的圣君对臣子关心爱护的状况：当臣子生病的时候，他会多次去探望；当臣子过世的时候，他会亲临大敛、小敛这样的丧礼，并且在丧葬期间，他都会减衣缩食，不奏琴瑟。这种表现并不是我们现在所谓的形式主义，他的忧戚悲伤之心是由内而外发出来的。

所以，“世未有不自然，而能得人自然者也”，世间没有不是出自本心而得人的。“色取仁而实违之者，谓之虚”，若是表面对人仁慈，内心实际上有所违背，这就叫虚伪。“不以诚待其臣，而望其臣以诚事己，谓之愚”，不能够以真诚心去对待自己的臣子，还希望你的臣子能够以真诚心来侍奉自己，这是愚蠢的君主。所以要得到贤臣，只有以仁爱之心、真诚之心，才能够以诚换诚、以心交心，而不是靠什么计谋、权术、钻营等。

《傅子》记载：“使用人如用己，恶有不得其性者乎？”如果你使用别人像使用自己一样，怎么会得不到人心呢？怎么会不让人真诚地回馈呢？《吕氏春秋》说：“行德爱人，则民亲其上。民亲其上，则皆乐为其君死矣。”君主能够有德行，真心实意地爱人，那么人民就会亲附其上。人民亲附其上，就都愿意为他的君主去效死。

古时候，赵简子有两匹白色的骡子，他非常喜欢。阳城胥渠是广门的一个小官，夜晚来求见他，说：“我是您的臣子胥渠，现在得了病，医生告诉我说，如果能够得到白骡的肝，病就可以治好，如果得不到，就要等死。”禀告的人就去通告赵简子。赵简子说：“杀死一个畜生，可以活人命，这不是仁义之事吗？”于是就召来了厨师，杀了白骡，取得肝脏，送给了阳城胥渠。结果没多久，赵国兴兵攻打翟族，而这位广门的官吏带着左部七百人、右部七百人，奋勇争先登上城池，斩获了敌军将领的首级。从这个故事可以得知，君主只有以诚心、爱心来对待自己的属下，属下才会竭尽全力侍奉君主。这是以心换心的结果。

第四，以德教人。

《管子》记载：“得人之道，莫如利之。利之道，莫如教之。”得人的方法，就是要让人们获得利益。而真正使人们获得利益的，就是要教育他。一个团体的领导者、一个国家的国君，应该同时具备三种职能，那就是君、亲、师。这意味着领导者不仅仅要管理下属，还要像父母关爱儿女一样关爱下属。除此之外，还要教导下属做人的道理，不要让下属不懂得做人的本分。这些才是真正的利人之道。

《汉书》记载：“臣闻尧受命，以天下为忧，而未闻以位为乐也。故诛逐乱臣，务求贤圣。是以教化大行，天下和洽。”我听说尧受命为天子之后，是以天下为忧，没有听说他是以天子之位来享乐的。因此他诛杀、驱逐了那些乱臣贼子，一定要求得贤圣的人来治理国家。所以教化才能够流行，天下才能够和睦融洽。这就是说，一个领导者，如果他真心地关爱百姓，想使百姓得到治理，那么他任命的官员也必须是圣贤之人。

那么如何教化百姓呢？在《政要论》中有这样的记载：“故君子为政，以正己为先，教禁为次。若君正于上，则吏不敢邪于下。吏正于下，则民不敢僻于野。”只有正己才能化人，而教导人们，以及制定惩罚和禁止的规定都是其次的，领导者首先要做出表率。

《傅子》中对于这方面的解释更为具体。“立德之本，莫尚乎正心。心正而后身正，身正而后左右正，左右正而后朝廷正，朝廷正而后国家正，国家正而后天下正。”立德的根本就在于端正自己的身心，自己的心端正之后，行为自然就端正了。自己的行为端正了，左右的人也会跟着端正。左右亲近之人都端正了，整个朝廷也就端正了。整个朝廷端正了，整个国家就能端正，最后天下也都能够端正。“故天下不正，修之国家。国家不正，修之朝廷。朝廷不正，修之左右。左右不正，修之身。身不正，修之心。”所以为政者若想治国平天下，必须从修养自己的身心做起。

《傅子》还指出：“正道之不行，常由佞人乱之也。”正道不能够得以推行，是由于邪曲奸佞之人在作怪。桀信任佞臣，把敢犯颜直谏的诤臣关龙逢诛杀了，结果夏朝就灭亡了。商纣王信任佞臣恶来，把犯颜直谏的臣子比干剖视其心，结果殷朝也灭亡了。

然而从古到今，奸佞之人却大多受到重用。针对此种现象，《傅子》回答说：奸佞之人善于养人的私欲，所以私利、欲望很多的领导者便喜欢奸佞之人。“唯圣人无私欲，贤者能去私欲也。”圣人是没有私欲的，贤者能够去除自己的私利和欲望。“有见人之私欲，必以正道矫之者，正人之徒也。”看到人的私利、欲望生起了，用正道来矫正、劝告，这就是正直的人。“违正而从之者，佞人之徒也。”若违背了正道，而顺从了人的私利和欲望，这便是奸佞之人。领导者以此标准进行考察，就能了解佞正的区别了。

所以教人要先正己，只有去除自私自利、名闻利养、五欲六尘、贪嗔痴慢，才能够把人带好、把人教好。

第五，以道成人。

《论语》明确指出：“志于道，据于德，依于仁，游于艺。”道是宇宙和人生的真相，是一种自然而然的规律。所以人生于世，就要思考人生的价值，不能够像禽兽一样，只满足生理需求。

孔子曾说：“朝闻道，夕死可矣。”《大学》上也有：“大学之道，在明明德，在亲民，在止于至善。”“明明德”是使自己的明德开显出来，是使自己觉悟。而“亲民”就是觉他，让他人也觉悟，开发他人的明德。因为“人之初，性本善”，所以我们最大的成就，莫过于开启自己的明德，同时也帮助他人觉悟。“止于至善”就是“自觉觉他，觉行圆满”，也就是止于道。因此得人最重要的就是能够帮助他、提升他、成就他，这样他才会真正地依赖你，而且会非常尽心尽力地完成自己的本分。

综上所述，《群书治要》的得人之道已经非常清楚。如果我们真正按照这几个方面去做，相信我们的国家就不会缺少贤德之士。招来贤德之士，政治自然会清明，人民自然会富足，国家自然会长治久安。

十四、罪在朕躬

> 贤明的君主有了过错就归之于自身，有了善行就归功于百姓；有了过错反省自己，自己就会警惕；有了善行归功于百姓，百姓就会喜悦。归功于百姓而让百姓喜悦，归过于自己而让自己警惕，这是明君能治理好人民的原因。

“朕躬有罪，无以万方；万方有罪，罪在朕躬。”（《群书治要·论语》）。这是汤伐桀时的告天之辞。《尔雅·释诂》解释：“朕，我也。”郭璞注：“古者贵贱皆自称朕，至秦世始为天子尊称。”意思是在古时候，无论是贵是贱都可以自称为朕，但是到了秦始皇的时候，这个“朕”才成为天子的尊称。

这句话的意思是说：我本身有罪，请上天不要牵连万方之民；万方之民有罪，他的罪责由我一人来承担。这是汤王为我们做出了一个“行有不得，反求诸己”的榜样。可以说“行有不得，反求诸己”，是中国传统文化的心法，也是中华文化区别于西方文化的重要标志。

为什么中国人遇到事情要“反求诸已”，而不是去挑剔、抱怨、责怪别人？因为“各自责，天清地宁；各相责，天翻地覆”。可以说这句话为我们指出了小到家庭夫妻之间的冲突，大到国与国之间、国际之间冲突的根本原因及解决方法。从这里我们体会到中国古人实际上很有智慧。这一句话你真正做到了、落实了，所有的矛盾冲突就迎刃而解了。这句话不仅指出了矛盾产生的根源，也找出了解决的办法。

《易经》有两个卦，一个叫泰卦，一个叫否卦。我们经常说否极泰来，如何做才能否极泰来？这个泰卦的卦象是地天泰。天本来是在上的，地应该是在下的，但是在泰卦之中，乾和坤的位置，也就是天和地的位置互换了。天和地能够站在对方的角度换位思考、将心比心，反省自己的不足，结果就是吉祥安泰。而否卦恰恰相反，乾在乾的位置，坤在坤的位置，它们各居本位，要求对方、指责对方、挑剔对方，说你应该怎么做，但是你都没有做到。这就是“各相责，天翻地覆”。

《中庸》说：“射有似乎君子，失诸正鹄，反求诸其身。”君子的修身和弓箭手的射箭有相似之处。

当弓箭手把箭发了出去，结果却“失诸正鹄”，就是没有射中靶心，那么他是不是去埋怨说今天的天气不好，风把我的箭吹歪了？或者说我今天状态不佳，要是平时我就能够发挥得更好？甚至说，不知道这个箭是哪个厂子生产的，原来是假冒伪劣产品，害得我把箭给射歪了？一个真正好的弓箭手，他不是去寻求这些客观的原因，而是反省自己在技艺上有哪些不够精湛的地方，有哪些可待提高的地方。君子的修身也是如此。

《孟子》说：“行有不得，反求诸己。”我们做事如果没有成功，应当马上反过头来从自己身上找原因。孔孟所称道的尧舜禹汤等古代的圣人，都是“行有不得，反求诸己”的楷模。

尧帝有一次去视察，在路上碰到了被押往监狱的两个犯罪的人，他看了之后战战兢兢地走上前去，很惶恐，就问：“你们两个为什么犯了罪，为什么被押往监狱呢？”

这两个人就说了：“因为很久没有下雨了，我们没有东西吃，不得已偷了别人家的东西，最后被发现了，就被抓了起来。”尧听了这样的回答，对押解犯人的狱卒说：“你们把他们两个给放了，把我给抓起来。”周围的人听了都很惊讶，就问：“怎么能够把国君抓起来呢？”

尧很诚恳地说：“因为我犯了两大过失。第一，我作为一国之君，负责教导全国的百姓，应该负起‘君亲师’的责任，但是我却没有把这份责任承担好。这是我的第一个过失。第二，我作为一国之君，没有德行，所以不能感召上天，才发生久旱不雨的事情，这是我的第二大过失。”结果，尧刚说完话，本来万里无云的天空，突然就飘过云彩下起了雨。

《说苑》记载，唐尧心怀天下，用心去周济贫民，痛心于百姓的苦难，忧心于众生不能顺利生长。有一人挨饿，他就说：“这是我使他挨饿的。”有一人寒冷，他就说：“这是我使他受冻的。”有人犯了罪，他就说：“这都是我造成的。”他仁爱昭著而正义树立，施恩众多而教化深广。所以即使不加奖赏，百姓也会努力；不施刑罚，民众也会安定。先行宽恕之道，然后施以教导，这是唐尧治理天下的方法！

《群书治要·尸子》记载，舜任用了禹、稷、皋陶等五个人后，结果实现了无为而治，但是天下的民众都以舜为父母。尧于是就向舜问治理天下的方法。

舜仅仅回答了两个字：“事天。”就是按自然之道去治理天下。比如说，平地而注水，水流湿；均薪而施火，火从燥。在平地上浇水，水自然就会流向潮湿低洼的地方；给柴禾点火，这个火便自然会把那些干燥的柴禾先点着。这叫“召之类也”。就像“尧为善而众美至焉，桀为非而众恶至焉”。

正因如此，尧凭借自己的美德，感召来的人才，也都是贤良的臣子。而桀品行败坏，所以感召的都是德行缺失的，甚至奸诈狡猾的人。

大禹出巡遇见一个犯罪的人，便下车询问并为他哭泣。左右的人说：“那罪犯因为不走正路，所以会这样。君王你为什么要为他伤痛成这个样子呢？”大禹说：“尧、舜时候的人民，都以尧、舜仁爱之心为己心。现在我作为君王，百姓却各以自己的私心为己心，因此，我感到痛心。”

商朝的汤王，在自己洗脸的盆子上面刻了一段话：“苟日新，日日新，又日新。”时时督促自己要不断进步。在遇到天气大旱的时候，成汤就拿着六件事来自责：“政不节耶？使民疾耶？宫室荣耶？女谒盛耶？苞苴行耶？谗夫昌耶？”是我的政事不合法度了吗？是我使用民力太急剧了吗？是不是我的宫室建造得太奢华了呢？是受宠的女人干预朝政，太猖獗了？是收受的贿赂太多了吗？是得以进献谗言的人太猖狂了吗？

成汤遇到天气大旱的情况，马上就反省自己政事做得如何。正是因为尧舜禹汤、文武周公他们都有这种“行有不得，反求诸己”的责任意识，才能够把天下治理得好。

同样，我们一个团队、一个企业、一个学校乃至于一个政党，做得好不好，关键在于领导者是不是有这种“行有不得，反求诸己”的意识。作为领导者，遇到问题，看到下属有做得不好的地方，就应该反省自己，是不是我哪一个地方不够尽心尽力，给下属做了一个不良的示范。

实际上，下属没有过失，过失在领导者的身上，所以领导者是否能够率先垂范，以身作则，对于这个集体的昌盛至关重要。我们现在很多时候喜欢开会，但是开会往往解决不了问题，而是越开越误会。原因就是我们忘了古圣先贤的教诲。我们开会的内容可能都是要求别人怎么做，很少有人反省自己，我这件事应该怎么做，可以更好地提高效率，更加富有效果。如果都去指责别人，结果不仅解决不了问题，还会影响同事间的关系，叫越开越误会。

看别人不顺眼，是自己的修养不够。德未修，感未至。其实我们每个人，假如面对自己身边的一切亲朋好友，我们都期许自己，要做好榜样。我们学《弟子规》，我们要做圣贤的好弟子，让身边的亲朋好友，对圣贤的教诲有信心，这样来期许自己。

不见世间过，他们有过失了，有做得不对的，我们期许、提醒自己，“是我做得不够好，还没有能够感动他。”我们有这种心境，那就不会去对立、指责任何人。只要把“罪在朕躬”这段教诲记在心上，别人没有错，是我错了，能够“不可须臾离也”地奉行，德行会不断提升，最终德行一定能感动身边的人。

舜王反省自己。父母对他这么不好，他说父母一点错都没有，他自己“负罪引慝”，还是觉得罪过在他自己，他的至诚最后感动了父母。

唐太宗时期，出现了蝗祸，蝗虫把很多农作物都吃掉了。唐太宗说：“老百姓没有罪过，是我的罪过。你们不要再伤害老百姓了，不要让老百姓没饭吃。”他自己要把那个蝗虫吞下去。大臣说：“那个会伤害身体。”唐太宗讲：“我就是要让上天把祸移到我的身上，不要移到老百姓身上，我还怕生什么病呢？”结果各地加大治蝗力度，蝗祸很快就消失了。

唐太宗由这份真心发出的言行，感天动地，真正感化身边的人，正如《周易》所说：“言行，君子之所以动天地也。”

“故明王有过则反之于身，有善则归之于民。有过而反之身则身惧，有善而归之民则民喜。往喜民，来惧身，此明王之所以治民也。”（《群书治要·管子》）。这个“反”就是还归、回的意思，“惧”就是警戒恐惧。这句话的意思就是说，贤明的君主有了过错就归之于自身，有了善行就归功于百姓；有了过错反省自己，自己就会警惕；有了善行归功百姓，百姓就会喜悦。归功于百姓而让百姓喜悦，归过于自己而让自己警惕，这是明君能治理好人民的原因。

我们要常常提醒自己，不然有时候一不读经，正念就提不起来了，就很容易又看到对方的过失，又开始指责了。

从汤王“万方有罪，罪在朕躬”这一句话中，我们体会到办政治的过程，也就是使自己成为圣贤的过程，而且唯有圣贤才能够真正地把政事办好。一个团队、一个单位之所以会出现管理方面的问题，是因为其领导者还不是圣贤人。如果他是圣贤人，一定能够把这个团队、这个单位带好。所以，古代的政治称为圣贤政治，整个政治制度的设计是围绕着如何把人培养成圣贤君子，以及如何把圣贤君子选拔在领导位置上而设计的。

圣贤就是以仁义存心，仁者爱人，仁者无敌，义者循理。唯有以仁义存心的人，才能够想出一种办法，既维护自己的利益，也不伤害对方的利益。中国古人之所以能够协和万邦，古代的那些圣明的领导被尊称为天可汗，形成万国来朝的局面，就是因为他们有这种仁爱存心。所以他们才不会采取对立的方式，认为我要发展，一定要打败你，采取竞争、对立还有发动战争的方式，这样只能使矛盾愈演愈烈，解决不了问题。

十五、人心正则国治

社会乱象的出现是表象，它的根源在于人的心性。要纠正人心，仅仅靠法律监督机制是远远不够的，必须加强伦理道德教育，让人有羞耻心，不愿意去作恶，也耻于作恶。

社会治理在于道德的教化，而不在于法律的严苛。即使法制不是很健全，只要人们重视道德教化，国家仍然能够保持和美的风俗。那么我们现在的问题是什么呢？现在的问题是法制不健全，也没有注重道德教化，没有把那些能人、贤德之人提拔到领导的位置上，也没有从小培养人们的伦理道德意识。

《群书治要·列子》记载了这样一个故事：

春秋战国时期，晋国有很多盗贼，晋侯对这件事十分苦恼。恰好他们国家有一个叫郄雍的人，可以通过观察人的神情来辨别这个人是不是强盗。晋侯听了很高兴，就把他请来让他指认盗贼。郄雍指认了千百个盗贼，没有错过一次。晋侯非常高兴，说："有了郄雍，还用那些侦探干什么呢？用这个人就足够把这些盗贼治理好了。"赵文子听了之后就很担忧地说："大王啊，你用这一个人来指证盗贼，不但不能够尽除盗贼，而且这个人下场也不会很好，他必死无疑！"晋侯没有当回事。

没过多久，这些盗贼就在一起商量说："我们今天之所以走投无路，都是因为郄雍。"于是，他们聚集起来，偷盗了郄雍的财物，把郄雍杀死了。晋侯知道这件事之后非常恐惧，赶紧把赵文子找来商量，说："果不其然，郄雍被盗贼害死了。那我还有什么办法能捕获这些盗贼呢？"赵文子说："周朝有一句谚语叫'能够看得清深渊里的鱼的人是不吉利的，能够洞察隐匿之情的人是有灾殃的。'你想要去除盗贼，不如举荐那些贤良之人来办理朝政，兴起教化之风。人们都有了廉耻之心，谁还会去做盗贼呢？"晋侯听了他的话，觉得很难得，于是就兴办教育，结果起到了很好的效果，将国家治理得很好。

这个故事告诉我们，单单用执法之吏治民，国家是很难治理好的，根本的还是要培养起人的廉耻之心。

"是故古之王者，莫不以教化为大务。立太学以教于国，设庠序以化于邑。教化已明，习俗已成，天下尝无一人之狱矣。"所以古代的圣王都是把伦理道德教育作为国家最重要的事，在国都设立太学，在乡镇设立庠序，宣扬伦理道德教育。教化明确了，道德的风俗形成了，就会达到很好的治理效果。如历史上的"成康盛世"，在周成王时期，四十年监狱里没有一个犯人。

《史记》也阐述了类似的道理：汉朝兴起之后，"破觚而为圆"，"觚"就是棱角的意思，去除了秦朝的严刑苛法而力求婉转；"斫雕而为朴"，把那些繁文缛节都废除了，力求质朴；"网漏于吞舟之鱼"，法网很疏忽，能够把那些吞舟之鱼都给漏掉。这告诉我们，当时的法制不是很健全，法网是很粗疏的。但是，因为他们兴起了道德教化，以致"吏治烝烝，不至于奸，黎民艾安"，他们的吏治、官员的道德是蒸蒸日上的，没有作奸犯科的事情发生，黎民百姓过着和美的生活。

《论语》中说："不教而杀谓之虐。"如果事先没有给予人们伦理道德的教育，他不知道做人的本分，不知道做人要孝敬父母，不知道要廉洁奉公，一旦他贪污受贿、腐败堕落，就进行刑罚，这叫作“虐政”。

为什么古人特别重视伦理道德教育？因为如果忽视道德教育，只专注于制度建设，会有三个问题难以解决。

第一，难以防患于未然。《汉书·贾谊传》说：“礼者，禁于将然之前；法者，禁于已然之后。”伦理道德教育，礼义的教化可以防患于未然，而法律的制裁则是给予事后的惩罚和补救。

中国人有一句话说：“上医治未病，不治已病。”真正高明的医生，都是教人养生之道，防病于未然。

扁鹊有两个哥哥也是医生，有一次魏文侯把他请来，问道：“你们三兄弟都是医生，究竟谁的医术最高明？”扁鹊说：“我大哥的医术最高明，因为他给人讲养生之道，按自然节律饮食起居，这样是最健康的，结果这个人基本上不生病。我的二哥医术其次，他是在一个人的病有小小的征兆时就对症治疗，结果这个人也得不了什么大病。但是我大哥的名声出不了病人的家庭，二哥的名声出不了病人所居住的这一条街。

“我的医术是三个兄弟之中最差的，但是我的名声却最高，传遍了整个诸侯国。什么原因呢？因为这个病人已经病入膏肓了，我不得不采取一些大的手段，钳开他的血脉，给他吃一些有副作用的汤药，再给他针灸等。结果三下五除二把他从死亡线上给拽回来了，大家一看，都高兴得不得了，佩服得不得了，说这个人可以妙手回春、起死回生。所以虽然我的医术最差，但是我的名声最高。”

中国式管理也类似于中医，它是把问题解决在萌芽之中，让人根本就不去贪污受贿、违法乱纪。

第二，如果我们仅仅重视健全法律监督机制，而忽视道德教育，就会导致“民免而无耻”的结果。

《论语》记载：“道之以政，齐之以刑，民免而无耻。”我们制定了各种各样的政令条款、法律制度，用政令来指导人们，用法律来约束人们，结果人们因为惧怕处罚而不敢去做坏事，而不是不想做坏事。因为没有“道之以德”，人们没有羞耻心，一旦有制度和法律的漏洞，就会不择手段地为所欲为。

我们看到，在西方社会，出现了一些反社会行为，什么是反社会行为呢？英文为Anti-socialbehaviour，就是让青少年吸毒、酗酒、卖淫、邻里纠纷、以强凌弱等。这些青少年的年龄还很小，达不到法律制裁的标准，但是这些现象非常普遍，已经对社会和谐造成了严重的危害。

我在英国留学的时候，看到他们电视台报道，英国议会多次开会，就是想解决越来越严重的反社会行为，但是讨论来讨论去，也没有一个结果。因为他们忽视了宗教教育的作用。在西方历史上，西方的文化是宗教文化，但是现代社会很多人认为宗教是迷信，青年也不再相信宗教了，而它的政治制度仍然是以维护公平正义为核心进行安排的。

面对越来越严重的反社会行为，有没有好的解决方法？

《群书治要·盐铁论》有这样一句话：“法能刑人，而不能使人廉；能杀人，而不能使人仁。”法律确实能够制裁他人，给人处以刑罚，但是培养不出一个人廉洁的节操；法律也可以把人处死，但是培养不出一个人仁慈博爱的道德情感。

《群书治要·淮南子》说得更加具体：“法能杀不孝者，而不能使人为孔、曾之行；法能刑窃盗者，而不能使人为伯夷之廉。”法律确实可以把不孝的人杀掉，但是培养不出像孔子、曾子那样高尚的德行；法律也可以对偷盗的人给予处罚，但是培养不出像伯夷、叔齐那样廉洁的节操。

第三，如果我们只重视法律监督机制的完善而忽视道德教育，还会出现“法令滋彰，盗贼多有”的现象。法令条款一天比一天更严密、更具体，但是违法乱纪的人、钻法律空子的人也越来越多。

在一个国际会议上，有一位外国女士用非常认真的口吻说：“你们中国人千万千万不要盲目地向外国学习，不要向我们西方人学习。为什么呢？因为我们西方国家并不像你们想象的那样理想、那样美好，恰恰相反，还出现了你们几千年前的老子所描述的情形。”

很难得，一个外国人，她引用了老子的话——“法令滋彰，盗贼多有”。你看我们通过严格的法律监督机制，只要这个人一犯罪，我们就可以把他关进监狱，但是问题因此就得到解决了吗？完全没有解决，犯人在监狱里互相学习、互相切磋，学到了更加狡诈的作案方式，一旦被放回社会，对社会危害就更大了。所以西方社会出现了监狱犯人人满为患、政府警察短缺的现状。

道德教育和法制到底哪一个是“本”，哪一个是“末”？

《群书治要·袁子正书》有这样一句话：“不能止民恶心，而欲以刀锯禁其外，虽日刑人于市，不能制也。”如果我们不能制止人们作恶的心，而仅仅是以刑罚禁止人外在的行为，那即使每一天都在外面处决犯人，也不能制止作奸犯科的事情发生。

因为人作恶的心并没有改变，行为是心性的反映，有错误的思想才会导致错误的行为，没有改变人的心性，只是禁止人的行为，那是从枝末上解决问题。

《汉书》说，我们不能制止人们作奸犯科的心，就会导致“法出而奸生，令下而诈起”。新的法律条文一出台，奸诈的行为就产生；这个命令一下达，欺诈的行为就产生。就像“以汤止沸，以薪救火，愈甚无益也”，并没有把这个事情真正遏止住，因为人们作奸犯科的心并没有改变。

这些道理都告诉我们：“人心正则国治，人心邪则国乱。”

社会乱象的出现是表象，它的根源在于人的心性。要纠正人心，仅仅靠法律监督机制是远远不够的，必须加强伦理道德教育，让人有羞耻心，不愿意去作恶，也耻于作恶。

《论语》讲：“道之以政，齐之以刑，民免而无耻；道之以德，齐之以礼，有耻且格。”如果我们用道德去引导人们，用礼义去教化人们，人们有了羞耻心，从心底不愿意去作恶，有人格、有气节，这才是抓住了问题的关键。

我们可以通过古代的婚礼来印证。

古代很重视婚姻之礼。娶亲之前，男方三天不奏乐，女方三日不熄灯，就是在结婚之前抓紧时间教育儿女怎样去为人夫、为人妇，怎样承担起家庭职责。当然，这并不是所谓的“现上轿现扎耳朵眼”。其实，在平时父母的言谈举止之中，都已经给他们展示了应该怎样做丈夫、怎样做妻子了，到了结婚之前的三天，还要抓紧时间集中地进行教导，耳提面命。

在迎娶之日，丈夫要去迎娶妻子之前，首先要祭拜天地。为什么要这样做？因为婚姻大事不仅仅关系到两个人、两个家族的命运，而且关系到社会安定、天下太平。所以礼节非常慎重，也表达了人们要把家庭维持好、把儿女教导好、使社会和谐这样的存心。

结婚当天不一样的是，儿子要接受父亲的敬酒，而且儿子不用回礼。父亲是代祖宗给儿子敬酒，意思是说，从今以后，祭祀祖先的责任、家庭的德风建设就要由你来承担了。

到了女方的家庭，女方的父母对新郎官非常尊敬，亲手把自己的女儿交到新郎手上，意思是说，从此我们的女儿就托付给你了。新郎和新娘要跪拜父母，新郎要感恩岳父岳母给自己培养了一个这样贤良的妻子。从岳父岳母的手中接过新娘，新郎心里这种责任感也就提起来了。

新娘上了花轿，要把她的香扇从轿子里扔出去。意思是说，以前在家的时候是千金小姐，是父母的掌上明珠，备受父母的关爱，天气热了可以拿着扇子扇一扇。但是，今天你为人妻，要成家立业了，就不能再有小姐的习气了，随着这个花扇一扔，千金小姐的作风也随之给扔出去了。

到了夫家，礼节也很有意义，公公婆婆是站在客人的位置上，把新媳妇迎接到主人的位置上。意思是说，从此之后，我们这个家就交给你了，你就是这个家庭的主人了，家道的兴衰就靠你们来承担了。

新婚夫妇要喝交杯酒，喝交杯酒的时候，是把葫芦瓜切成两半。葫芦瓜的丝是苦的，里面装的酒是甜的。意思就是，从此以后，夫妻两个人就要同甘共苦。而且葫芦瓜是一个整体切成了两半，意思是说，夫妻两个人本是一体，不分彼此，不要互相计较，“夫妇一条心，黄土变成金”。礼成之后，葫芦可能还会挂在那儿留作纪念，提醒成家的初心，就是“同甘共苦，白头偕老”。

这就是古代的婚姻之礼，婚礼的每一个细节，都在提醒新人的责任感，引导新人的正念。它会使丈夫有恩义、有情义、有道义，使妻子有德行。可惜的是，这么好的礼节到现在都没有了。我们看到了古圣先贤的良苦用心，但是我们后人却没有理解、没有传承。我们不仅不愧疚，甚至还妄加批判祖宗。这就等于坐在大树底下乘凉，我们不但不感恩戴德，还拿着斧子拼命地要把大树给砍倒，没有比这更折福的行为了。